컴플라이언스
매니지먼트

개정판

공공, 민간, 비영리 조직을 위한

컴플라이언스 매니지먼트
Compliance Management

마이클 실버만 지음 | 노동래 옮김 | 준법감시협의회 감수

연암사

공공, 민간, 비영리 조직을 위한

컴플라이언스 매니지먼트

초판 발행　2013년 1월 22일
개정판 발행 2021년 12월 10일

지은이　　마이클 실버만
옮긴이　　노동래
감수　　　준법감시협의회
발행인　　권윤삼
발행처　　도서출판 연암사

등록번호　제2002-000484호
주소　　　서울시 마포구 월드컵로 165-4
전화　　　02-3142-7594
팩스　　　02-3142-9784

ISBN 979-11-5558-034-9 03320

값은 뒤표지에 있습니다. 잘못된 책은 바꿔드립니다.

연암사의 책은 독자가 만듭니다.
독자 여러분들의 소중한 의견을 기다립니다.
트위터　@yeonamsa
이메일　yeonamsa@gmail.com

이 도서의 국립중앙도서관 출판시도서목록(CIP)은 e-CIP 홈페이지
(http://www.nl.go.kr/cip.php)와 국가자료공동목록시스템
(http://www.nl.go.kr/kolisnet)에서 이용하실 수 있습니다.
(CIP제어번호: CIP2018011432)

베아트리체Beatrice와 카를Karl에게 특별히 감사드리며…

…리츠Liz와 내가 사랑하는 모든 분께 드립니다.

추천사

우리나라에 준법감시인 제도가 도입된 지 12년이 지났다. 금융회사들은 2008년 이후 글로벌 금융위기를 겪으면서 내부통제와 준법경영에 대한 중요성을 다시 한 번 인식하게 되었다. 특히 컴플라이언스에 실패한 세계 4위 투자은행인 리먼 브라더스도 내부통제의 실패로 한순간에 파산했다.

금융투자업자는 자본시장법에 따라 준법감시인 제도를, 상장법인은 상법에 따라 2012년 4월에 준법지원인 제도를 도입하여 시행하고 있다. 그러나 하위법에 준법감시인이나 준법지원인의 역할 규정이 따로 없다 보니 실질적 권한은 미미한데 광범위한 업무 범위로 책임만 가중되어 있는 게 현실이다.

준법감시인의 경우 주로 금융투자회사의 임직원이 직무를 수행하는 과정에서 법령을 제대로 준수하도록 지원·자문·모니터링 역할과 불완전 상품 판매 예방, 자금세탁 방지, 개인정보보호 등으로 점점 업무 영역이 확대되어 가고 있다. 또한 기존 감사 업무와의 중복성 해소와 역할의 모호성 등은 시급히 풀어야 할 과제로 지적되고 있다.

최근 국제 금융투자회사들의 화두는 '컴플라이언스 리스크를 어떻게 관리할 것인가' 하는 문제로, 이를 담당하는 '준법감시인 제도'에 관심이 집중되고 있다. 더욱이 금융소비자보호법이 제정되어 투자자의 준법경영에 대한 감시와 분쟁은 더욱 거세지리라 예상된다.

참고로 미국에서는 △투자권유의 적합성 확보 △고객이익에 부합하는 수수료 체계 선택 △자금세탁방지정책 △부패방지 △소비자보호 및 윤리경영 △환경보호 △이해상충 예방 및 해소 등 준법감시인cco의 업무가 확대되고 있으나, 준법감시인은 이러한 분야에 사고가 발생하였다고 모든 책임을 지는 것은 아니고 내부통제 작동 실패에 대한 책임으로 한정하고 있다.

국내의 경우에도 무엇보다 경영의 총 책임자인 CEO가 컴플라이언스 활동과 관련하여 준법감시인의 지위와 권한 등을 보장해 주고, 준법감시 업무에 대한 공감대가 사내에 확산되도록 하며 준법감시 관련 운용비용이 단순한 비용이 아니라 투자의 개념으로 자리매김할 필요가 있는 시기라고 할 수 있다.

미국 등 선진국에서 처음 시작된 컴플라이언스 제도가 세계로 확산되고 있는 시점에 합리적이고 효율적인 제도의 개선과 관행의 정착을 위해서는 무엇보다도 선진국 제도에 대한 현황 파악과 문제점 인식이 선행되어야 할 것이다. 이러한 점에서 우리나라 학계 및 금융계에서 연구가 미진한 컴플라이언스 분야를 상세히 다루고 있는 마이클 실버만의 『컴플라이언스 매니지먼트Compliance management』를 번역하여 발간하는 것은 큰 의미가 있다고 할 수 있다.

이 책은 미국의 공적기관과 자율규제기관에서 시행하고 있는 컴플라이언스에 대하여 전체적인 책임을 어떻게 관리하는지 보여주고 있다. 세부적으로는 컴플라이언스 활동 및 윤리책임을 맡고 있는 컴플라이언스 담당자에게 컴플라이언스 리스크 식별, 컴플라이언스와 거버넌스의 관계, 컴플라이언스를 증진함에 있어서 이사회 및 고위 경영진의 역할, 컴플라이언스 윤리의 관계, 컴플라이언스에 대한 조직 내의 다양한 장애물들, 조직에 가장 적합한 컴플라이언스의 요소들과 같은 중요한 이슈들을 살펴보고 있어 동 제도를 이해하는 데 많은 도움이 되리라 생각한다.

따라서 『컴플라이언스 매니지먼트』는 정부, 유관기관, 금융투자업계 등 시장참여자에게 역사가 일천한 컴플라이언스 분야를 위한 유용한 정보를 제시할 것으로 보인다. 특히 금융투자회사의 발전과 시장의 건전성을 높이는 데 큰 힘이 될 것이다.

끝으로 이 책의 발간을 위해 사명감을 가지고 번역 작업에 각고의 노력을 기울여 주신 동양증권의 노동래 상무님과 연암사 권윤삼 대표, 감수 작업에 심혈을 기울여 준 준법감시협의회 김영록 실장, 박세미, 서정화 사원에게 감사의 마음을 보낸다.

김주섭

준법감시협의회 회장

추천사

우리는 곳곳에서 크고 작은 기업 비리나 도덕적 해이 사례를 목격하고 있다. 기업 비리는 부실 저축은행 퇴출 사례에서 볼 수 있듯이 해당 기업에만 피해를 끼치는 것이 아니라 거래처, 고객, 일반 투자자, 나아가 전체 국민 경제 등 여러 이해 관계자에게 막대한 피해를 입힐 수 있다.

기업 비리가 사회적 물의를 일으킬 때마다 재발 방지를 위한 규제가 강화되기도 하지만 법률이나 감독 규정만으로는 기업 비리를 효과적으로 막을 수 없고, 기업의 자체 경찰 활동을 통해 스스로 비리를 예방하고 비리 발생 시 이를 탐지하여 적절한 시정 조치를 취할 수 있도록 해야 하는데, 이를 가능하게 해 주는 것이 바로 컴플라이언스 제도라 할 수 있다.

우리나라에는 금융기관을 대상으로 준법감시인과 준법감시 부서를 신설한 지 10여 년이 지났고, 2012년부터는 상법 개정으로 일정 규모 이상의 상장사들은 준법지원인을 두게 되었다.

서구의 Chief Compliance Officer에 해당하는 준법감시인 제도가 우리나라에 처음 도입되던 당시에는 컴플라이언스가 무엇이며, 컴플라이언스 부서가 담당하는 일이 무엇인지 개념이 정립되지 않아서 그저 규정 개정이나 신상품 개발 시 형식적으로 검토하는 수준에 머물렀다. 그러다가 자금세탁 방지, 증권 시장의 불공정 거래 감시, 금융 상품 판매 시 투자 상품의 적합성과 설명 의무 등 법률이 요구하는 업무를 수행하게 됨으로써 컴플라이언스 부서에서 어떤 업무를 담당해야 하는지 어느 정도 윤곽이 잡혔다고 할 수 있다.

그러나 아직도 컴플라이언스의 개념과 필요성에 대한 인식이 부족하고, 특히 금융회사가 아닌 일반 기업의 컴플라이언스 부서에서 구체적으로 어떤 일을 어떻게 해야 하는지에 관하여 뚜렷한 지침이나 관행이 확립되지 못하고 있는 실정이다.

비리는 기업에서만 발생하는 것이 아니라 정부 조직 등 공공 기관이나 비영리 민간 기관에서도 발생하고 있다. 이러한 기관에도 비리 예방과 탐지를 위한 강력한 자체 경찰 기능이 필요함은 의문의 여지가 없다.

이 책은 일반 기업뿐만 아니라 공공 기관 및 비영리 기관까지 포함한 모든 조직에게 왜 컴플라이언스가 필요하며, 어떻게 효과적인 컴플라이언스 시스템을 구축할 수 있는지, 컴플라이언스 부서를 어떻게 운영하는 것이 효과적인지에 대한 상세한 가이드라인을 제공하고 있다.

한국과 다국적 금융기관에서 Chief Compliance Officer로 일했고,

법학 전문 대학원 등에서 관련 주제를 가르치고 있는 나는 서구에는 컴플라이언스 관련 참고 자료가 매우 많은데 비해 우리나라에는 빈약하여 이를 안타깝게 생각해 왔었다. 그런 상황에서 지난 25년 간 국내 금융권에서 값진 경력을 쌓고, CFA, FRM, CIA 등 다양한 전문 자격증을 보유하고 있는 국내에서 보기 드문 리스크 관리 전문가인 역자가 컴플라이언스에 대한 깊은 이해와 실무 경험을 바탕으로 독자에게는 컴플라이언스 백과사전과 같은 역할을 할 수 있는 책을 번역하여 출간한다는 것은 매우 기쁜 소식이 아닐 수 없다.

조직을 윤리적인 기반 위에서 운영하기 원하는 최고경영진, 내부통제와 컴플라이언스 업무를 담당하고 있는 실무자들뿐만 아니라, 컴플라이언스에 종사하려는 사람들, 감독 업무에 종사하는 사람들 모두에게 이 책을 강력히 추천한다.

유니스 김

이화여대 법학 전문 대학원 법과대학 교수

추천사

감독 당국의 규제 강화와 소비자의 집단행동 증가, 기업의 사회적 책임에 대한 압력 등으로 컴플라이언스의 필요가 더욱 커지고 있다. 기업이 컴플라이언스 요구 강화에 대해 소극적인 태도로 일관할 경우, 시장과 소비자의 욕구변화에 부응하지 못하고 사회에 공헌하지 못함과 동시에 지속적인 동반성장 가능성을 저버리는 결과를 초래하게 될 것이다. 컴플라이언스 기능을 적극적 의미의 성장요소로 인식할 경우, 비용은 소모적이 아니라 기업의 장기성장을 위한 본질적 투자가 된다. 이 책은 바로 이 점을 다루고 있다. 이 책에는 일반 기업체뿐 아니라 공공 기관, 비영리 기관에서 직면하는 컴플라이언스 이슈들과 이에 대한 대처 방안도 담겨 있기 때문에 모든 조직의 관리자들에게 일독을 강력히 추천한다.

이승국
전, 동양증권 사장

추천사

이 책은 미국에서 컴플라이언스에 어떻게 접근하고 있는지에 대하여 구체적으로 소개하고 있다. 우리나라는 전체적으로 컴플라이언스에 대한 인식과 이해도가 높지 않아 숲과 나무를 동시에 보지 못하고 'Paper Compliance' 즉, 어떻게 해야 외형적인 틀을 갖춰서 운영되고 있음을 보여줄 수 있는지에만 관심이 있는 것이 사실이다. 이러한 우리에게 이 책은 많은 시사점을 주고 있다. 어떻게 컴플라이언스를 챙겨야 하는지에 대해 그동안의 경험론적인 방법론을 잘 정리해 주고 있다. 이는 금융회사뿐만 아니라 일반회사와 비영리 기관도 참고할 수 있는 훌륭한 교과서가 될 수 있을 것이다.

조창훈

한림국제대학원대학교

머리말

컴플라이언스 매니지먼트는 우리가 살고 있는 현대 조직에서 컴플라이언스가 수행하는 역할을 종합적으로 보여준다. 이 책은 법규와 관련된 전통적인 컴플라이언스 이슈들뿐만 아니라 효과적인 컴플라이언스 프로그램을 발전시키는 데 있어서 윤리적 행동, 조직 구조, 기술, 일반 관리와 리스크 관리가 차지하는 역할도 다루고 있다. 이러한 이슈들도 법규 준수 못지않게 중요하다.

지난 20년간 컴플라이언스 개념은 현대의 복잡한 조직 거버넌스와 점점 더 깊은 관련을 맺게 되었다. 엔론Enron과 적십자사 등 많은 조직들이 법률, 규정, 윤리강령과 관행에 대한 윤리 기준을 준수하지 못함에 따라 이러한 중요한 이슈들에 대한 인식이 제고되었다. 실제로 책임성accountability, 투명성, 법률과 규정 준수, 윤리적 행동과 윤리 및 행위 기준들은 조직의 일차적인 사명과 오퍼레이션상 이슈들의 일부가 되었다. 이는 공공 부문, 민간 부문, 비영리 부문 모두에 적용된다.

그렇다면 조직은 왜 컴플라이언스나 효과적인 컴플라이언스 윤리 프로그램 개발에 신경을 써야 하는가? 이에 대한 답은 범죄 행위 예방과 비리 발생 시 조직 및 개인의 책임과태료, 벌금, 제재 및 징역 등 경감과 같이 명백한 것도 있지만 직원의 사기, 고객 불만족, 언론의 조사, 그리고 아마도 최대의 리스크가 될 대중의 평판 상실 등 보다 미묘한 것도 있다.

이처럼 절실한 필요를 다루기 위해 컴플라이언스 프로그램과 해당 직원이 오늘날의 많은 조직에서 표준적인 요소가 되었다. 그러나 이 직무는 생겨난 지 20년이 채 안 되었으며 아직 초기 단계에 머무르고 있다. 컴플라이언스 프로그램은 이사회 구성원의 책임을 다루는 다양한 법원 판례를 통한 1991년의 연방 기업 양형 가이드라인, 중대한 기업 거버넌스 의무를 부과하는 사베인-옥슬리법과 기타 법률들, 조직의 컴플라이언스 프로그램에 대한 지원을 옹호하는 감독 당국에 그 기원을 두고 있다. 이 직무와 이를 지원하는 컨설팅 산업이 크게 성장해 왔는데 이 분야의 어느 전문가 그룹은 미국 상원에 '전국 회사 컴플라이언스 윤리 주간'을 지정해 달라는 요청을 하기도 했다.

이 책은 자신이 속한 조직에서 컴플라이언스 윤리 책임을 맡고 있거나 중요한 이슈에 관해 더 배우기 원하는 사람들을 위해 저술되었으며, 조직의 규모와 상관없이 컴플라이언스 책임을 어떻게 관리하는지 보여 준다. 그리고 컴플라이언스 리스크 식별, 컴플라이언스와 거버넌스의 관계, 컴플라이언스를 증진함에 있어서 이사회와 고위 경영진의 역할, 컴플라이언스와 윤리의 관계, 컴플라이언스에 대한 조직 내의 다양한 장애물들을 살펴보며 조직에 가장 적합한 컴플라이언스 요소와 같은 중요한 이슈들도 살펴본다.

또한 다양한 조직이 컴플라이언스 목표와 계획, 기술과 시스템, 교육 훈련, 리스크 평가의 역할, 윤리, 내부통제 기법, 자체 평가와 직원, 예산 필요 등을 확립하기 위해 사용하는 전략과 기법의 예를 운영 차원에서 살펴본다. 독자들은 민간, 공공, 비영리 부문에 걸친 조직들의 컴플라이언스 성공 및 실패 관행에 대한 광범위한 조사를 통해 컴플라이언스 프로그램의 작동에 관한 귀중한 통찰력을 얻고, 조직에 적용할 수 있는 중요한 교훈을 배우게 될 것이다.

이 책은 법률적, 윤리적 기초부터 조직의 이사회와 고위 경영진의 역할, 조직의 컴플라이언스 프로그램 확립에 관한 전략적, 운영상의 측면을 다루는 4부로 구성되어 있으며, 효과적인 컴플라이언스 프로그램의 다양한 범위를 다룬다.

책의 앞 부분에서는 컴플라이언스 강조에 기여한 다양한 요인들을 살펴본다. 1장은 컴플라이언스 강조에 기여해 온 다양한 사법상, 입법상, 경제적, 사회적 및 테크놀로지상의 동력들을 검토한다. 악명 높은 기업 비리와 기업의 사회적 책임에 대한 각성과 메시지가 즉각적으로 도달되는 시대 도래 등, 21세기 조직의 컴플라이언스 관리 환경은 이전과는 크게 달라졌다.

정부의 규제와 그러한 규제가 컴플라이언스에 주는 의미를 탐구하는 2장은 현대 정부 규제의 핵심 구조와 기법예를 들어 점증하는 자율 규제 사용, 그리고 이들이 조직의 컴플라이언스에 시사하는 바를 밝힌다.

3장에서는 현대 조직에서의 컴플라이언스 윤리 관리에 대한 도전 과제, 컴플라이언스 윤리 관리자의 역할, 컴플라이언스 윤리 이슈를 다루기 위해 조직에서 사용되는 기법과 전략 등 다양한 관점을 조사한다. 또한 효과적인 조직의 윤리강령 제정에 관한 지침을 제공한다.

4장은 현대 조직의 컴플라이언스에 있어서 조직의 리더십이사회와 고위 경영진의 중요성을 강조해 온 중요한 사법상, 입법상의 조치에 초점을 맞춘다. 이 장은 이사회와 고위 경영진의 의무와 책임, 효과적인 컴플라이언스 프로그램을 만들기 위해 취해야 하는 중요한 조치들을 탐구한다.

5장은 대규모 조직과 소규모 조직에서 효과적인 컴플라이언스 프로그램을 확립하고 관리하는 방법을 보여준다. 이 기능에 대하여 현실적인 목표 설정, 핵심적인 조직 부문들과의 효과적인 업무 관계 수립, 컴플라이언스 프로그램에 대한 직원 및 예산 배정, 그리고 현대 조직의 컴플라이언스 프로그램 확립과 관련된 전략적 프로그램상의 복잡한 이슈들을 살펴본다.

6장은 컴플라이언스의 중요한 세 가지 요소인 정책·교육·소통에 대해 살펴본다. 효과적인 컴플라이언스 정책 작성법을 설명하고, 신문, 웹사이트 등 컴플라이언스 소통을 위한 다양한 기법들을 보여주며, 종합적인 컴플라이언스 교육 프로그램 수립을 다룬다.

7장은 내부 고발과 조사 수행이라는 민감한 이슈를 다룬다. 이 장은 효과적인 핫라인 프로그램 수립과 관리 방법, 컴플라이언스 관련 사안에 대한 조사 수행 기법과 전략을 다룬다.

8장은 현대 컴플라이언스 기능에서 테크놀로지의 역할을 살펴본다. 정보 기술의 성장과 이로 인한 중요한 법률상 및 컴플라이언스상의 영향, 그리고 현대 컴플라이언스 프로그램 지원에서 테크놀로지의 역할이라는 두 가지 관점에서 이슈를 조사한다.

9장은 컴플라이언스 리스크 관리, 리스크 모니터링, 컴플라이언스 감사라는 핵심 이슈들을 살펴본다. 컴플라이언스 관리에서 리스크의 역할을 살피고 현대 컴플라이언스 리스크 관리 전략과 컴플라이언스 기능에 대한 적용을 설명한다.

10장은 자체 평가와 내부통제, 컴플라이언스 리스크 관리에서 트레드웨이 위원회의 COSO에 의해 개발된 내부통제 기준들이 수행하는 중요한 역할을 다룬다. 특히 컴플라이언스 리스크를 다루는 효과적인 내부통제 프로그램 확립 기법을 설명한다.

11장은 조직이 자신의 컴플라이언스 프로그램의 효과성 평가에 이용하는 기법과 전략들을 탐구한다.

12장에서는 조직의 컴플라이언스 프로그램과 발전하고 있는 컴플라이언스 윤리 전문가직에 대한 향후 추세에 대해 간략하게 살펴본다. 정부의 접근법이 변함에 따라 컴플라이언스 프로그램에 중대한 영향을 줄 수도 있기 때문에 이러한 가능성 중 일부도 다룬다.

책의 말미에 있는 관련 기관에 대한 참고 자료는 컴플라이언스 윤리 프로그램, 전문가 단체와 기타 관련 주제에 관해 추가 정보를 얻기 원하는 이들에게 중요한 정보를 제공해 줄 것이다.

차례

23

Part 1 컴플라이언스 매니지먼트의 배경

365

Part 4   컴플라이언스의 미래

Part 1

컴플라이언스 매니지먼트의 배경
Setting the Context

❶
컴플라이언스에 대한 관심 증가

2003년 7월 22일에 파산한 월드콤WorldCom의 조사관으로 임명되었던 전 미국 법무장관 리처드 쏜버그Richard Thornburgh는 미 상원 법사위원회에서 다음과 같이 증언했다.

저는 월드콤의 파산이 사실상 무제한의 재량권을 가진 전직 경영진 에버스Ebbers. 전직 CEO와 설리번Sullivan. 전직 CFO, 그리고 이들의 제안을 수동적으로 수용한 이사회와 내부통제, 전향적 계획 수립과 의미 있는 토론이나 분석을 중요하게 생각하지 않는 기업문화에서 비롯되었다고 확신합니다. 월드콤은 중요한 많은 부분에서 당시의 모범적인 기업 거버넌스 관행과는 정반대였던 것 같습니다. 조사와 상세한 질문을 억압하거나 묵시적으로 금지하는 문화와 내부 프로세스는 비리의 온상이

될 수 있습니다.[1]

쏜버그의 증언은 많은 면에서 매일 언론매체를 장식했던 사건들의 특징을 보여주었다. 수동적이고 무력한 거버넌스 기구, 리스크에 대한 이해 부족, 부적정한 내부통제, 컴플라이언스 이슈들에 대한 부주의, 과도한 탐욕, 회계 오류, 이해 상충과 비윤리적인 행위에 대해 무관심한 기업 문화는 많은 기업들의 특징이었다. 이러한 기업 도산과 뒤이은 기소, 벌금과 과징금들이 미국에서 가장 유명한 조직들에서 발생했다.

월드콤, 엔론, 미국 적십자사, 유나이디트 웨이United Way, 패니매Fannie Mae, 보잉Boeing, 씨티 그룹, 글로벌 크로싱Global Crossing, 아더 앤더슨Arthur Andersen과 같은 다양한 조직이 비리의 수렁으로 빠져들었다. 2003년 4월 29일자 「뉴욕 법률 저널」에 실린 타마라 루미스Tamara Loomis의 글에 따르면 메릴린치, 골드만삭스, 모건 스탠리, 씨티 그룹, 크레딧 스위스 퍼스트 보스톤, 리먼 브러더스 홀딩스, JP모건 체이스, UBS 워버그, US 뱅코프 파이퍼 재프레이가 투자자를 사취한 자신들의 행위를 보상하기 위해 14억 달러를 지급하기로 합의한 2003년 4월 28일은 기업 윤리가 최저점에 달한 날 중 하나였다. 컴플라이언스, 거버넌스, 투명성, 책임성, 윤리와 같은 말들이 조직의 어휘 목록의 일부가 되었다.

이런 종류의 사건들은 드물지 않다. 미국은 주기적인 조직 비리와 이에 대한 입법적 대응 물결을 경험했다. 1970년대에는 일부 미국 회사들이 비즈니스를 확보하기 위해 외국 관리들에게 뇌물을 준 관행과 관련된 스캔들로 해외 부패 방지법Foreign Corruption Practices Act: FCPA이 제정되었다. 1980년대 말과 1990년대 초에는 연방 예금보험공사가 도산하는 저축대부조합과 기타 금융기관들에 대한 예금보험으로 1천억 달러를 지출해야 했는데, 이들 중 대부분의 기관들이 부실 경영, 탐욕과 무능으로 인해 쓰러졌다. 이 스캔들로 인해 금융기관의 내부통제를 강화한이는 후에 사베인-옥슬리법 제정의 모델이 되었다 연방 예금보험공사 개선법이 통과되었고, 파산한 저축대부조합을 관리하기 위한 정리신탁공사Resolution Trust Corporation가 창설되었다.

그러나 1990년대 말과 2000년대 초의 사건들은 이전의 사고들을 능가했다. 기업 비리는 특정 산업에만 국한되는 것이 아니었다. 몇 개 업종만을 거론한다면 통신 회사, 커뮤니케이션 회사, 금융 회사, 에너지 회사들이 관련되었다. 더구나 월드콤, 엔론의 붕괴는 직원과 거래처에만 영향을 준 것이 아니라 이 회사에 투자한 수많은 개인과 지방 자치단체, 개인 퇴직 연금에도 영향을 주었다. 연방 의회와 주 의회들은 과거의 비리 사례에서와 마찬가지로 이 상황을 다루기 위해 규제 법안들을 통과시켰는데 과거 10년 동안의 사건에 비해 독특한 점은 일반 대중과 정부의 관심이 특히 컴플라이언스와 윤리 이슈에 놓여졌다는 것이다. 시정을 위한 감독 규정 제정이나 제재 강화에만 관심이 모아진 것이 아니라 조직 경영진들의 의무, 윤리, 책임도 강조되었다.

그러나 이처럼 대중에게 널리 알려진 조직 비리 사건들만이 법규 준수 이슈에 주의를 집중하게 한 배경은 아니다. 널리 알려진 스캔들과는 관련 없는 요소와 스캔들의 직접적인 결과인 요소들이 이러한 움직임에 기여했다. 이번 장에서는 과거 20년 동안 공공, 민간, 비영리 부문의 법규 준수와 윤리 이슈에 관심을 집중시키게 하는 데 기여한 다양한 요소의 범위와 상호 작용에 대해 고찰한다.

영향을 준 요소들

조직 생활에서 법규 준수의 중요성이 점점 커지게 된 것은 사법, 입법, 경제, 사회, 기술적인 여러 요소의 결과이다. 법률 및 감독 규정을 준수하기 위한 별개의 활동예를 들어 감사, 법무, 인사, 보안, 내부통제 및 재무통제 부서들은 오랫동안 대부분의 조직에 존재해 왔지만 이러한 활동들이 명확한 정체성, 조직 규정과 직원을 갖춘 조직으로 집대성되고 정부의 조치에 의해 지지를 받게 된 것은 상대적으로 최근의 일이다Box 1.1을 보라.

Box 1.1 컴플라이언스 원조(元祖)

컴플라이언스 프로그램의 원조 중 하나는 비즈니스 윤리와 행위에 관한 방위산업 이니셔티브Defense Industry Initiative: DII이다. DII는 1986년 10월에 18개 방위산업 납품업자가 자율 규제 프로그램을 제정함으로써 탄생했다. 이 이니셔티브는 잘 알려진 일련의 방산 물품 구입 스캔들 이후 레이건 대통령에 의해 1985년 7월에 창설된 패커드 위원회Packard Commission에 대한 반응이었다. 이 위원회는 1986년 6월에 「탁월성 추구Quest for Excellence」라는 보고서에서 방위산업 납품업자들에게 다음과 같이 요구했다. "계약 프로세스의 무결성integrity을 보장하기 위해 자율 규제를 강화할 책임을 져야 한다. 회사 관리자들은 계약 실적의 무결성을 확보해 줄, 대담하고 건설적인 조치를 취해야 한다. 위반이 일어나지 않도록 관련 규정과 계약 조건을 준수하는 시스템을 갖춰야 한다." 이 위원회의 권고 사항에는 방위 업체의 비즈니스 행동에 윤리 기준을 마련하고 내부통제의 효과성을 증대시키며 고위 경영진의 감독과 직원 교육을 강화할 필요가 있다는 내용이 포함되었다. 이 사항들 중 많은 내용들이 궁극적으로 연방 기업 양형 가이드라인에 구체화되었다.

사법부

컴플라이언스에 관심을 집중시킨 초기의 촉매제는 연방 정부와 주 정부 차원의 사법부 활동이었다. 1990년대와 21세기에 기업 거버넌스에 중대한 변화가 일어났는데 이러한 변화가 컴플라이언스에도 큰 영향을 주었다. 조직의 이사회와 고위 경영진은 직원과 대리인의 형사 비리 criminal misconduct를 탐지하고 예방하기 위해 내부 컴플라이언스 프로그램을 운영하고, 이 프로그램이 적절히 작동하는지 모니터할 적극적인 의무를 지니게 되었다. 1991년 연방 기업 양형 가이드라인의 제정과 대부분의 사법상 결정에서 이를 확인할 수 있다.

연방 기업 양형 가이드라인

1991년 11월 1일은 컴플라이언스 프로그램에 있어 기념비적인 날이다. 바로 연방 기업 양형 가이드라인Federal Sentencing Guidelines for Organizations; FSGO이 발효됐기 때문이다. FSGO는 미국 사법부 내의 독립기구인 미국 양형위원회에서 제정했다. 이 가이드라인은 조직 비리에 대한 대처와 법률 위반 사항의 처벌에 일관성을 유지하기 위해 제정되었다. 미국 양형위원회는 양형 가이드라인 매뉴얼에서 다음과 같이 설명하고 있다.

이 가이드라인은 조직들이 효과적인 컴플라이언스 윤리 프로그램을 통해 자신의 행동에 대해 자체 경찰 활동을 수행하게 하는 구조적인 토대를 제공함으로써 범법 행위를 감소시키고, 궁극적으로는 이를 제거하는 데 목적이 있다. 효과적인 컴플라이언스 윤리 프로그램에 의해 촉진된 범법 행위의 예방과 탐지는, 조직들이 윤리적 행위를 권장하고 모든 관련 법률들을 완전히 준수하게 하는 데 도움이 될 것이다.

간단히 말해서 FSGO는 조직의 위법 행위에서 야기된 피해를 바로잡고, 연방 법률 위반에 대해 벌금을 납부하게 한다. 벌금은 '기본 벌금base fine'과 '귀책 점수culpability score'에 기초한 승수乘數를 곱하여 계산한다. 귀책 점수는 조직 규모가 크고 이전의 위반 시점에서 경과한 기간이 짧고 이전의 명령 위반, 사법 방해 등이 있을 경우 높아진다. 미준수를 예방 및 탐지하기 위한 프로그램의 존재와 위반에 대한 조직의 자진 보고, 규제 기관에 대한 협조와 책임 인정 같은 요인들이 있을 경우에는 귀책 점수가 낮아진다. 조직이 효과적인 내부 컴플라이언스 프로그램을 갖추고 있을 경우 이러한 귀책 요인들이 추가로 경감될 수 있다. FSGO는 미국 내의 조직들이 효과적인 컴플라이언스 프로그램의 근거를 형성하는 7가지 핵심 구성 요소들을 규정한다.

FSGO가 중요한 이유는 다음과 같다. 이 가이드라인은 공공 정책의 관점에서 착한 기업 시민에 대한 모델을 정의했으며 회사들이 범죄 억제 조치를 취할 유인을 제공했다. 이는 규제 기관의 단속이라는 전통적인 방식에서 상호 작용적인 '자체 경찰' 접근법으로 선회한 것이다. 더구나 FSGO의 영향을 받은 조직은 미국 경제의 전 영역, 즉 주식회사, 합명회사, 협회, 합자회사, 조합, 신탁, 연기금, 법인격이 없는 단체, 정부, 비영리 기관들을 망라했다.

또한 FSGO는 조직의 컴플라이언스 프로그램과 컴플라이언스 부서의 괄목할 만한 성장에도 도움을 주었다. 금융기관, 병원 등 많은 조직들이 컴플라이언스 프로그램을 개발하고 컴플라이언스 또는 윤리 책임자직을 수행할 사람을 임명했다. 윤리 및 컴플라이언스 책임자 협회에서 수행한 조사에 의하면 응답자의 15퍼센트만 FSGO가 처음으로 제정된 해인 1991년 또는 그 이전에 이 지위가 만들어진 반면, 86퍼센트는 이 가이드라인이 등장한 뒤에 만들어졌다.[2]

법무법인, 컨설팅 조직, 독립적인 계약자 업계에서도 조직들이 FSGO에 대처하도록 도와줄 수 있는 서비스 제공을 개발했다. 킴벌리 크라윅 Kimberley Krawiec은 2003년 「워싱턴 대학교 법률 계간」에 게재한 글에서 어느 비평가가 FSGO를 "일부 업계의 내부 종사자들은 '1991년 윤리 컨설턴트 완전고용법'이라고 부른다"고 비꼬듯 말했다고 밝혔다.

FSGO는 다른 규제 기관들이 자신들의 계약자를 포함하여 자신의 책임 하에 있는 영역에 관하여 따라야 할 컴플라이언스 모델이 되었다. 환경보호청, 보건후생성, 보훈청, 법무부 독점금지과 등의 연방 기관들은 FSGO를 본뜬 프로그램과 요건을 제정했다.[3]

2004년 11월 개정 연방 기업 양형 가이드라인

미국 양형위원회는 연방 기업 양형 가이드라인 제정 10년 뒤에 FSGO의 중대한 개정을 승인했다. 이 개정안은 2004년 11월 1일에 발효됐다. 양형위원회는 연방 기업 양형 가이드라인에 대한 특별 자문 그룹을 소집하여 FSGO를 검토하고 효과성을 강화하는 개정안을 마련하라고 지시했다. 개정안은 컴플라이언스 프로그램이 법원에서 효과를 발휘하려면 조직이 어떻게 해야 하는지를 설명하고 있다.

- 이 개정안은 이사회의 역할과 의무, 특히 효과적인 기업 거버넌스에 관한 이사들의 의무를 확대하고 이사회와 고위 경영진은 조직의 컴플라이언스 윤리 프로그램에 대한 감독과 관리 책임을 져야 함을 명시했다.
- 조직은 '윤리적인 문화와 법률 준수에 대한 열의를 권장하는 조직 문화'를 증진해야 한다.[4] 바우어스Bowers 등은 2004년 1월의 보고서 「기업 양형 가이드라인: 효과적인 컴플라이언스 윤리 프로그램에 대한 새로운 틀」에서 조직 윤리와 문화를 강조하는 2004년 개정 연방 기업 양형 가이드라인은 "컴플라이언스 프로그램의 틀을 오로지 규칙에 기반한 접근법에서 규칙과 가치에 기반한 접근법으로 바꿨다"고 논평했다. 그 결과 윤리에 대한 인식과 조직내 모든 사람들의 교육을 더 강조하게 되었다.
- 조직은 주기적으로 컴플라이언스 리스크를 평가하여 잠재적인 취약 분야를 파악해야 한다. 예를 들어 정책 제정, 교육, 감사 활동 등 회사의 컴플라이언스 윤리 프로그램의 다른 모든 측면의 설계, 실행, 개정 시에 이러한 분석 결과가 고려되어야 한다.

2005년에 내려진 2개의 미국 대법원 결정이 FSGO에 중요한 영향을 주었을 수도 있다. 법원은 United States v. Booker사건과 United

States v. Fanfan사건에서 판사들이 연방 양형 가이드라인을 본질상 '권고'로만 고려할 수 있다는 입장을 취했다. 그러나 법조계와 컴플라이언스 사회에서는 FSGO가 여전히 조직의 컴플라이언스 윤리 프로그램의 '모범관행'으로 여겨진다는 데 합의가 이뤄졌으며, 조직의 귀책 여부 결정에 있어서 FSGO의 중요성은 그대로 유지되었다.

법원의 결정들

연방 법원과 주 법원의 판례들도 조직의 컴플라이언스 윤리 프로그램에 관심을 기울이는 데 기여했다. 이 중 보다 중요한 판례들은 델라웨어 법원에 의해 결정된 1996년의 Caremark사건In re Caremark International Inc. v. Derivative Litigation과 이사회 구성원의 역할과 의무를 다룬 여러 건의 연방 판례들이었다. 이 사례들에 대해서는 4장에서 자세히 다룬다. 미국 대법원이 1998년에 직장 내 성희롱에 관련된 두 개의 사안인 Fargher v. City of Baca Raton사건과 Burlington Indus., Inc v. Ellerth사건에 대하여 내린 판결은 조직의 컴플라이언스 프로그램에 시사하는 바가 컸다. 이 판례는 고용주에게 연방 차별금지법을 다루는 컴플라이언스 윤리 프로그램을 만들거나 강화할 동기를 부여했다.

입법부의 반응

현대 조직의 법규 준수 강조는 연방 정부와 주 정부의 여러 법률과 감독 규정에 의해 촉진되었다. 정부의 감독 규정은 차별 금지, 직장내 건강 및 안전, 환경법, 자금세탁, 운송, 의료 비용 청구 관행 등과 같은 다양한 영역에서 많은 조직들이 운영해야 할 형식과 방법을 결정했다. 여기에 점차적으로 조직의 컴플라이언스 요건을 다루는 개별 조치들이 포함되었다. 그러나 기업 거버넌스와 컴플라이언스를 다루는 가장 중요한 법률은 2002년에 통과된 사베인-옥슬리법이다.

2002년 사베인-옥슬리법

의회는 2002년 7월 30일에 약칭인 사베인-옥슬리법으로 더 잘 알려진 2002년 상장 회사 회계 개혁 및 투자자 보호법을 승인했다. 2001년과 2002년에 만연한 주요 기업들의 기업 거버넌스 실패를 반영해서 하원은 423대 3, 상원은 99대 0이라는 압도적 비율로 이 법을 통과시켰다. 일부에서는 사베인-옥슬리법을 1933년 증권법, 1934년 증권거래소법, 그리고 1940년 투자회사법 이후 가장 중요한 또는 성가신 기업 개혁법이라고 일컬었다.

2002년 7월 31일자 「클리블랜드 플레인 딜러Cleveland Plain Dealer」 지紙는 조지 부시 대통령이 사베인-옥슬리법이 "프랭클린 루스벨트 시절 이후 가장 원대한 미국의 비즈니스 관행 개혁을 이루었다"며 이를 환영했다고 보도했다. 이 법의 목적은 미국의 기업 부문에 대한 대중의 신뢰를 회복하는 것이었다. 이 법은 상장 기업들에게 금융거래와 감사 절차 감독에서 이사회 구성원들의 역할을 확대한 중요한 신규 거버넌스 기준을 준수하도록 요구했다.

2002년 사베인-옥슬리법의 중요성과 영향은 과소평가될 수 없다. 이 법의 초점은 상장 회사에 맞춰져 있지만 법의 범위와 힘, 그리고 영향력은 경제 전체에 파급되었다. 많은 기업의 책임자들에게 '컴플라이언스'

는 흔히 사베인-옥슬리법의 요건을 충족시키는 것으로 이해되었다. 간단히 말해서 이 법의 역할과 기능은 다음과 같다.

- 조직의 역할, 책임, 재무 보고의 보다 수준 높은 투명성 기준을 정의한다.
- 조직의 CEO, CFO, 이사회내 감사위원회의 법적 지위와 책임을 강화한다.
- 기업의 내부 거버넌스에서 감사인과 변호사 및 그들의 역할에 영향을 준다.

사베인-옥슬리법은 이사회에게 새로운 의무를 부과하고 감사위원회에게 조직의 외부 감사인에 의해 제공되는 모든 서비스들을 승인하도록 요구한다. 감사위원회는 독립적인 이사들만으로 구성되어야 하며, 위원 중 1인 이상은 이 법에서 정의하는 '재무 전문가'여야 한다.

고위 경영진의 책임도 강화되었다. 이 법은 조직의 CEO와 CFO에게 분기 및 연례 재무보고에 포함된 정보의 완전성과 정확성뿐만 아니라 정보를 생성해 낸 기초가 되는 내부통제의 효과성도 인증하도록 요구하고 있다.

외부 감사 법인들은 기업에게 감사 서비스와 법이나 시행 규정에 명시된 9가지 비감사 서비스예를 들어 경영 컨설팅, 정보 시스템 설계 및 내부 회계 등를 동시에 제공하도록 허용되지 않는다.

사베인-옥슬리법과 이의 시행 규정들은 기업에게 윤리강령 채택 여부와 채택하지 않았을 경우 그 이유를 공시하도록 요구한다. 윤리강령은 기술적으로는 조직의 집행 임원, 주된 재무 책임자, 주된 회계 책임자와 이와 유사한 기능을 수행하는 사람들에게만 적용되지만, 많은 회사들이 이 규정에 근거하여 모든 직원들에게 적용되는 전사적 윤리강령을 제정했다.

그리고 상장 회사들에게 직원 등이 회계, 내부통제, 감사상의 문제를 보고할 내부 고발 정책을 제정하고 내부 고발자에 대한 보호 장치 설치에 대한 의무를 부과한다. 마지막으로 사베인-옥슬리법의 진수眞髓는 섹션 404인데, 이 조항은 회사에게 자신의 재무 보고에 관한 내부통제를 평가하도록 요구한다. 이 조항은 2007년에 SEC가 소규모 조직에게는 이를 다소 완화해 주기는 했지만 분석 수행과 관련한 시간과 비용으로 인해 큰 논란거리가 되었다.

사베인-옥슬리법이 통과된 이후, 이 법에 큰 영향을 받지 않는 조직도 감사, 이사, 내부통제 요건에 대해서는 기업 거버넌스와 재무 보고에 관한 모범관행 기준을 수립했다. 앞으로 살펴볼 병원, 박물관, 아파트 건물, 대학, 자선 단체들로부터 정부에 이르기까지 사베인-옥슬리법은 거버넌스와 컴플라이언스에 큰 족적을 남겼다.

연방 정부 기관의 역할 확대

연방 정부 기관은 점점 더 적극적으로 조직 운영에 자체 경찰 활동을 장려하는 컴플라이언스상의 지원과 지침을 제공하고 있다. 연방 정부의 활동은 컴플라이언스 프로그램이 갖춰지지 않을 경우 자격 정지 또는 박탈 위협에서부터 컴플라이언스 모범관행에 대한 전향적인 조언과 지침 제공에 이르기까지 매우 다양하다. 환경보호청Environmental Protection Agency; EPA과 같은 연방 정부 기관들은 모델 컴플라이언스 프로그램의 예를 작성하여 인터넷 사이트와 간행물들을 통해 접할 수 있도록 했다. EPA는 컴플라이언스 비용을 고려하여 5개의 실용 모델을 제공한다.[5] 국세청은 자발적인 컴플라이언스 프로그램을 촉진해 왔으며 식당 봉사료에 대한 세금부터 직원 복지 규정에 이르기까지 다양한 분야의 위반을 교정하는 자진 신고 기간도 정했다.

처벌 조치

정부의 자격 정지, 박탈 또는 기소 위협은 연방 법률과 규정을 위반한 회사에 컴플라이언스 프로그램을 사용하도록 촉진하는 강력한 힘이 되어 왔다. 규제 기관이나 검사들은 차츰 컴플라이언스와 관련된 조항들을 기소 유예나 기업 고결성 협약에 통합시켜왔다. 예를 들어 의료업계의 로웰 브라운H. Lowell Brown은 「델라웨어 회사법 저널」에 게재한 2001년의 연구에서 다음과 같이 언급했다.

> 의료업계에서 컴플라이언스 프로그램 채택이 확산되게 한 진정한 촉매제는 법무부와 보건후생성의 감찰관Inspector General이었다. 이 기관은 의료 사기 사건에 계류 중인 모든 조직에게 피고의 합의안의 일환으로서 정부가 후원하는 기업 고결성 프로그램을 채택하도록 요구했다. 정부가 회사에 부과한 컴플라이언스 프로그램은 컴플라이언스에 상당한 자산을 투입하고 정부와 민간 부문의 감독을 받도록 요구하고 있다.

또한 이 연구는 법률 및 규정 위반의 심각한 반작용을 피하기 위해 행정부 기관과 합의한 회사의 합의 사례 22개를 분석해 보면, 위반 기업은 비즈니스 수행 방식을 규율하는 성문 정책과 관행, 윤리강령과 비즈니스 수행 수칙, 교육, 비리 보고 장치 등과 같은 컴플라이언스 프로그램의 주요 특징들을 갖춰야 함을 발견할 수 있었다. 이러한 특징 중 많은 부분이 연방 기업 양형 가이드라인의 신조에 부합한다.

감찰관

1978년 감찰관법은 연방 정부 행정부 안에 감찰관Inspectors Generals; IGs 직위를 신설했다. 이들의 임무는 담당 기관의 낭비, 사기, 부패를 식별하고 제거하는 것인데, 이들은 대부분 활발하게 컴플라이언스 증진 활동을 벌이고 있다. 현재 농무부, 상무부, 국방부, 교육부, 국토안전부를 필두로 국립우주항공국, 국립과학기금, 중소기업청과 재향군인청 등과 같은 다소 소규모 기관에 이르기까지 64명의 법정 IGs가 있다.

컴플라이언스 프로그램 도입에 있어서 IGs의 역할을 보여주는 예로는 미국 보건후생성Department of Health and Human Services; DHHS의 감찰관실Office of the Inspector General; OIG이 한 일을 들 수 있다. 이 기관은 미국에서 5,900억 달러에 달하는 의료 산업에 컴플라이언스 프로그램을 도입하는 데 가장 중요한 촉매 중 하나였다. 지난 10년 동안 DHHS OIG는 연방 기업 양형 가이드라인을 본떠서 제약, 구급차 공급, 간호 설비, 병원, '메디케어 플러스 부가 급여Medicare + choice' 조직, 의원, 가정 의료기관 등 다양한 분야에 광범위한 컴플라이언스 지침을 발표했다.

미국 법무부

사베인-옥슬리법이 통과되고 기업 비리가 계속적으로 밝혀지는 가운데 2003년 7월 20일에 전 미국 법무부 차관 래리 톰슨Larry D. Thompson은

「연방 기업체 기소 원칙」이하 '이 원칙'이라 함, 때로는 톰슨 메모로 불리기도 함을 발표했
다. 이 문서는 연방 검사들에게 기업체 비리 기소 여부에 대한 지침을 제
공하고 기업 기소를 규율하는 9개 기준을 제시한다. 이들 중 2개는 컴플
라이언스 프로그램과 직접 관련이 있는데 위반 당시 '회사의 컴플라이
언스 프로그램의 존재 및 적정성'과 '효과적인 컴플라이언스 프로그램
시행 또는 기존 프로그램 개선을 위한 노력 등 회사의 시정 조치'가 그
것이다. 이 원칙은 효과적인 컴플라이언스 프로그램에 대한 연방 기업
양형 지침의 신조와 아주 유사하다예를 들어 컴플라이언스 프로그램 수립과 이슈 조기 발견
등. 또한 검사들에게 경영진과 조직의 컴플라이언스 프로그램 감독에 관
해 많은 핵심 질문을 하도록 요구한다. 이 원칙에 대해서는 뒤에 자세히
논의한다.

연방 규제 기관

행정부에 의해 취해진 컴플라이언스 조치에 부응하여 연방 규제 기관
들도 활발하게 컴플라이언스 프로그램 증진 활동을 벌여왔다. 증권거래
위원회securities and Exchange Commission; SEC, 연방에너지규제위원회Federal Energy
Regulatory Commission; FERG 등은 조직의 컴플라이언스 이슈들에 관해 단호한
입장을 취해 왔다.

컴플라이언스에 관한 가장 강력한 언급 중 하나는 미국의 에너지 도
매 시장을 감독하고 주와 주 사이의 전기 에너지를 규제하는 연방에너지
규제위원회 위원장 조셉 켈리허Joseph T. Kelliher의 2005년 10월 20일 FERG
성명이다.

우리의 목적은 규칙과 감독 규정을 확고하고 공정하게 집행하는 것이다. 이 점에 대해 보다 명확히 하고자 한다. 이 위원회의 목표는 컴플라이언스다. 우리는 규칙이 어떠한지에 대해 명확히 할 의무가 있다. 컴플라이언스는 이해하기 쉬워야 하고, 주관적이지 않아야 하며, 최대한 객관적이어야 한다. 우리의 목표는 컴플라이언스를 촉진하고, 법규 미준수를 신속하게 파악하며 제재를 가하는 것이다.

SEC도 이와 유사하게 컴플라이언스 증진에 있어서 매우 공개적인 입장을 취해 왔다. SEC 위원 신디아 글라스맨Cynthia A. Glassman은 2003년 10월 17일에 재무 담당 임원들에게 행한 연설에서 컴플라이언스에 관한 견해를 생생하게 진술했다.

여러분의 목표가 비록 그 후 곧바로 벌금과 소송에 휘말리게 될지라도 오늘 많은 돈을 버는 것이라면 다른 길을 바라보도록 유혹당할 수도 있다. 컴플라이언스 비용을 아끼는 회사는 장기적인 수익성, 그리고 궁극적으로는 생존 가능성을 위험에 빠뜨린다고 정중하게 말하고 싶다. 회사의 평판은 귀중한 자산이며, 증권업에서는 특히 그렇다.
평판 자산을 보호하지 못하는 것은 전략적 사고에서 심각한 실패라 볼 수 있다. 증권회사 경영에 내재된 많은 비즈니스 리스크들이 있지만 단일 사건으로는 '규제 리스크이는 관리할 수 있다'가 최고의 회사도 영원히 문을 닫게 하는 최대의 재앙을 가져올 가능성이 있는 리스크일 것이다.

증권거래위원회 관용 가이드라인SEC Leniency Guidelines   SEC는 2001년에 '회사와 법집행 기관의 의사 결정에 관한 성명statement on the Relationship of Corporation to Agency Enforcement Decisions, 씨보드 보고서로도 알려져 있음'을 발표했는데, SEC는 이 문서에서 증권법 이슈와 관련하여 조직의 '자체 경찰 활동과 자진 보고' 감안 여부를 고려할 때 사용할 13개 기준을 제시했다. 톰슨 메모와 마찬가지로 씨보드 보고서는 조직의 컴플라이언스 윤리 프로그램에 적용할 수 있는 다음과 같은 몇 가지 기준을 열거하고 있다. 이 이슈를 어떻게 발견했으며, 비리가 발견되었을 때 이를 어떻게 처리했는가? 신속하게 비리를 중지시키는 조치를 취하고 비리 행위자를 처벌했는가? 발각된 비리를 방지하기 위해 어떤 컴플라이언스 프로그램이 갖춰져 있었는가? 재발 방지를 위해 보다 효과적인 내부통제와 절차를 채택했는가?

주 정부

기업 비리 이슈를 다룸에 있어서 연방 정부가 주된 역할을 했지만 연방 정부만 이러한 노력을 기울여 온 것은 아니다. 예를 들어 케어마크 사례에서 델라웨어 법원의 결정은 기업 거버넌스에서 이사들의 역할에 중대한 영향을 주었다.

2000년대 초에 회사 비리에 관한 사례들이 축적되어 가는 동안, 주 정부는 주 최고 법무관과 증권 규제 기관을 통해서 기업 비리 기소에 대해 점점 더 적극적인 역할을 했다. 캘리포니아, 매사추세츠, 뉴욕 주는 회사의 불법 행위를 적극적으로 파헤치기 시작했다. 오클라호마 주와 같은 소규모 주들도 적극적인 역할을 했다. 2004년에 오클라호마 주 검사들은 월드콤을 회계 부정으로 기소했다.

가장 저명한 주 정부 활동가는 뉴욕 주지사 엘리어트 스피처Eliot Spitzer일 것이다. 그는 주 최고 법무관 시절인 2001년에 메릴린치의 리서치 부서와 이 회사의 무가치한 특정 인터넷 주식 판촉 활동에 관한 조사를 시작했다. 스피처는 메릴린치로부터 1억 달러의 합의금을 받아냈으며 은행과 투자 회사로 조사를 확대했다. 그러한 노력의 결과로서, 그리고 SEC, 전국 유가증권 딜러 협회NASD, 뉴욕증권거래소와 기타 주 증권 규제 기관들의 협력으로 10개 회사와 합의에 도달했다. 이 합의는 증권 회사에게 리서치와 투자 부서의 올곧음integrity을 확보하기 위한 광범위한 조치를 취하게 했다.

2003년에 뉴욕 주 최고 법무관과 SEC는 마켓 타이밍market timing이라는 불법행위와 관련된 사건에 대해 얼라이언스 캐피털 매니지먼트Alliance Capital Management 사와 합의하기 위해 협상했다. 이 합의의 금전적 가치는 6억 달러였다. 얼라이언스는 최소 5년간 투자자들의 수수료를 20퍼센트 인하하고 마켓 타이밍을 허용한 배상금으로 2억 6천만 달러를 지불하는 데 합의했다.

금전적 해결 외에도 얼라이언스 사는 주주들의 향후 피해 방지를 위해 상당한 거버넌스와 컴플라이언스상의 변화를 실행해야 했다. 이러한 변화들 중에는 윤리 및 내부 컴플라이언스 위원회 신설, 회사 옴부즈만 설치와 최소 2년마다 독립적인 컴플라이언스 검토를 제출해야 한다는 요건이 있었다.

캘리포니아 주의회는 2002년 9월 28일에 캘리포니아 회사 공시법이라는 제목의 포괄적인 주 차원의 회사 공시 요건을 제정했다. 이 법은 캘리포니아 주 최고 법무관에게 특정 유형의 비리를 정부와 주주들에게 알리지 않는 회사에게 최고 1백만 달러의 민사 벌칙금을 부과할 수 있는 권한을 부여했다.

정부의 자체 조사

연방과 주 정부들이 다양한 조직에 대해 컴플라이언스 지침을 분주하게 공표해 왔지만 그들도 자신의 활동 영역에서 컴플라이언스 이슈를 다룰 필요가 있었다. 공공 부문의 관리와 재정 활동에 관한 컴플라이언스 역할은 전통적으로 법원, 입법부, 민간, 공공 기관을 감독하는 독립적인 위원회예를 들어 노동자 안전 및 평등고용기회 위원회와 신용평가 기관, 언론 매체와 시민단체NGO 등과 같은 민간 기관에 의해 수행되어 왔다.

이러한 기관으로는 회계 검사관comptroller, 감찰관, 내부 감사인, 옴부즈만, 집행상의 규제 기구예를 들어 예산청 및 조달청, 그리고 특수한 규제 기구와 기능예를 들어 수자원 컴플라이언스 전문가 및 경찰 기구 등 수많은 감독 기관들이 있다.

컴플라이언스 책임을 맡은 연방 기관들은 대단한 성장을 보여 왔다. 이 중 가장 중요한 기관으로는 회계 감사원General Accountability Office; GAO, 방위 계약 감사원Defense Contract Audit Agency; DCAA, 감찰관실 등이 있다.

그러나 연방 정부조차도 사베인-옥슬리법의 영향으로부터 벗어나지 못했다. 관리 예산청Office of Management and Budget; OMB에서 연방 기관들의 고위 관리자들에게 보낸 2004년 12월의 메모memorandum인 '개정 OMB 회람 No. A-123, 내부통제에 대한 경영진의 책임'에서 OMB는 연방 기관의 내부통제에 대한 고위 경영진의 책임을 정의했다. 이 메모는 다음과 같이 언급했다.

2002년 사베인-옥슬리법에 규정된 상장 회사들의 새로운 내부통제 요건에 비추어 연방 기관들의 기존 내부통제 요건들에 대한 재조사가 이루어졌다… 이 회람 문서의 정책 변경 목적은 재무 보고에 대한 경영진의 내부통제 평가 요건을 강화하려는 것이다. 또한 이 회람 문서는 기관들이 내부통제 평가를 내부통제와 관련된 활동과 통합하고 조정할 필요가 있음을 강조한다.

비영리 부문

비영리 부문의 조직들도 컴플라이언스, 윤리, 책임성, 투명성, 내부통제 이슈에 관해 점점 더 많은 주의를 기울이고 있다. 사베인-옥슬리법 통과와 이 법의 기업 거버넌스에 대한 강조가 이러한 움직임의 주요 촉매였다. 이 법이 비영리 기관에 직접 영향을 주는 규정은 두 조항에 불과하지만, 이사, 감사, 재무통제, 감사인 선정에 관한 이 법의 요구는 모범관행으로 장려되고 있다.

예를 들어 비영리 협회들이 자신의 활동과 회원들에게 제공하는 조언 및 지침에 사베인-옥슬리법의 모범관행을 채택하고 있다. 이 협회는 감사인, 주 정부 기관, 국세청과 기타 규제 기관들의 조사가 많아질 것을 예상하고 회원 기관에게 기업 거버넌스 이슈에 대해 더 많은 주의를 기울이도록 요구하고 있다.

전국 단과대학 및 종합대학교 비즈니스 책임자 협회는 2004년에 「2002년 사베인-옥슬리법: 고등교육 기관에 대한 권고」라는 보고서를 발표했는데 이 보고서는 고등교육 기관들이 이 법에 인용된 많은 감사및 재무통제 조항들을 채택하도록 권고했다. 이와 유사하게 자선단체, 재단, 기업 기부 프로그램 분야의 선도 기관 중 하나인 인디펜던트 섹터 Independent Sector는 회원들에게 조직의 책임성을 다루도록 하며 이해 상충, 윤리강령, 감사위원회와 재무 보고 인증과 같은 분야에서 기술 지원을 제공하는 광범한 프로그램을 시작했다.

연방 정부의 감독 강화

상원 재무 위원회는 2004년 6월에 비영리 부문에 사베인-옥슬리법 요건과 유사한 거버넌스 요건 부과를 담은 백서 초안을 발표했다. 조직의 비과세 지위는 이러한 요건 준수 여부에 의해 좌우되는데 이 요건에는 연방법에 의해 강제되는 이사회의 보상에 대한 제한, 연간 수입액 25만 달러를 초과하는 조직에 대한 의무적 감사, 조직의 CEO에 의한 내부통제 인증, 그리고 이사회의 새로운 역할감사, 감독 등이 포함된다.

곧이어 2005년 1월에 양원 합동 과세 위원회는 비영리 부문 패널에 의해 작성된 제안을 발표했다. 그 제안들 중에는 비과세 재단과 자선 단체의 비리에 대한 징벌적 세금 증가가 포함됐다.

비과세 조직에 대해 상당한 감독을 수행해 오던 국세청IRS도 사베인-옥슬리법에 기반을 둔 컴플라이언스 관련 요건을 내놓았다. 국세청 양식 IRS Form 1023, 섹션 501(c)(3) 조세 면제 신청은 2004년 10월에 개정되었다. 조직은 이제 IRS 모델에 부합하는 이해 상충 정책을 제정하여 시행하고 있는지 여부를 공개해야 한다. 그러한 정책을 채택하지 않은 경우 해당 조직은 IRS에 그 이유를 설명해야 한다.

주 정부의 감독 강화

뉴욕과 캘리포니아 주 정부들은 비영리 조직에 대한 규제상의 감독을 강화했다. 예를 들면 캘리포니아 주는 사베인-옥슬리법 요건에 기초를 둔 비영리 기관 고결성법Nonprofit Integrity Act을 통과시켰다. 이 법은 2005년 1월 1일에 발효됐으며, 설립 장소를 불문하고 캘리포니아 주에서 영위되는 모든 자선 단체에 적용된다. 정부 계약을 제외한 연간 수입액이 2백만 달러 이상인 자선 단체는 의무적인 외부 감사가 요구된다. 감사 결과는 대중에게 공개된다. 나아가 독립적인 감사위원회가 감사인을 선임하고 이해 상충이 없도록 해당 조직과 감사인의 관계를 감독해야 한다.

민간 부문 감독

컴플라이언스 의무와 활동은 정부의 명령으로만 비롯되는 것은 아니다. 미국과 국제적 민간 부문 조직이 조직의 컴플라이언스에 영향을 주는 프로그램, 정책 및 행동 기준 개발과 감독에 점점 더 중요한 역할을 하고 있다. 뉴욕증권거래소, 회계 전문가, 민간 부문 조직표준 수립 및 자율 규제 기관, 신용평가 기관, 그리고 업계 윤리강령 개발자들 등이 법규 준수와 윤리적 행동을 점점 더 강조하고 있다.

기업의 사회적 책임

1970년대 이후부터 기업의 행동과 책임을 점점 더 강조해 왔다. 더불어 기업의 행동을 규율하는 국제적 행동 규범이 번창해 왔다. 현재 EU유럽 연합, WTO세계 무역 기구, OECD경제 협력 개발 기구 안에는 자발적인 규범이나 기준이 있다. 그 결과 기업의 환경적 책임과 사회적 책임 개념이 계속 확대되고 있다. 이러한 규범들은 이해 상충, 차별, 부패, 직원 처우, 공동체와 이해 관계자의 의무에 관한 보편적이고 단일한 기준을 명시한다. 1990년대에는 법률 및 감독상의 의무를 준수할 뿐 아니라, 윤리적이고 도덕적인 가치를 보여주며 재무적 관심 사항을 넘어서는 책임과 의무들에 대해 공개적으로 서약하는 '기업시민'으로서의 기업 역할에 대한 관심이 확대되었다.

코우 라운드테이블Caux Roundtable의 비즈니스 원칙, 기업의 사회적 책임에 관한 글로벌 설리반 원칙, 기업과 체결한 UN의 글로벌 컴팩트Global Compact와 같은 조치들이 이러한 추세를 보여준다. 예를 들어 2007년까지 100개가 넘는 국가에서 3,300개가 넘는 회사들이 UN 글로벌 컴팩트 규정과 인권, 노동, 환경적 지속가능성에 관한 9원칙을 인준했다.

주주와 NGO

선량한 기업시민으로서의 기업에 대한 강조가 늘어난 것과 함께 최근 10년 동안 기업 문제, 특히 기업 거버넌스 사안에 대한 주주와 비정부기구의 역할, 힘, 그리고 영향력이 증대되었다.

기관 투자자들의 영향 증대

기업 거버넌스나 기업 행태, 이슈에 관한 기관 투자자들의 강조와 강화는 특히 중요한 요소가 되어 왔다. 대규모 기관 투자자들의 힘과 영향은 과소평가될 수 없다. 벵트 홈스트롬Bengt Homlstrom과 스티븐 카플란Steven Kaplan의 2003년 9월 보고서 「미국의 기업 거버넌스 현황: 무엇이 옳고 무엇이 그른가」유럽 기업 거버넌스 연구소에 의하면 1980년부터 1996년까지 20년이 채 안 되는 기간에 미국 기업에 대한 대규모 기관 투자자들의 지분은 30퍼센트 미만에서 50퍼센트가 넘어서게 되어 과거에 비해 두 배로 증가했다.

이사회가 보다 가시적으로 되고 거버넌스 문제에서 더 많은 책임을 맡게 된 것처럼 주주들 역시 거버넌스 문제에서 가시적이고 적극적으로 변했다. 회사의 재무 실적과 가치가 과거에도 주요 관심사였고, 현재에도 마찬가지지만 많은 주주들이 회사와 이사회가 윤리, 인권, 투자 관행, 이사회 구성과 운영에 관련된 이슈들을 다루게 하는 데 적극적으로 참여하고 있다.

이러한 경향의 증가를 보여주는 예로, 2006년 기관 투자자 주주 서비스Institutional Shareholders Services의 「글로벌 기관 투자자 연구」가 있다. 총 100조 5천억 달러의 지분 자산을 소유 또는 관리하는 18개국 320개 기관 투자자를 대상으로 실시된 이 조사는 기관 투자자들이 자신의 투자 포트폴리오에 속한 회사의 기업 거버넌스와 컴플라이언스에 점점 더 높은 중요성을 부여하는 데 초점을 맞추었다. 이 조사에 의하면 기관 투자자들의 70퍼센트는 기업 거버넌스가 매우 중요하거나 극단적으로 중요하다고 응답했다. 이 보고서는 다음과 같이 언급한다. "대부분의 기관 투자자들은 투자 회사의 기업 거버넌스를 모니터하고, 어떤 경우에는 주주로서 의결권 행사에만 머무는 게 아니라 기업의 거버넌스 관행에 관여하라는 고객들의 기대 증가에 직면하고 있다."

많은 선도적 투자 펀드들이 리스크로서의 윤리 및 거버넌스 이슈와, 투자자로서 추구하는 가치를 직접 연결시키고 있다. 예를 들어 거대한 연금 투자 포트폴리오를 보유한 뉴욕, 캘리포니아, 펜실베이니아와 같은 주 정부들은 투자 포트폴리오에 속한 기업의 행태에 관해 적극적인 역할을 하고 있다. 이러한 관심을 반영하여 기업 거버넌스 개선을 통해 투자자들의 신뢰 회복을 위한 그룹이 결성되었다. 주州 재무성과 연금 펀드의 주도로 2003년에 전국 기업 개혁 연합National Coalition for Corporate Reform이 창설되었다. 어느 전직 뉴욕 주 회계 검사관은 2003년 9월 10일자 「사회적 기금Social Fund」 지에 다음과 같이 말했다. "부패를 막는 최선의 방법은 부패를 방지하거나 이를 조기에 드러낼 수 있도록 회사 내부의 정책과 구조를 마련하고, 강력하고 효과적인 규제와 감독을 실시하며, 투자자의 손실을 회복하고 억제 요소를 제공하기 위해 필요한 경우 소송을 제기하는 것이다."

노동조합도 투자 포트폴리오에 속한 회사의 기업 거버넌스 행태에 관해 적극적인 입장을 취해 왔다. 미국 최대의 노동조합 연맹인 AFL-CIO는 매년 '중요 안건에 대한 의결권 행사 조사' 결과를 발표하는데 이 조사에서 3십억 달러가 넘는 연기금 자산을 관리하는 회원사 펀드 매니저들의 의결권 행사 기록을 추적 관리한다. 중요 안건에 대한 의결권 행사에는 독립적 이사회, 아동 노동 등의 국제 노동 기준, '포이즌 필poison pill' 적대적 인수 방어 측면의 주식 매수 청구 또는 주주의 의결권 행사,

평등 기회와 환경상의 의무 보고 등이 포함된다.

2,470억 달러가 넘는 투자자산을 관리하는 캘리포니아 공공 근로자 퇴직 시스템California Public Employees' Retirement System; CalPERS은 사회 이슈와 윤리 이슈에 대한 기본적인 심사를 도입하기로 결정했다. 필립 앙겔리데스 Philip Angelides 전 주 재무장관은 2001년 아시아 기업 거버넌스 라운드테이블 연설에서 "이 정책은 정치 안정, 인권, 장기적 안정과 투자 수익성 사이의 상관관계를 인정했다"고 밝혔다.

CalPERS는 자신의 기업 거버넌스 철학을 분명히 밝히고 있다.

캘리포니아 공공 근로자 퇴직 시스템은 기업 거버넌스 운동에서 오랫동안 리더가 되어 왔다. 미국 최대의 공공 부문 퇴직 시스템인 CalPERS의 경영 위원회는 '양호한' 기업 거버넌스가 장기 실적 개선으로 연결된다는 결론을 내렸다. 또한 '양호한' 거버넌스는 회사의 책임자와 이사들뿐만 아니라 소유자들의 주의와 헌신도 요구한다. CalPERS는 소극적인 주식 보유자가 아니라 '주주'이며, 회사 소유에 수반하는 책임을 통감하고 있다.[6]

비정부 기구

조직의 문제에서 이해 관계자들의 역할 증대는 재무 이슈에만 제한되지 않는다. 지난 10년 동안 조직 행태 모니터링의 역할이 점점 커져서 '민간 자율 단체' 또는 '시민 사회 단체'라 불리는 비정부 기구 Nongovernmental Organization; NGO가 크게 증가했다. 기업 감시단Corporate Watch, 국제 투명성 기구, 열대 우림 행동 네트워크, 국제사면위원회, 깨끗한

옷 입기 운동, CorpWatch 등이 조직 행태에 점점 더 많은 영향을 주고 있다.

NGO는 놀랄 만큼 증가했다. 제임스 A. 폴James. A. Paul이 「글로벌 정책 포럼」 2000년 6월호에 게재한 글에 의하면 약 2만 5천 개 조직들이 많은 국가에서 프로그램과 제휴 기관을 갖춘 국제 NGO 자격을 갖추고 있는데, 이 숫자는 1세기 전에는 400개가 안 되었다. 예를 들어 기업의 행태와 인권에 대해 강력한 입장을 취해 온 국제사면위원회는 100만 명이 넘는 회원과 90개가 넘는 국가와 지역에서 제휴 기관이나 네트워크를 보유하고 있다. 런던에 본부를 둔 이 위원회의 사무국은 300명이 넘는 직원을 통해 리서치를 수행하고 세계적인 로비 활동을 조정하며 많은 국제 학술회의와 기관에 적극 참여하고 있다.

1990년대 말 이후 NGO와 기업 및 정책 입안자들의 관계가 발전했다. 일부 NGO 조직의 폭력 시위가 아직도 머릿기사를 장식하지만, 실상은 당사자들이 건설적으로 대화하는 시대로 접어들었다. 1999년에 수천 명이 시애틀에 모여 WTO의 정책에 항의했다. 그러나 2005년에는 NGO에게 세 명의 WTO 사무총장 후보에게 질문할 기회가 주어졌다. 이는 WTO의 10년 역사상 사무총장 선출 프로세스에서 사회 활동가에게 의견을 발표하도록 한 최초의 사례였다.[7]

2003년에는 국제사면위원회와 기타 단체의 대표자들이 스위스 다보스에서 개최된 세계 경제 포럼에 연사로 초대되었다. 국제사면위원회 사무총장 아이린 칸Irene Khan은 이 세션에서 이렇게 말했다. "오늘 제게 다보스에 대한 대중의 시선Public Eye on Davos 섹션에서 말할 기회를 주셔서 감사합니다. 이 포럼은 매우 중요합니다. 바로 '다보스에 대한 대중의 시선'이라는 이 명칭이 세계 경제 포럼에 참석한 세계의 지도자들에게 국제 시민 사회가 이 모임을 지켜보고 있음을 상기시켜 주고 있습니다. 이 공동체는 말이 아니라 행동을 원합니다. 선언이 아니라 진보를 원합니다. 그리고 선전 활동이 아니라 회사의 책임성을 원합니다."[8]

NGO들은 광범위하게 영향을 미치고 있다. 2005년 2월 25일자 「LA 타임즈」지는 그린피스 인터내셔널Greenpeace International이 냉장고 제조회사 월풀Whirlpool Corp.에게 환경 친화적인 절연 처리 방식을 사용하도록 설득했다고 보도했다. 또한 홈 디포Home Depot Inc.와 로위스Lowe's Co.는 환경을 파괴하는 캐나다의 우림 목재 구입을 중단하기로 합의했다. 갭Gap Inc.과 나이키Nike Inc.는 NGO 직원들과 협력하여 아시아에서의 제조 공정을 다루고 있다.

최근의 연구에서도 기관을 변하게 하는 세력으로서의 NGO의 존재감과 신뢰성을 발견할 수 있다. 1,500명의 세계 여론 주도층에 대한 조사인 에델만 트러스트 바로미터[9]에 의하면 NGO들은 미국, 유럽, 라틴 아메리카, 아시아의 많은 나라에서 가장 신뢰받는 기관에 뽑혔다. 신뢰도 비율이 가장 크게 증가한 곳은 미국인데, NGO의 '신뢰도'는 2001년에 36퍼센트였지만, 2005년에는 55퍼센트로 치솟았다. 한편, 기업의 임원과 정부 관리에 대한 대중의 존경심은 줄어들었다. 에델만 조사에 의하면 CEO와 CFO는 미국, 유럽, 일본에서 10명의 여론 주도층 인사들 중 3명이 신뢰할 수 있는 것으로 나타났다.

적도 원칙 Equator Principles 2002년에 NGO와 금융기관 사이에 합의된 적도 원칙은 NGO의 강력한 영향에 대한 사례 중 하나라 할 수 있다. 적도 원칙은 윤리적 투자 관행에 대한 일련의 자발적인 환경적, 사회적 가이드라인이다. 이 원칙은 지속가능하지 않은 프로젝트에 자금을 조달하고 있는 금융기관에게 NGO들이 압력을 가하자 금융기관들이 이에 대응하기 위해 만든 것이다. 2006년 7월 1일자 「뱅커The Banker」 지에 실린 올리버 발크Oliver Balch의 글에 의하면, 2002년에 적도 원칙이 최초로 도입되었을 때 10개 은행이 이에 합의했다. 2006년에는 씨티 그룹, JP모건, HSBC, BOA 등 세계적인 투자기관 대부분을 포함한 41개 은행이 이 원칙에 서명했다.

이와 같이 협력하는 측면도 있지만 회의론과 실용주의도 있다. 발크가 지적하듯이 은행 업계의 한 비평가는 다음과 같이 말했다. "사람들의 인식과는 달리 은행원들이 환경운동가가 되지는 않습니다. 그들의 논리는 훨씬 더 실제적입니다. 은행은 점차 사회적, 환경적 리스크가 장기적인 주주 가치에 위협을 가하고 있다는 견해에 순응하고 있습니다."

글로벌 전기 통신과 인터넷

기업 거버넌스와 기관의 컴플라이언스에 대해 더 강조하게 된 것과 동시에 정보와 통신 기술 혁명이 일어났다. 20년도 안 되는 기간 동안에 다량의 정보 접근과 다른 사람과의 소통 속도 및 용이성이 컴플라이언스 이슈에 대하여 강조하는 데 중대한 역할을 했다.

와이파이, 전자우편e-mail, 즉석 메시지와 랩탑 컴퓨터가 우리 생활의 일부가 되고 있는 이 시대에 1991년 미네소타 대학교에서 최초의 인터넷 친화적인 인터페이스가 개발되어 놀라운 변화를 가져왔다. 가입자에게 최초로 인터넷 접근을 제공하기 위한 전국적인 상업적 온라인 서비스 제공업체인 델파이Delphi가 1992년 7월에 처음으로 전자우편 연결을 개설하였고 그 해 11월에 완전한 인터넷 서비스를 추가했다는 사실도 그렇다. 곧 이어 AOL, 프로디지Prodigy, 컴퓨서브CompuServe와 같은 인터넷 서비스 제공자들이 가세했다. 이 분야의 변화는 실로 경악할 만하다. 2006년 7월 10일자 「포춘Fortune」지는 10년 전에는 미국 성인의 9퍼센트가 온라인을 사용했는데 현재는 77퍼센트가 사용하고 있으며, 세계적으로는 7억 명이 온라인을 사용하고 있다고 보도했다.

이처럼 많은 정보에 이렇게 쉽게 접근할 수 있었던 적은 없었다. 기관들의 실적, 행동, 그리고 비리 연루 등은 세계 어디에서나 책상 앞에 앉아 있는 누구에게라도 발견될 수 있다. 검색에 몇 시간, 며칠 또는 몇 주씩 걸리던 데이터들을 몇 분 안에 찾을 수 있고, 이를 즉시 세계 도처에 있는 다른 사람들과 공유할 수 있다. 전자우편과 인터넷의 출현으로 기관들은 구성원들을 신속하고 저렴하게 동원할 수 있게 되었다. 더욱이 인터넷은 기술 정보에 대한 독특한 원천 역할을 한다. 예를 들어 NGO Café라는 웹사이트는 정보 대조, 네트워킹, 협력, 파트너십 목적의 인터넷 이용에 조언과 지침을 제공한다.

인터넷은 정보에 접근하고 다른 사람들을 동원하는 능력 이외에도 전에는 상상할 수 없었던 청중들에게 자신의 의견, 반론, 그리고 아이디어들을 알릴 수 있게 해주고 있다.

존 파블릭John Pavlik이 그의 저서 『새로운 매체 기술: 문화적 및 상업적 관점New Media Technology: Cultural and Commercial Perspective』에서 이를 다음과 같이 웅변적으로 말했다. "인터넷과 다른 미디어 기술들은 세계 도처의 가상

공동체 구성원들에게 힘을 주고 있다. 이 기술들은 운영비용이 거의 없고 거의 동시에 수백만 명의 청중들에게 도달할 수 있는 새로운 전자 시대의 인쇄기를 제공하고 있다."

이러한 기술 변화가 현대의 기관들에게 시사하는 바는 위협적이다. 화가 난 이해 관계자, 불만을 품은 직원, 분개한 주주, 그리고 짜증난 고객들은 이제 자신의 목소리를 다른 사람들이 듣게 할 수 있다. 따라서 예전에는 비밀과 벽 뒤에 숨을 수 있었던 기관들이 점점 더 발가벗겨지고 있다.

이러한 전개는 기업 거버넌스와 조직의 컴플라이언스에 많은 것을 시사한다. 데이빗 커크패트릭David Kirkpatrick은 2006년 7월 10일자 「포춘」 지에서 이를 다음과 같이 적절하게 언급했다. "대기업이 된다는 것은 이전과는 다르다. 소비자와 직원들이 자신의 블로그에 당신의 회사를 험담하고 있으며, 이베이eBay에서 작은 모조품이나 싸구려 시장 제품이 당신 회사의 제품보다 싸게 팔리고 있고, 경쟁자들이 나타나 당신의 비즈니스 모델을 파괴하고 있다. 웹사이트로 인해 투명성도 신경 쓰일 정도로 증대되고 있다." 그러나 현대 조직의 행태와 윤리, 컴플라이언스의 중요성을 변화시키는 것은 바로 이 '신경 쓰일 정도로 증대되는 투명성'이다.

요약

일련의 특정한 사건이나 스캔들을 뛰어넘는 복잡한 요소들이 현대의 조직에게 컴플라이언스를 강조하게 한 요인이 되었다. 이러한 비리 행위들이 입법 및 규제상의 조치에 대한 촉매나 계기가 될 수도 있지만 사회적,

사법적, 그리고 기술상의 다른 광범한 요인들이 조직들의 행동과 컴플라이언스라는 이슈에 관심을 기울이게 하고 있다. 이러한 모든 요인들에 대한 이해는 현대 조직의 컴플라이언스 목표, 프로그램, 도구 형성에 도움이 되는 지침을 제공해 주기 때문에 이러한 내용들에 대해서는 이후의 장章들에서 논의한다.

Notes

1) 상원 법사위원회, 리차드 쏜버그의 증언, "월드콤 사례: 파산 및 경쟁 이슈 고찰하기," 법사위원회 청문회, 2003년 7월 22일.
2) 스티븐 라우어(Steven Lauer), "계류 중인 기업 양형 가이드라인 개정: 변화가 임박하다," Integrity Interactive Corporation, 2004년, 3쪽.
3) 파울라 데시오(Paula Desio), "기업 양형 가이드라인 개요," 미국 양형위원회.
4) 미국 양형위원회, 2005 연방 양형 가이드라인, 8장 Part B: 범죄 행위로부터의 피해 교정하기, 그리고 효과적인 컴플라이언스 윤리 프로그램, §8b2.1. 효과적인 컴플라이언스 윤리 프로그램.
5) http://www.epa.gov/compliance/civil/ecomodels/index.html.
6) http://www.calpers-governance.org/forumhome.asp.
7) 에블린 인타니(Evelyn Intani), "길거리에서 내부의 성소(聖所)로," LA 타임즈, 2005년 2월 20일.
8) 이렌네 칸(Irene Khan), "주식 취득: 기업의 사회적 책임과 인권," Public Eye on Davos, 2003sus 1월 24일.
9) 리차드 에델만(Richard Edelman), Edelman Trust Barometer 2005: 6차 Global Opinion Leader Survey, 2005년 1월. 이 조사의 자세한 내용은 http://www.pressesprecher.com/media/edelmantrustbarometer2005.pdff#search=%22Edelman%20Trust%20Barometer%22에서 찾아볼 수 있다.

❷

컴플라이언스 요구

　예언자와 코미디언은 '죽음과 세금'은 피할 수 없다고 말하는데 또 하나의 피할 수 없는 범주를 덧붙이자면 오늘날의 컴플라이언스 요건을 가열시키는 당혹스러운 규정, 규례와 기준들이 이에 포함될 수 있을 것이다. 미로 같이 복잡한 감독 규정의 요구들은 조직에게 막대한 부담을 준다. 2006년 기준으로 미국의 규칙, 제안된 규칙 안, 그리고 연방 기관과 조직에 대한 정부의 공식 간행물인 「미 연방 관보US Federal Register」에 75,000쪽의 규정이 있는데 이는 주 정부와 지방 정부의 규정을 제외한 것이다. 어느 주요 금융기관의 고위 컴플라이언스 책임자는 자신이 당면한 최대의 도전 과제는 업무와 관련된 엄청난 법률과 규정들을 따라잡는 것이라고 말할 정도였다.

　엄청난 규정의 양 이외에도 규정 준수를 감독하는 관할 기관들이 중복되는 경우도 흔하다. 2007년 1월의 미국 회계 감사원 보고서 「연방 식품 안전 감독」에서 연방 식품 감독 시스템의 '단편적인 특성'을 지적한 것이 전형적인 예다. 15개 기관이 식품 안전에 관한 최소 30개의 법률을 집행하고 있다. 식품의약청FDA, 육류와 가금류를 제외한 식품과 농무부 내 식품안전 조사국육류와 가금류이 식품 안전에 대한 주된 책임을 지고 있다.

연방 규제 컴플라이언스 부담 외에도 주 정부의 규제도 복잡하다. 어떤 보험회사 간부인 윌리엄 맥커트니William McCartney는 2004년 9월에 미국 상원의 증언에서 주 보험 감독 시스템에 관한 상황을 다음과 같이 묘사했다.

통일성 결여와 비일관성이 주州 보험 감독 시스템의 특징이다. 다양한 주 감독 기관의 존재만으로도 전국적이고 이동성이 높은 사람들에게 서비스를 제공하는 회사에 심각한 문제를 제기한다. 이 문제는 각각의 관할 구역 안에서도 비즈니스 라인마다 시스템이 다른 경우가 흔해서 규제 프로세스가 믿을 수 없을 정도로 번거롭고 소비자의 필요에 반응하지 않는다는 사실로 인해 더 복잡해진다… 500개가 넘는 주의 공시와 검토 요구가 효율성과 일관성으로 이어질 것이라고 믿는 것은 비논리적이다.

규제 컴플라이언스 또한 정부의 규제를 넘어선다. 시드니 샤피로Sidney Shapiro는 2003년 11월호 「듀크 법률 저널Duke Law Journal」에서 이 상황을 다음과 같이 간략하게 요약했다. "이제 규제는 더 이상 관료주의에 지나지 않는다. 정부는 공적 목적 달성을 점점 더 민간 부문의 수단에 의존하는

데 이에는 대중에 대한 서비스와 관련된 사안뿐 아니라 공공 정책 입안 및 실행까지도 포함된다… 컴플라이언스 요구와 의무들은 점점 더 민간 조직에게 행동 기준을 제정하도록 위임되는데, 이들 중 일부는 법적인 힘이 있고 다른 일부는 도덕적 윤리적 의무들이다."

규제 컴플라이언스는 벅찬 도전 과제이며 규제 요건들은 조직 생활의 모든 측면을 다룬다. 이 요건들은 건강과 안전 이슈, 환경 이슈, 임금과 근로 시간 규정, 평등 고용 기회, 독점금지와 경쟁 조항, 데이터 보호, 기금 조성, 심지어 개인위생에 이르기까지 다양한 영역에 걸쳐 있으며, 그 중에는 중요한 사항도 있고 터무니없는 사항도 있다. 터무니없는 조항의 예를 들면 워싱턴 D.C. 소재 정부 관사 화장실에는 손을 깨끗하게 씻는 방법을 설명하는 포스터들이 붙어 있다.

규제 컴플라이언스

규제 컴플라이언스와 이의 집행으로 경영환경이 계속 변하고 있다. 이들은 규제자나 피규제자 모두에게 심각한 법적, 조직적, 재정적 도전 과제를 부과한다. 정부 관리들은 조직이 법적 의무를 준수하는 가장 효과적이고 효율적인 방법들을 끊임없이 찾고 있다. 그리고 이 요건을 적용 받는 대부분의 조직들은 제한된 자원, 시간, 경험, 자금에도 불구하고 규제상의 부담을 충족시키기 위해 끊임없이 노력하고 있다. 2005년에 연방 정부에서 수행한 '규제 비용이 소기업들에 미치는 영향'이라는 연구는 이렇게 말한다. "미국의 2004년 연방 규제 비용이 1조 1천억 달러를 초과하게 되었다. 이 비용을 각 가구에 동등하게 배분할 경우 가구당

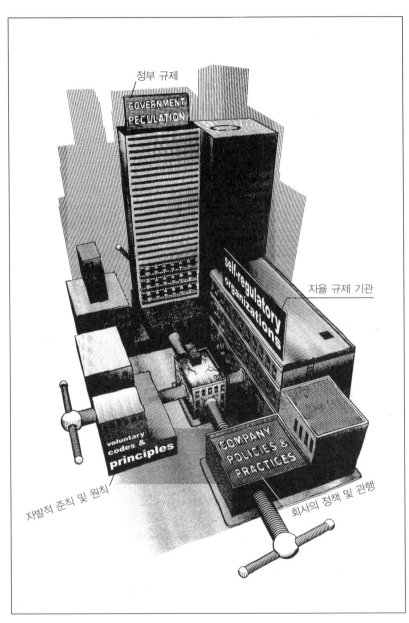

[**그림 1** 컴플라이언스 요구에 압박 받는 조직들]

10,172달러에 달하는데, 이 금액은 미국의 2004년 가구당 평균 의료비 지출액9천 달러에 약간 미달보다 많은 액수다."

규제 조치들은 계속 바뀌고 있다. 조직은 이러한 규칙과 규정의 소용돌이를 이해하고 이를 관리하고자 애쓰고 있다. 어느 글로벌 통신회사의 전직 회장은 자신의 조직이 이를 관리하기 위해 끊임없이 분투했던 '규정의 세계'에 대해 유감의 뜻을 밝혔다.

실로 그림 1이 지적하듯이 정부 규제, 자발적인 준칙, 회사 정책, 그리고 자율 규제 기관들의 힘이 결합하여 현대의 조직에게 거대한 압력을 행사하고 있다. 컴플라이언스에 대한 요구는 많은 원천들로부터 비롯된다.

규제를 받는 조직과 마찬가지로 규정도 형식과 양태 면에서 끊임없이 진화하고 있다.

미국 정부와 전 세계의 많은 정부들은 '컴플라이언스' 요건을 좌우하는 규제 전략들을 혼합하는 접근법을 채택하고 있다. OECD의 2000년도 보고서 「정책 실패 리스크를 감소시키기: 규제 준수에 대한 도전 과제」는 이 상황을 다음과 같이 요약하고 있다.

규제에 관한 현대의 많은 리서치의 중심 주제는 컴플라이언스를 이해하기 위해서는 정부 규제가 자율 규제, 회사의 내부 관리와 같은 다른 형태의 '규제'와 전문가 집단예를 들어 감사인, 변호사, 안전 전문가 등, 표준 수립 기관, 계약자와 업계 협회 등과 같은 기타 당사자들의 행동과 어떻게 상호 작용하는지 이해할 필요가 있다는 것이다. 특히 학자들은 '규제 다원주의'라는 개념을 사용하여 주州만이 '규제'의 유일한 원천이 아니라는 사실에 주의를 기울이게 하고 있다.

자율 규제

규제 컴플라이언스의 고전적인 형태였던 엄격한 행동 기준, 상세한 규제 요건, 허용되는 행위의 한계가 있던 '명령과 통제'로부터 보다 유연하고 자발적인 접근법으로 규제의 형태가 바뀌고 있다. 이러한 접근법에서는 '담당' 조직들이 자율적으로 규제하거나 최소한의 정부 감독 하에서 자체의 활동을 감시하며어떤 이들은 이를 '협력 기반 컴플라이언스'라고 부른다 정부는 점차 한정된 자원을 법규를 준수하지 않는 기관에 집중하고 있다. 자율 규제 제도 하에서도 정부 규제 기관이 법규를 위반하는 개인이나 조직에게 법적 제재를 가할 수 있는 권리를 여전히 유보하고 있음을 주목해야 한다.

이러한 접근법은 미국 관세국경보호청관세국경보호청의 수입자 자체 평가 프로그램은 무역 규정을 준수하는 기업들에게 규제 기관의 감독을 덜 받게 해준다과 미국 환경보호청, 미국 노동부의 산업안전보건청Occupational Health and Safety Administration; OSHA 등 많은 정부 기관에 의해 채택되어 왔다. 예를 들어 OSHA는 작업장 안전과 건강 이니셔티브에 대한 업계의 협력을 강화하고, 동시에 리스크가 높은 기관에 감독을 집중하는 수단으로 1982년에 자발적 보호 프로그램Voluntary Protection Program을 도입했다.

'1950년대식 틀' 피하기

2007년에 미국에서 발생했던 유명한 일련의 식품 오염 사건에서 자율 규제의 역할및 필요을 찾아볼 수 있다. 미국 식품의약청은 업계가 스스로를 감시할 필요가 있음을 인정했다. 2007년 4월 23일자 「워싱턴 포스트」 지 기사에서 FDA의 식품안전국장은 "우리는 매년 6만 개에서 8만 개의 설비를 감독하고 있다. 이는 식품 제조업자들을 우리가 따라 다니며 감시할 것이 아니라 그들 스스로 식품의 안전장치를 설치해야 함을 의미한다⋯ 우리는 1950년대의 틀을 벗어나야 한다."

정치적, 철학적, 그리고 경제적인 많은 이유들이 자율 규제로 이동하는 데 도움이 된다. 예를 들어 조직 감시에 활용할 수 있는 정부의 자원이 상당히 줄어들었다. 2003년 8월의 도시 연구소Urban Institute 보고서 「전자 정부와 규제」에 의하면 1980년부터 2000년 사이에 미국에서 설립된 기업 수는 4백 5십만 개이던 것이 56퍼센트 증가하여 7백만 개를 넘게 되었다. 기업체 수 증가에도 불구하고 검사를 담당하는 노동부의 자원은 감소했다. 임금과 근로 시간 검사관은 9퍼센트, OSHA 검사관은 29퍼센트 감소했다.

연방교역위원회Federal Trade Commission; FTC는 업계 자율 규제에 대한 강력한 지지를 표명했다. 교역위원회는 1999년 보고서 「주류 업계에서의 자율 규제: 업계의 미성년자에 대한 주류 판촉 회피 노력에 대한 검토」에서 자율 규제의 장점을 다음과 같이 칭송했다.

수십 년 동안 FTC는 효과적인 자율 규제가 담당할 수 있는 역할을 인식해 왔으며 건전한 자율 규제 제도를 개발하기 위해 업계의 많은 그룹들과 협력해 왔다. 이 프로그램들은 '불공정하거나 사기적인 행동 또는 관행'을 중단시키려는 위원회의 법 집행 노력을 보완한다. 그 결과 시장에서의 고객 보호가 더욱 강화된다.

잘 구축된 업계의 자율 규제 노력은 정부의 규제나 법률에 비해 몇 가지 유리한 점이 있다. 자율 규제는 흔히 정부 규제보다 더 신속하고, 유연하며, 효과적일 수 있다. 자율 규제는 정부가 명확한 선을 긋기 어려운 이슈에 대해 업계의 축적된 판단과 경험을 적용할 수 있는 경우가 많다. 광고 관행에 관해서는 여러 형태의 정부 개입은 수정 헌법 제1조표현의 자유상의 문제를 제기하기 때문에 자율 규제가 적절한 장치다.

자율 규제에도 비판이 없는 것은 아니다. 비판자들은 규제 프로세스가 규제 대상인 기업이나 조직에 의해 선택될 가능성을 우려한다. 이 외에도 법률이나 관행 위반 발생 시 집행이 약화될 수 있고, 자율 규제 기관들은 정부 기관이 갖고 있는 컴플라이언스를 명령할 권한과 힘이 없다. 또한 '규제상의 모순'도 있다. 이 이론에 의하면 자율 규제 기구 가입이 강제적이지 않을 경우, 비회원들의 자율 규약 위반 비율이 더 높을 가능성이 있기 때문에 자율 규제 기관이 규약 위반과 같은 리스크를 통제할 수 없을 지도 모른다는 것이다. 규제상의 모순은 규제되는 기관은 규제할 필요가 가장 작은 '믿을 만한' 당사자들이라는 점이다.

회사 내부 컴플라이언스 시스템

자율 규제의 고전적인 예는 회사 내부 컴플라이언스 시스템의 성장이다. 내부 컴플라이언스 시스템의 증가는 연방 기업 양형 가이드라인에 기인한다.

연방 기업 양형 가이드라인

앞에서 논의한 바와 같이 연방 기업 양형 가이드라인FSGO 하에서 조직들은 미준수를 예방하고 탐지하기 위한 프로그램을 갖추고, 위반을 자진 보고하고, 규제 기관과 협조하며, 책임을 받아들임으로써 '귀책 점수'를 낮출 수 있다. 또한 조직이 효과적인 내부 컴플라이언스 프로그램을 갖추면 귀책 점수를 추가로 줄일 수 있다. FSGO는 효과적인 컴플라이언스 프로그램의 7가지 핵심 요소를 규정하고 있는 데 그 요소는 다음과 같다.

1. 직원과 대리인들이 준수해야 할 컴플라이언스 기준과 절차를 수립해야 한다.
2. 컴플라이언스 프로그램은 조직 안의 '고위급' 인사에 의해 집행되고 감독되어야 한다.
3. 범법 행위 성향이 있는 사람들에게 상당한 재량권이 위임되지 않도록 해야 한다.
4. 자신의 컴플라이언스 기준 및 절차에 관한 교육 프로그램을 제공하고, 이 기준 및 절차가 효과적으로 소통되게 해야 한다.
5. 모니터링과 감사 시스템이 운영되어야 하며, 직원들이 보복에 대한 두려움 없이 비리를 보고할 수 있는 보고 시스템예를 들어 내부 고발 프로그램이 설치되어야 한다.
6. 직원 등이 문제가 되는 사안을 보고할 동기를 부여해야 하며, 비리 연루자에 대한 징계 정책을 수립해야 한다.
7. 위반 행위가 보고될 경우, 이에 대응하고 재발 방지를 위한 합리적

인 조치를 취해야 한다.

이러한 일곱 가지 요소들이 미국에서 컴플라이언스 프로그램의 기초를 형성한다. 이 요소들은 컴플라이언스 전문가들의 구호가 되어서 자신이 가장 좋아하는 스포츠 팀의 통계 수치를 암송하듯 암송할 수 있게 되었다. 2004년 11월의 개정 연방 기업 양형 가이드라인은 내부 컴플라이언스 프로그램의 복잡성을 가중시켰다. 앞에서 언급한 바와 같이 이 개정안은 컴플라이언스 프로그램이 법원에서 효과적인 것으로 인정받기 위해 조직들이 해야 하는 바를 확대했다. 이에는 조직 내에서의 윤리 및 문화 강조, 컴플라이언스 프로세스와 프로그램에서 고위 경영진의 역할과 책임 재정의, 그리고 컴플라이언스 리스크에 대한 이해와 관리에 관한 견해 확대 등이 포함된다.

민간 부문 조직의 컴플라이언스

OECD가 언급한 바와 같이 컴플라이언스 의무와 활동들은 이제 더이상 정부만의 활동 영역이 아니다. 조직의 컴플라이언스에 영향을 주는 프로그램, 정책, 행동 기준 개발과 감독에서 민간 부문 조직들이 점점 더 중요한 역할을 수행하고 있다. 이 섹션에서는 자율 규제 기관, 표준 수립 기관, 신용평가 기관과 자발적인 업계 준칙과 같은 민간 부문 행동들의 몇 가지 예와 컴플라이언스에서 그들이 수행하는 역할에 대해 살펴본다.

자율 규제 기관

자율 규제 원칙에 걸맞게 자율 규제 기관self-regulating organization; SRO은 법적 규제 컴플라이언스의 구조에서 중요한 역할을 하는데 이는 회계, 의료, 법률 등 많은 전문 직종들의 특성 중 하나다. 정부는 SRO에게 징계 관행, 인가 요건과 자격증 등 회원을 규율하는 규칙과 규정들을 제정할 상당한 권한을 위임한다.

예를 들어 미국의 금융업에서는 증권시장 규제에 관한 주무 관청인 증권거래위원회SEC가 뉴욕 주식거래소NYSE, 종전의 NASD와 NYSE의 규제 기능들이 결합된 금융 산업 규제 기구Financial Industry Regulatory Authority; FINRA, 그리고 지역의 주식과 옵션 거래소 등과 같은 자율 규제 기관에게 상당한 권한을 위임한다.

NYSE 규정 NYSE가 NYSE에 상장된 회사를 위해 제정한 2003년의 거버넌스와 컴플라이언스 규정인 'NYSE 기업 거버넌스 규칙 최종안'은 자율 규제 기관이 정한 컴플라이언스 의무 강화의 가장 극적인 예 중 하나다. 이 규칙은 사베인-옥슬리법보다 엄격한 측면도 있다.

NYSE에 상장된 회사들은 이사회 위원 과반수 이상을 독립적 이사로 구성해야 하며, 이사회 내 감사·보상 및 지명 위원회는 독립적 이사들로만 구성해야 한다. 이에 더하여 NYSE 하에서 독립성 기준은 사베인-옥슬리법의 기준보다 엄격하다.

회사 또는 회사의 독립적인 감사인의 전직 직원들과 그들의 가족은 퇴직 후 5년 이내에는 독립적인 것으로 간주되지 않는다.

FINRA 미국의 증권 브로커와 딜러를 감독하는 FINRA도 2003년에 강화된 기업 거버넌스 기준을 발표했다. 발렌타인 크레이그Valentine V. Craig 가 2005년 판 「FDIC Banking Review」에서 언급한 바와 같이 NASD는 상장 회원사들에게 이사회를 과반수 이상의 독립적 이사로 구성하고 모든 이사들과 직원들에게 적용될 윤리강령을 갖추며, 모든 스톡옵션 부여 계획의 채택과 그러한 계획의 중대한 개정 시 주주들의 동의를 얻도록 요구했다. NYSE 기준 채택으로 감사위원회 위원들은 이사회의 보상 외에는 다른 어떠한 보상도 받을 수 없게 되었다.

보건 및 건강기관인증합동위원회 Joint Commission on Health Care and Accreditation of Health Organization; JCAHO SEC가 주식 거래소와 FINRA에 의한 자율 규제에 의존하는 것과 마찬가지로 미국 보건재정국US Health Care Finance Administration 은 독립적인 비영리 기관인 JCAHO를 이용하여 병원의 의료보험Medicare 과 의료 보조Medicaid 가입을 승인한다. JCAHO는 15,000개에 달하는 미국의 의료기관과 프로그램을 평가하고 인가한다.

거래개선위원회Council of Better Business Bureaus**의 광고국** 미 연방교역위원회는 거래개선위원회의 광고국National Advertising Division; NAD을 "오랜 기간에 걸쳐 검증된 매우 효과적인 자율 규제 모델"이라고 칭찬한다. 1971년에 출범한 NAD는 광고의 진실성에 관한 고객이나 경쟁사들의 민원을 조사한다. NAD의 결론에 동의하지 않는 광고주들은 해당 업종의 내부 및 외부 인사들로 구성된 전국광고검토위원회National Advertising Review Board; NARB에 재심을 청구할 수 있다.

화학물질제조업협회의 '책임있는 돌봄' 프로그램 책임있는 돌봄Responsible Care 프로그램은 위험한 화학물질 감소를 위한 자발적인 프로그램이다. 이 프로그램은 인도의 보팔Bhopal에서 끔찍한 화학물질 유출 사고가 발생한 뒤인 1985년에 캐나다 화학물질제조업협회에 의해 시작되었다. 이 프로그램은 업계의 환경과 안전상의 실적을 향상시키기 위해 고안되었다. 미국 화학물질제조업협회Chemical Manufacturers Association; CMA는 1989년에 유사한 프로그램을 도입했다. CMA의 책임있는 돌봄 프로그램 참여자들은 일련의 지도 원칙을 준수하기로 동의했다.

표준 수립 기관

지난 10년간 미국과 국제 사회에서 산업 표준과 관행을 공표하는 민간 기구의 중요성이 증대되었다. 이러한 많은 기관들이 컴플라이언스 관리 기능에 있어서 점점 더 핵심적인 역할을 하는 기준을 적극적으로 개발하고 있다. 시드니 샤피로Sidney Shapiro는 2003년 11월호 「듀크 법률 저널」에서 "OSHA는 1988년에 428개의 보호적 건강 기준을 채택했는데 새로운 규정의 대부분은 미국 산업 위생사 협회American Conference of Governmental and Industrial Hygienists; ACGIH에서 작성했으며 전국적으로 합의된 기준을 채택한 것"이라고 말했다.

1995년에 의회가 연방 기관들에게 가능하면 합의에 도달하지 못한 독자적인 기준을 만들지 말고 민간 부문의 기준을 채택하도록 요구하는 전국 기술이전 및 진보법National Technology Transfer and Advancement Act을 제정할 정도로 이러한 관행이 규제 기관에 깊이 배어들었다.

내부통제 프레임워크 최근에는 사베인-옥슬리법 제정에서 볼 수 있듯이 감사인, 경영진, 회계사, 그리고 입법 당국들이 내부통제에 많은 관심을 기울이고 있다. 내부통제를 정의하고 평가하며 보고하고, 이를 개선하기 위한 많은 장치들도 마련되었다. 이러한 장치들 중 가장 잘 알려진 것 중 하나는 1990년대 초에 트레드웨이 위원회 후원 기관 위원회 Committee of Sponsoring Organizations of the Treadway Commission; COSO에 의해 개발된 내부통제 프레임워크이다. 자발적인 민간 비영리 기관인 COSO는 내부 감사인 협회Institute of Internal Auditors; IIA, 재무 담당 임원 협회Financial Executives Institute; FEI, 미국 공인 회계사 협회American Institute of Certified Public Accountants; AICPA, 미국 회계 협회American Accounting Association; AAA, 그리고 관리 회계사 협회 Management Accountants Association; IMA 등과 같은 여러 전문가 단체에 의해 결성되었다.

COSO 프레임워크는 내부통제를 정의하고, 그 구성 요소들을 설명하며, 통제 시스템을 평가할 수 있는 기준을 제공한다. 이 프레임워크는 내부통제에 관한 공시 기준을 제공하며, 경영진, 감사인 등의 내부통제 시스템 평가에 사용되는 자료들을 제공한다. 이 프레임워크의 중요한 두 가지 목표는 다음과 같다. (1) 다양한 당사자들에게 도움이 되는 내부통제에 대한 공통의 정의를 제공한다. (2) 조직들이 이에 비추어 자신의 통제 시스템을 평가하고 이를 어떻게 개선할지 결정할 수 있는 기준을 제공한다.

COSO와 리스크 관리 컴플라이언스와 리스크 관리의 연결 관계는 점점 더 중요해지고 있다. 예를 들어 2004년 개정 연방 기업 양형 가이드라인은 조직들이 법률 및 윤리 위반에 맞서 싸우는 선제 조치로서 자신의 컴플라이언스 리스크를 식별하는 것이 매우 중요하다고 강조한다. 컴플라이언스와 리스크의 수렴 현상은 컴플라이언스 운영의 조직 구조예를 들어 컴플라이언스 부서와 직원들을 리스크 관리 조직으로 이전시킴에서 뿐만 아니라 법규 준수가 조직이 직면하고 있는 핵심 리스크들 중의 하나라는 인식에도 반영되고 있다.

리스크 관리 전략은 매우 중요한 관심거리가 되고 있다. COSO는 2004년 가을에 컨설팅 회사 PWCPricewaterhouseCoopers에 의해 작성된 전사 리스크 관리–통합 프레임워크Enterprise Risk Management-Integrated Framework; ERM 프레임워크를 발표했다. 이 프레임워크는 조직의 리스크 평가와 관리 능력 향상을 위한 방향과 기준을 제공한다.

연방 준비 위원회의 수잔 쉬미트 비에스Susan Schmidt Bies 위원은 컴플라이언스와 리스크의 통합에 대한 자신의 견해를 간략하게 밝혔다. 그녀는 2004년 2월 4일에 채권 시장 협회에서 다음과 같이 말했다. "강력한 컴플라이언스 프로그램은 리스크 관리 기능의 불가결한 부분 중 하나다… 우리는 전사적 리스크 관리로 이동하는 것처럼 근본적으로 전사적 컴플라이언스 구조로 변화시키는 데 있어서 시기를 놓치고 있다."

국제표준화기구　국제표준화기구International Organization for Standardization; ISO는 다양한 국가의 유사한 기술에 대한 표준을 수립하기 위해 창설된, 국가 표준 기구들의 국제적 연합체다. ISO 표준 중 품질 관리를 다루는 ISO 9000과 환경 관리를 다루는 ISO 14000이 가장 널리 알려져 있는데 ISO 프로그램 참여는 자발적이다.

ISO 컴플라이언스 인증을 원하는 회사들은 광범위한 프로세스를 통과해야 한다. 그들은 각각의 프로세스, 통제, 경영진의 책임, 그리고 시스템 사양을 충분히 문서화할 수 있어야 한다. 예를 들어 품질 관리 표준 준수에 있어서 회사들은 고객의 요구나 필요와 기대를 파악하고 고객 만족 여부를 결정하며 고객과의 소통 절차를 확립하고 직원들이 고객 요구 충족의 중요성을 인식할 수 있음을 입증해야 한다.

ISO 인증은 특히 환경과 관련된 조직의 컴플라이언스 운영에서 점점 더 중요한 역할을 수행하고 있다. 정부가 규정 준수를 자율적으로 규제하고 위반 사항을 신속하게 보고하고 시정하는 기업에게 인센티브를 제공하는 경향이 있었다. 예를 들어 미국 환경보호청Environmental Protection Agency: EPA은 40개가 넘는 자발적 프로그램을 보유하고 있다. 이들 중 많은 프로그램이 조직에게 환경 관리 시스템을 갖추고 그들의 환경 관련 행동에 대해 자체 경찰 활동을 벌이도록 요구한다. 회사들은 특정 프로그램의 가이드라인을 따를 경우 정부의 규제를 준수한 것으로 간주된다. EPA 요건을 만족시키는 자체 경찰 프로그램의 하나인 ISO 14001[1]이 있는데 2000년까지 미국에서 이 프로그램의 인증을 받은 설비는 1,200개가 넘는다.

은행 감독에 관한 바젤 위원회 컴플라이언스에서 국제적인 표준 수립 기관의 영향 증대에 관한 또 다른 예로 은행 감독에 관한 바젤 위원회이하 바젤 위원회 라 한다를 들 수 있다. 바젤 위원회는 1974년에 G10 국가의 중앙은행 총재들에 의해 설립되었다. 이 위원회 회원국은 벨기에, 캐나다, 프랑스, 독일, 이탈리아, 일본, 네덜란드, 스웨덴, 스위스, 영국, 미국, 룩셈부르크와 스페인 등이다. 이 위원회는 은행 규제에 관한 표준 수립에서 중

71

요한 역할을 한다.

2005년 4월에 바젤 위원회는 이례적으로 「은행에서의 컴플라이언스와 컴플라이언스 기능」이라는 문서를 발표했다. 이 문서에서 바젤 위원회는 회원 기관 은행의 컴플라이언스 기능에 대한 요건을 약술한다. 이 문서는 효과적인 컴플라이언스 정책과 절차가 지켜지고 있으며, 컴플라이언스 실패가 파악될 경우 경영진이 적절한 시정 조치를 취한다는 사실에 대해 은행 감독 기관들을 만족시키도록 요구한다.

신용평가 기관

신용평가 기관들은 공공, 민간, 비영리 부문 조직의 신용도를 평가하는 역할을 통해 커다란 영향력을 행사한다. 사베인-옥슬리법 통과와 이 법의 내부통제에 대한 강조는 신용평가 기관들의 조직 운영 평가에 중대한 영향을 줄 것이다. 이는 피치 레이팅스Fitch Ratings 사가 발행한 2005년 1월 보고서 「사베인-옥슬리법 섹션 404: 내부통제에 대한 경영진과 감사인의 평가에 대한 피치의 평가 방법론」에 반영되어 있다. 피치는 섹션 404 요건이 실행되면 내부통제 문제들은 이전보다 덜 발생할 가능성이 있다고 말했다.

앞에서 언급한 바와 같이 섹션 404는 경영진과 감사인에게 재무 보고와 공시에 관한 내부통제의 적정성에 관한 의견 표명을 요구한다. 취약점이 공시되거나 새로운 취약점이 발견될 경우 해당 공시나 경영진과의 추가 논의에 의해 이러한 취약점이 회사의 재무 상태에 중대한 영향을 미치거나 분석의 기초가 되었던 데이터에 의문이 제기되는 것으로 드러나면 신용 등급에 부정적인 조치가 취해질 수도 있다.

자발적 업계 준칙

자율 규제의 또 다른 요소는 조직의 자발적인 행위 준칙 확산이다. 국제 생수 협회, 미국 양 산업 협회, 그리고 미국 의류업 협회들에서 행위 준칙이 조직의 컴플라이언스에 붙박이처럼 붙어 다니게 되었다. 자발적 준칙들은 여러 면에서 정부 규제와 유사한 기능을 수행한다. 2000년 3월의 캐나다 소비자 보호청 보고서 「자발적 준칙 평가 프레임워크」는 준칙들은 "행동에 영향을 주고, 행동을 형성하고 통제하거나 벤치마크하기 위해 제정되었지만 국가의 힘으로 직접 지지되는 규칙이 아니라는 점에서 감독 규정과 다르다."고 설명한다.

이 보고서는 나아가 자발적 준칙들의 범위와 넓이의 다양함에 대해 설명한다.

자발적 준칙들은 정부의 직접적인 감독 또는 적극적인 격려하에 제정될 수도 있고, 정부의 관여없이 제정될 수도 있다. 준칙들은 업계 또는 NGO 회원들또는 한 회사의 직원들의 합의가 될 수도 있는데, 이 합의는 계약으로 구현되어 계약 당사자들이 이 준칙의 조항을 준수할 것을 서약할 수도 있다. 준칙 위반에 대해서는 제재 등이 가해질 수도 있으며, 중재 또는 독립적인 제3자의 조정 등 분쟁 또는 미준수를 다루기 위한 장치를 둘 수도 있다. 독립적인 감사인, 경쟁자, 지역 사회 대표, 그리고 시민 사회 단체 회원 등에 대한 규정도 준칙 집행에 도움이 될 수 있다.

법적/컴플라이언스상 맥락 컴플라이언스 관점에서 볼 때 자발적 준칙들은 법규, 규정, 가이드라인, 법 집행과 컴플라이언스 정책을 포함하는 광의의 법적 맥락 안에서 존재한다는 것을 주목할 필요가 있다. 이 준칙들도 조직에게 법률적인 영향을 준다. 위에서 인용한 캐나다의 보고서가 의미하는 바와 같이 자발적 준칙들은 "기존의 법적 장치에 대한 부속물, 법률에 대한 대체물, 또는 하나의 법적 제도 안에서의 상세한 내용으로 볼 수 있다. 준칙의 존재와 내용은 특히 '적절한 주의due diligence' 특정 산업에서 관행적이거나 기대되는 행동와 같은 개념들을 정의함에 있어서 법률적 함의가 있을 수 있다."

자발적 준칙 옹호자들은 준칙이 보다 유연하고, 여러 관행이나 구조를 통해 바람직한 상태가 달성될 수 있음을 인식하며, 보다 낮은 비용으로 동일한또는 그 이상의 보호를 제공하며, 전통적인 규제보다 간섭이 덜하다는 점에서 정부 규제에 대한 효과적인 대안이라고 주장한다Box 2.1 을 보라.

Box 2.1 규제 컴플라이언스에 대한 대안적 접근법들: 원칙 대 규칙

미국과 다른 나라들 사이의 규제 철학및 이 철학이 컴플라이언스에 미치는 영향의 차이는 상당한 토론거리다. 간단히 말해서 이 논의는 미국은 조직에게 상당한 컴플라이언스 의무를 부과하는 '규칙 기반' 규제 구조를 채택하고 있음에 반해, 유럽과 영국에서는 흔히 조직들에게 규정 준수에 대해 보다 많은 재량권이 부여되는 '원칙 기반' 컴플라이언스 전략을 사용한다는 견해에 집중되어 있다. 이 차이는 EU 위원회 국제 시장 사무총장 알

렉산더 슈아브_{Alexander Schaub}가 2004년에 행한 연설에 적절하게 표현되어 있다.

> 이들 도전 과제에 대한 유럽의 접근법은 어느 정도는 미국에서 시행되는 접근법과 상당히 다릅니다. 이는 '준수하든지 설명하라' 대 법 집행, 원칙 기반 대 규칙 기반, 상향식 대 하향식의 문제입니다. 유연성, 보완성, 비례성, 상호 인정, 본국의 통제와 같은 개념들은 EU의 규제 환경에서는 보편적 용어들이지만, 미국의 환경에서는 다소 낯선 개념입니다. 기업 거버넌스 문제에 대해 '천편일률적' 접근법을 만들 겠다는 생각은 시장 참여자들에 의해 거부됩니다.

자발적 준칙 옹호자들은 이 장점을 칭송하지만 비판자들은 한계를 거론한다. 원칙적으로 이들의 비판은 자발적 준칙의 모니터링과 강제적 집행_{enforcement}에 집중된다. 예를 들어 누가 조직_{및 그 공급자}의 준칙 준수를 감사하고 보고하는가? 준칙을 준수하지 않을 때의 결과와 제재는 무엇인가? 준칙 위반_{혐의 또는 실제 위반}과 관련한 이슈들이 어떻게 해결되는가?

자율 규제, 그리고 자율 규제가 조직 관리에 시사하는 점

자율 규제는 조직에게 운영에 더 많은 재량권과 번거로운 규제로부터의 자유를 제공한다. 하지만 조직의 컴플라이언스 확보에 대한 의무와 책임이 없는 것은 아니다. 자율 규제 개념에는 조직과 리더들이 자신의 컴플라이언스 의무를 다루기 위해 시간과 자원을 할애할 것이라는 기대가 명시되어 있다.

컴플라이언스 및 윤리에 대한 책무 효과적인 컴플라이언스 프로그램을 개발하고 유지하기 위해 컴플라이언스 및 윤리에 대해 자원자금, 직원, 시간 할당 등 상당한 노력을 기울여야 할 책임은 조직의 리더예를 들어 이사회, CEO, 고위 경영진에게 있다.

컴플라이언스 관리에 관한 특수한 기술과 지식 개발 조직들은 효과적인 컴플라이언스 윤리 프로그램을 관리하고 컴플라이언스 이슈를 다루는 데 필요한 직원을 채용 또는 양성해야 한다. 조직들은 컴플라이언스 전담 직원을 배치하거나 현재 직원에게 이 기능과 책임을 맡길 필요가 있을 수도 있다. 조직은 이사회, 고위 경영진과 컴플라이언스 직원들에게 컴플라이언스 이슈들을 일상적으로 처리할 권한을 부여하고, 컴플라이언스 이슈들을 식별하고 처리하기 위한 정책과 절차들을 개발하며, 해당 조직의 컴플라이언스 프로그램에 대해 궁극적인 책임을 지는 사람을 명확히 정해야 한다.

컴플라이언스의 제도화 2004년 「호주 범죄학 연구소와 공공 정책 시리즈」에 게재한 크리스틴 파커Christine Parker의 말을 빌리면 "조직들은 궁극적으로 법규 미준수를 탐지, 예방, 시정하는 정책이 회사 목표의 불가결한 부분이 되도록 전력을 기울여야 한다." 이러한 노력에는 조직의 윤리 강령 개발및 이를 강제하는데 필요한 정책과 절차 수립, 직원에 대한 컴플라이언스와 관련된 이슈 교육과 소통, 조직의 보상 시스템이 컴플라이언스와 윤리적 행위들을 인식하도록 하는 것 등이 포함된다.

비영리 부문

민간 영리 부문 조직과 마찬가지로 비영리 부문 조직도 컴플라이언스, 책임성, 투명성, 내부통제에 점점 더 많은 주의를 기울이고 있다. 1장에서 간략하게 설명된 스캔들에 비추어 연방, 주 및 지방 정부의 감독 규정과 민간의 모금 단체들은 비영리 기관 운영에 있어서 더 많은 책임성을 받아들이도록 요구하고 있다.

자율 규제와 컴플라이언스

이러한 이슈들을 인식하고또한 정부의 규제 강화에 주의하여 점점 더 많은 비영리 기관들이 자신의 운영에 대한 자율 규제를 채택하고 있다. 비영리 기관의 거버넌스에 변화를 가져오기 위해 2004년에 창설된 비영리 부문 패널Panel on the Nonprofit Sector은 그들이 작성한 「효과적인 관행 원칙 초안Draft Principles for Effective Practice」에서 다음과 같이 말했다.

> 자선기관들을 고의적으로 개인적인 목적에 이용하는 사람들로부터 보호하기 위해서는 제대로 고안되고 제대로 집행되는 법률과 규정들이 긴요하지만, 비영리 공동체를 구성하고 있는 사람들이사회, 직원, 자원 봉사자, 기부자에게 그들의 조직이 최고의 윤리 기준에 따라 운영되고 있음을 확신할 수 있도록 하는 강력한 자율 규제와 교육 시스템이 매우 중요하다.

자율 규제 운동은 정부 감독 기관들이 모든 비영리 기관들을 철저히 조사할 자원을 갖추고 있지 못하는 상황에서 성장했다. 재단 전문가 수

잔 베레스포드Susan Berresford는 2004년 '재단들에 대한 대중의 의무' 에서 이렇게 말했다. "부적절하게 운영되는 일부 재단이 컴플라이언스 이슈의 핵심 문제가 되고 있다. 법률을 무시해서 그렇게 하는 재단들이 있는가 하면, 이 돈은 '우리가 무엇이든 원하는 대로 할 수 있는 돈이다' 라는 잘못된 생각을 가지고 있는 재단들도 있다. 현재 국세청과 연방 법무부의 자선기관국의 자원이 한정되어 있음에 비추어 볼 때 상습적인 법률 위반자들을 찾아내어 변화시키기는 어려울 것이다."

한정된 정부 자원에 대한 베레스포드의 우려는 민간 재단의 자율 규제에 관한 2005년 3/4월호 「재단 뉴스와 논평Foundation News & Commentary」 지紙 기사에서 다음과 같이 재차 강조되었다.

재단의 수와 보유 자산이 유례없는 성장을 보이고 있음에도 민간 재단에 대한 감사는 후퇴했다. 1975년에 21,000개 재단이 3백억 달러의 자산을 보유하던 이 분야는 2002년에는 64,000개가 넘는 재단들이 인플레이션을 조정한 후 4,350억 달러의 자산을 보유할 정도로 성장했다. 하지만 동시에 국세청의 민간 재단 감사 횟수는 60회 내지 65회로 감소했다.

민간 부문에서와 마찬가지로 비영리 부문의 컴플라이언스 자율 규제도 자율 규제 기관과 표준 수립 기관이라는 두 개의 일반적인 형태를 띤다.

자율 규제 기관

비영리 기관들은 회원 기관의 컴플라이언스를 감독하는 많은 자율 규제 기관들을 설립했으며, 자율 규제 기관에는 준수하지 않는 기관에 대한 제재 권한이 있다. 이에 대한 전형적인 예로는 전국대학체육회National Collegiate Athletic Association; NCAA, 요양 시설, 고등교육 기관 등이 있다. 구체적인 요건들은 서비스 분야와 주별로 다르지만 이 분야의 기관들은 보험 보상, 학위 인정, 정부 기금 사용 및 잘 운영되는 기관에 부여하는 기타 혜택을 받기 위해서는 제대로 정의된 기준들을 충족해야 한다. 이 기준들을 충족하지 못하면 중대한 벌칙을 받게 되는데, 심한 경우 운영을 금지당할 수도 있다.

표준 수립 기관

비영리 기관들에 책임성을 권장하는 두 가지가 있다. 첫째는 소위 감시인 그룹, 혹은 어느 자선기관이 특정 기준을 충족하는지 여부에 관한 정보를 일반 대중에 제공하도록 투명성을 증가시키는 데 진력하는 이들이다. 이러한 그룹에는 미국자선협회American Institute of Philanthropy; AIP와 BBB 현명한 기부연합BBB Wise Giving Alliance이 있다. 이 그룹은 직접 제재를 가하지는 못하지만, 그들의 등급이 대중의 기부 의사 결정에 영향을 주기 때문에 큰 영향력을 발휘한다.

둘째, 연수와 교육을 통해 비영리 기관 사회 내의 윤리를 향상시키는 프로그램이 있다. 교육 제공 기관에는 이사회 거버넌스나 기금 모집 관행과 같은 하나의 분야에만 중점을 두는 기관도 있고, 보다 넓은 일련의 이슈들을 도와주는 기관도 있다. 이들 그룹의 자원 활용은 순전히 자발적이다. 자선 단체, 재단과 기업 기부 프로그램들 중 선도 기관인 인디펜던트 섹터는 회원들을 위해 조직의 책임성을 다루는 광범위한 프로그램을 만들어 이해 상충, 윤리 강령과 윤리, 감사위원회와 재무 보고 인증 등과 같은 분야에서 기술적인 도움을 제공한다.

공공 부문

공공 부문 기관들의 컴플라이언스에 대한 전통적인 강조점은 기관과 프로그램이 법적, 재정적, 정책상의 소관 범위 내에서 운영되고, 그들에게 부여된 목표를 달성하도록 하는 재무통제와 내부통제에 놓여 있었다

내부통제에 관한 보다 자세한 정보는 1장을 참고하기 바란다.

'컴플라이언스 감사'는 특정 프로그램이 미국의 법률, 연방 규정, 관리 예산국 규정, 주州 법 등을 준수하는지 여부에 대해 판단하는 핵심 도구였다. 그러나 공공 부문마저 변화를 겪고 있다. 경제협력개발기구가 2005년 「정책 브리프Policy Brief」에서 지적한 바와 같이 "지난 20년 동안 새로운 형태의 공공 부문 관리, 민영화와 신기술들이 공공 부문이 운영되는 방식을 변화시켰다. 또한 이로 인해 공공 기관과 정부 모두 자신들이 하는 일에 대해 책임질 수 있도록 하는 새로운 방법이 필요해졌다."

공공 기관들은 책임의 외부와 내부 측면 모두에 대한 규제 기준을 확립하고 집행할 책임이 있다. 정부 조직과 기관들은 직원, 물리적 설비, 예산, 프로그램, 관리할 서비스를 지닌 조직체로서 법적 및 윤리적 특정 행동 기준을 준수해야 한다. 어느 조직이 아리조나에서 교정 설비를 관

리하든, 미네소타에서 소수 부족 자치 정부에 환경 서비스를 제공하든, 버몬트에서 교정 교육 프로그램을 운영하든, 워싱턴 D.C.에서 연방 건물의 전면 계단을 재건축 하든 간에 운영과 관리에서의 책임성, 윤리, 내부통제, 컴플라이언스와 투명성이 연방, 주, 지방 정부 등 모든 차원의 정부 기관에서 가장 중요한 관심사가 되고 있다. 많은 지방 정부 부서들이 민간이나 비영리 기관에 적용되는 것과 동일한 법률과 규정의 적용을 받고 있다. 예를 들어 미국 장애인법, 공정 의료 기준법, 가족 의료 휴가법, 1964년 시민 권리법 타이틀 VII들은 소속 부문에 불구하고 모든 직원들에게 적용된다.

정부 기관 자체 내에서 책임성 있고 법규를 준수하며 윤리적인 행동을 확보할 필요가 있어서 공공 부문의 컴플라이언스와 관련된 기능들의 네트워크가 강화되었다. 매릴랜드의 한 카운티county 공립학교 지구에 연방, 주 및 지방 정부의 법률 준수에 중점을 두는 보고 및 규제 책임성 부서가 있다거나, 애틀랜타에 컴플라이언스국이 있다거나, 연방, 주 및 지방 정부의 업무 운영을 조사, 집행, 감독하는 주 감사인, 검사, 감찰관, 입법 기구들이 있다 해도 놀랄 일이 아니다. 1995년에 의회는 미국 의회와 의회 도서관 등 특정 의회 기관의 직원에 대한 12개의 시민권, 노동, 작업장 안전 법률 적용을 감독하는 컴플라이언스국을 창설했다.

민영화와 컴플라이언스

국영 기업의 민영화는 큰 성장을 보였다. 2007년 2월 4일자 「뉴욕 타임즈」는 미국 연방 정부가 2000년에는 2,070억 달러의 지출 계약을 맺

었었는데 이 규모가 2006년에는 4천억 달러로 증가했다고 보도했다. 이 수치는 주 및 지방 정부에서 체결한 서비스는 제외한 숫자다. 민간 기관과 계약자들은 정부 규제를 위한 기준을 수립하고 있을 뿐만 아니라 정부에 대한 서비스 제공과 컴플라이언스 감독 책임을 떠맡는 것에 점점 더 깊이 관여하고 있는데 이러한 업무는 전통적으로 정부 직원에 의해 수행되던 업무였다. 예를 들어 보건후생성은 민간 보험회사들을 이용하여 의료 기관들로부터 의료보험 급여 지급 청구를 걸러내며, 조달청은 민간 계약자를 고용하여 다른 연방 계약자들로부터의 사기 혐의 사건을 조사하게 한다.

민영화의 성장은 컴플라이언스와 책임성에 관한 많은 우려를 자아냈다. 예를 들어 정부 조달 계약자들의 행동에 대한 공개적인 조사 결여에 대한 우려가 표명되고 있는데, 이들의 행동은 흔히 정보보호법에 의해 보호된다. 바로 앞에서 인용했던 뉴욕 타임즈 기사의 내용처럼 "의회 의원들은 2년 동안이나 육군에게 이라크에서 미국의 보안 책임자가 블랙워터Blackwater 사社와 체결한 계약을 설명하게 하려 했으나 실패했다이 계약은 여러 단계의 값비싼 하도급 계약을 맺었다."

요약

복잡하고 광범위한 법률적 및 규제상 요건의 무게와 조직이 자신의 컴플라이언스 감독에 대해 더 많은 책임을 맡으라는 요구가 결합되어 조직에게 막대한 컴플라이언스 부담을 지우게 되었다. 조직이 당면한 도전 과제는 이러한 책임을 효과적으로 관리할 구조와 자원을 개발하는 것뿐만 아니라, 이와 동등하게 중요한 요소인 컴플라이언스와 윤리를 지지하는 조직 문화를 제공하는 것이다.

Notes

1) ISO 14001 환경 관리 시스템은 조직의 환경상의 이슈에 대한 체계적인 관리 시스템을 개발할 의도로 개발되었다. 환경 관리에 있어서의 지속적인 개선이 이러한 접근법의 목표다.

Compliance Management

Part 2

컴플라이언스의 토대
The Foundations of Compliance

컴플라이언스와 윤리: 도전 과제와 방법론

컴플라이언스로 가는 길은 쉽지 않을 때가 있다. 개인이나 조직의 컴플라이언스 도전 과제들은 일련의 복잡한 심리, 문화, 법률, 정책, 경제, 조직, 윤리적 고려 사항들과 관련이 있다. 컴플라이언스는 복잡한 주제다. 또한 컴플라이언스는 여러 겹의 뉘앙스와 이해를 담고 있다. 런던 정치경제 대학원London School of Economics and Political Science의 2000년 보고서 「리스크 규제, 관리 및 컴플라이언스」는 이렇게 언급했다.

조직의 컴플라이언스와 조직 내부 구성원 개인의 컴플라이언스를 구분할 필요가 있다. 컴플라이언스에 대해 똑바로 설명할 수는 없다. 조직과 개인은 법규를 준수할 수 있는 능력과 동기가 다르며, 법규 준수

능력 및 동기는 시기나 이슈에 따라서도 달라진다. 또한 컴플라이언스는 조직마다 다르며, 조직 내부에서도 다르다는 점을 이해할 필요가 있다.

개인의 컴플라이언스와 조직의 컴플라이언스라는 문제를 워싱턴 D.C.에 기반을 둔 릭스 은행 사례가 보여준다. 이 은행은 전 칠레 대통령 피노체트Augusto Pinichet의 수상한 금전 거래를 보고하지 않은 점 등에 관하여 유죄를 인정했다. 예일 대학교 경영대학의 제프리 A. 소넨펠드Jeffrey A. Sonnenfeld는 2005년 3월 21일자 「워싱턴 포스트」 지에 기고한 글에서 이 은행이 수상한 거래를 보고하지 않은 것은 "많은 사람들이 팀플레이를 하지 않는다고 인식하는 것에 대한 두려움, 또는 다른 이유로 자신의 윤리와 행동을 분리시키는 문화나 환경과 연결된 것 같다"고 했다. 소넨펠드는 계속해서 이렇게 말했다. "이러한 이면에는 보다 깊고 보다 어두운 이슈들이 있다. 사람들은 옳은 것과 그른 것을 안다. 이것은 도덕 교육을 받아야만 자신이 하는 일이 잘못되었다는 것을 인지하는 게 아니라는 것이다. 집단 사고 심리가 흔한데, 바로 여기에 집단적으로 결정하면 책임이 분산된다는 생각이 자리를 잡는다… 집단 사고가 지배하는 곳에는 대안을 고려하거나 반대 의견을 내는 것이 불가능하다."

연관 개념들

윤리와 컴플라이언스는 관련은 있지만 동일한 개념은 아니다. 이들의 중요성은 2004년 개정 연방 기업 양형 가이드라인에 반영되었다. 이 개정 가이드라인은 조직 행동 관리에서 윤리가 담당하는 중요한 역할을 인식하고 가이드라인의 기준을 '효과적인 컴플라이언스 프로그램' 기준에서 '효과적인 컴플라이언스 윤리 프로그램' 기준으로 확장했다. 실로 한 조직의 관행과 행태는 그 조직의 문화, 가치, 윤리, 도덕성을 반영한다. 조직의 철학과 행동은 이 조직이 컴플라이언스 책임에 어떻게 반응하는지를 반영한다.

컴플라이언스는 일반적으로 조직이 법률, 규칙, 감독 규정, 표준과 자신의 행동을 규율하는 행위 준칙을 준수하는 것을 의미하며, 윤리는 조직의 가치와 도덕 표준을 일컫는다. 윤리는 조직 안에서의 올곧음, 존중, 다양성, 특질 이슈들을 정의한다. 가치와 윤리는 조직의 외부나 내부 당사자들의 마음속에 당해 조직에 대한 이미지와 평판을 형성한다. 또한 윤리 실패는 평판 손상, 직원 사기 문제, 정부 감독 강화, 고객 관계 손상, 법적 민형사상 제재 가능성 등 조직에 파괴적인 영향을 줄 수 있다.

컴플라이언스의 동기

개인과 조직의 컴플라이언스 동기를 이해하면 상황에 맞춰 규제 컴플라이언스 전략상의 변화를 도모하는 데 도움이 된다. 또한 이러한 이해는 조직의 정책 결정자와 의사 결정자에게 효과적인 정책과 전략을 개발하도록 도움을 준다.

전통적인 억제 접근법

억제 접근법은 조직이 '옳은 일'을 하는 것이 자신의 이익에 부합하는 한에서만 그렇게 할 것이라고 가정하는 것이다. 이는 명령과 통제식 규제 접근법의 근거였다. 규제 컴플라이언스에 관한 경제협력개발기구의 보고서는 다음과 같은 이론을 신뢰하고 있다.

모든 회사들은 이익 극대화를 주된 목표로 하고 있기 때문에 그들은 언제나 계산상으로 올바른 답에 도달하는 데 충분할 정도로 벌칙이 무거울 경우에만 규제 요건을 준수하는 '도덕관념이 없는 계산가'들이다... 전체적으로 처벌에 대한 두려움이나 벌칙이나 제재의 잠재적 비용에 대한 합리적인 계산을 통해 법규 미준수가 억제된다고 가정된다.

이처럼 조직과 개인의 행동에 관한 다소 엄격하고 비관적인 견해에 비춰 볼 경우, 비타협적인 명령과 통제식 규제 방식이 자연적인 컴플라이언스 관리 전략이 되는 것도 놀랄 일은 아니다. 억제 접근법은 동기에 관한 하나의 이론으로서는 어느 정도 매력이 있지만 연구자들은 이를 주된 이유로 여기지 않으며, 억제와 컴플라이언스가 작동하는 방식에 관한 보다 다방면적이고 정교한 이해를 선호한다.

절충적인 이해
전통적인 억제 이론의 대안으로 컴플라이언스에 관한 조직의 동기에 영향을 주는 일련의 복잡한 부정적 요소와 긍정적 요소를 조사하면 유용하다.

부정적 평판의 영향 평판이 만사萬事다. 조직의 평판을 해치거나 파괴할 수 있는 리스크는 중요한 동기 요인 중 하나다. OECD의 한 연구는 이를 다음과 같이 표현했다. "많은 연구 결과 회사의 평판을 유지하거나 개선하고 부정적인 평판에 대한 대응조치를 취하는 것이 기업들이 컴플라이언스 확보에 관심을 기울이는 중요한 하나의 이유임이 발견되었다." 저명한 변호사이자 컴플라이언스 권위자인 제인 웩스톤Jane Wexton은 컴플라이언스 유지에서 평판이 담당하는 중요한 역할을 다음과 같이 강조했다. "'로고'가 클수록 평판은 더욱 큰 가치가 있다."

자신의 이익 조직은 규제 요건 위반이 발각될 경우 정부의 제재벌금, 형사 제재, 투옥 또는 자격 박탈, 민사 소송, 보험료 증가, 직원 불만 증가 등의 직간접적인 결과로부터 자신을 보호하기 원한다.

회사와 개인의 책임성 회사 조직의 책임성 개념은 '올바른 일을 한다'는 도덕 관점에서 고찰해 볼 수 있다. 조직과 개인에게는 도덕 원칙이 있으며, 그들은 법과 규정의 문자뿐만 아니라 정신도 준수해야 한다는 도덕적 의무를 느낀다. 나는 여러 해 전에 버몬트의 어느 시골 목사와 만난 적이 있는데, 그 만남에서 이 점을 찾아볼 수 있다. 나는 그에게 주요 다국적 기업의 직원들인 저자와 동료들이 '올바른 일'을 하도록 하는 정책 개발에 관여한 경험을 들려줬다. 이 목사는 성직자나 종교인이 아니라 일반 기업의 직원이 이런 일을 한다는 것에 큰 충격을 받고 나에게 자신의 교인들에게 이 주제에 대해 강연을 해달라고 부탁했다.

협동과 신뢰 컴플라이언스 달성에서 규제자와 규제를 받는 자피규제자 사이의 협동과 신뢰라는 개념이 매우 중요하다. OECD는 다음과 같이 언급한다. "규제자와 피규제자의 신뢰는 효과성도 높이고 컴플라이언스 전망도 향상시킨다. 피규제자들이 규제자를 중요한 목표를 지닌 법 또는 규정을 집행하는 공정한 심판이라고 신뢰하면, 법규 준수 비율이 높아지고 규제상의 조치에 대한 저항과 도전은 낮아질 것이다. 피규제자들이 규제자가 자신들을 신뢰할 수 없도록 대우한다고 생각할 경우 도전과 저항이 쌓여서 효용성과 컴플라이언스가 감소할 것이다."

집행 앞에서 언급한 바와 같이 규제하는 자와 준수해야 하는 자 사이의 관계는 많은 연구 주제가 되어 왔다. 연구자들은 검사 빈도, 제재 부과 의지, 규제 방식에 중점을 둬 왔다. 컴플라이언스의 동기를 연구해 온 사회학자 피터 메이Peter May는 2004년 「법률과 사회 리뷰Law & Society Review」에서 규제 방식에 대해 이렇게 언급했다. "검사의 철저함보다는 규제자와 피규제자 사이의 상호 작용의 성격이 더 적절한 고려 사항이다. 즉, 두 검사자 모두 철저한 검사자일 경우에도 우호적이고 도움을 주는 검사자는 공식적이고 퉁명한 검사자와 다르게 인식될 것이다. 그러므로 검사자의 집행 방식이 검사자의 행동보다 긍정적인 동기에 더 많은 영향을 주는 적절한 고려사항이라고 생각된다."

마찬가지로 일관성과 예측 가능성이 컴플라이언스에서 중요한 역할을 한다. 이에 대해 메이는 이렇게 말한다. "일관적인 규칙과 조치 해석은 규정이 공정하게 적용된다는 인식을 강화해서 컴플라이언스 동기의 긍정적인 측면에 기여한다."

컴플라이언스의 장애물

호주의 저명한 규제 이론가 존 브레이스웨이트John Braithwaite는 1993년 논문 「규제 컴플라이언스 개선하기Improving Regulatory Compliance」에서 이렇게 말했다. "규제는 현대 정부의 힘줄이며 추상적인 정부 정책을 일상적인 상거래 및 민간의 생활 활동과 연결시키는 법적 장치다." 이러한 힘줄이 약해지거나 부러지면 심각한 문제들이 발생한다.

이 섹션은 조직과 개인이 규제를 준수하지 않는 몇 가지 이유를 살펴본다. 이 분석은 부분적으로는 브레이스웨이트가 OECD를 위해서 수행한 연구에 기반하고 있다. 브레이스웨이트의 연구는 주로 정부 규제 조치에 중점을 두고 있지만 그 교훈은 조직상의 부문을 초월하며, 효과적인 컴플라이언스 정책 및 절차 개발에 영향을 주는 요소에 대하여 중요한 통찰력을 제공한다. 사람들에게 법규를 준수하게 하는 동기와 아울러 사람들이 이를 준수하지 않는 이유를 이해하면, 컴플라이언스 정책 입안자들이 컴플라이언스 정책과 프로그램 개발에 대한 해법을 보다 효과적으로 적용하는 데 도움이 된다. 연구에 의하면 조직과 개인은 규제 준수 비용, 요건에 대한 지식 결여 또는 심지어 무관심 등 다양한 이유로 법규를 준수하지 않는다. 다른 세 가지 요소들 또한 컴플라이언스에 매우 큰 장애가 된다.

조직의 구조 및 복잡성

조직은 점점 더 독특한 컴플라이언스 도전 과제를 제기하는 복잡한 기관이 되어 간다. 예를 들어 다양한 상품 또는 서비스 라인으로 다양한 지역에서 운영되고 있는, 다수의 인수 또는 합병으로 만들어진 현대 글로벌 기업을 생각해 보라. 그러한 기관은 서로 문화와 가치예를 들어 어느 지역이나 국가에서는 이해 상충으로 여겨지는 사안이 다른 곳에서는 전통적인 업무 수행 방식으로 여겨질 수 있다, 역사와 규제자와의 관계, 조직 구조와 의사 결정 행태, 그리고 리스크에 대한 견해와 선호도 등의 차이에 직면하게 된다. 이 모든 요인들이 컴플라이언스에 대한 조직의 태도와 가치에 영향을 줄 것이다.

법률을 이해하지 못함

OECD의 표현을 빌리면 "법률 준수를 개선하기 위해서는 회사들이 먼저 법을 이해할 필요가 있다. 이는 매우 과소평가되는 미준수의 원천이다." 법률과 규정에서 무엇이 요구되는지 이해하지 못하거나 심지어 애당초 그러한 요구가 있다는 것조차 모르는 경우에는 법규를 준수할 수 없다. 규제 담당 직원은 감소했음에도 '규제 인플레이션'은 미국 시스템의 특징이 되었다. 환경, 조세, 보안 분야의 연방 규칙, 규정과 표준들의 막대한 분량과 복잡성은 심각한 수준이다. 예를 들어 2007년 2월 16일의 주택 예산 위원회 증언에서 크리스 에드워즈Chris Edwards는 미국 세법의 엄청난 복잡성을 거론했다. "연방 세법과 규정의 페이지 수는 1995년에는 40,500쪽이었는데 2006년에는 66,498쪽으로 늘어났다." 규정의 복잡성과 분량 증가로 이를 준수하지 못할 리스크와 잠재성이 발생한다.

법에 대한 신뢰 붕괴

컴플라이언스는 법규를 준수해야 하는 조직과 개인이 이 법규를 신봉할 것을 요구한다. 컴플라이언스는 법규를 구성하는 상세한 규칙들과 그 이면에 놓여 있는 정책 목표에 대한 신뢰를 필요로 한다. 이 점에 대해

OECD는 이렇게 지적한다. "기업들이 법률의 이면에 놓여 있는 정책 목표를 확보하기 위한 규칙들을 받아들이면서 그 목표 자체는 거절한다면 재앙적인 결과가 발생할 수 있다. 트럭 운전사가 법률에서 요구하는 휴식을 취하기는 하지만, 자신은 밤샘 파티 후에도 운전을 잘할 수 있다고 믿는다면 이는 매우 위험한 생각이다."

조직의 문화적 프레임워크

조직의 행동을 규율하는 규칙 및 규정 관리또는 이의 부재와 관련된 이슈들이 중요하기는 하지만 현실적으로 조직은 특정 규칙을 준수하는 것 이상의 도전 과제에 직면한다. 지난 10년간 회사들의 악명 높은 행동은 행동과 개혁, 그리고 자기 성찰에 대한 경보가 되었다. 윤리 강령, 컴플라이언스 책임자, 컴플라이언스 프로그램 등이 있음에도 조직 비리의 범위와 넓이는 입을 다물지 못할 정도다. 그래서 조직의 행동에서 책임성과 투명성을 크게 높이는 것을 포함하여 컴플라이언스 노력의 일환으로 윤리와 기업 문화를 강조하는 새로운 방향이 필요하게 되었다. 2004년 연방 기업 양형 가이드라인에 대한 자문 위원회의 권고안은 이처럼 조직 문화를 강조할 필요가 있음을 반영했다.[1]

개정 가이드라인은 이렇게 규정한다. "법률 위반을 예방하고 탐지하는 효과적인 프로그램을 갖기 위해 조직은… 법률 준수에 전력을 기울이도록 장려하는 조직 문화를 증진해야 한다§8B21(a)." 조직 문화가 직원의 행동에 미치는 영향에 관한 재미있는 예를 Box 3.1의 어느 판사의 결정에서 찾아볼 수 있다.

Box 3.1 조직 문화와 법원

뉴욕 시의 전기회사 콘 에디슨Con Edison과 관련된 1995년 소송 사건에서 판사의 결정은 조직 문화가 소송 사건의 결과에 미칠 수 있는 영향을 극적으로 보여준다. 1996년 「식품 의약 법률 저널」의 기사에 따르면 판사는 이 회사가 맨홀manhole 폭발로 200파운드가 넘는 석면을 공기 중에 방출했다는 사실을 8일간 숨긴 혐의로 기소된 데 대해 법정 최고액의 벌금과 3년의 보호 관찰을 선고했다. 이 판사는 이렇게 말했다.

콘 에디슨에는 법정에서 증언한 사람 중에 석면이 있음을 알았고, 그렇게 말했어야 하는 사람들이 있다. 그들은 말하는 것을 두려워했고, 그렇게 말하는 것이 이 회사의 문화가 아니라고 생각했기 때문에 석면에 대해 말하지 않았다는 것이 명백하다. 그리고 나도 이 심리에서 그렇게 말하는 것이 이 회사의 문화가 아니라는 생각이 들었다. 나는 일부 인사들이 솔직하게 증언할 것인지 우려되었다. 내가 누군가가 위증했다고 비난하려는 것은 아니지만, 그들은 분명히 열린 마음으로 증언하지 않았다. 그래서 나는 이 회사에서는 나쁜 뉴스는 말하지 않는 게 좋다고 여긴다고 생각한다.

효과적이고 효율적인 컴플라이언스 윤리 프로그램의 토대를 형성하는 조직의 가치, 신념, 태도, 정책 관행은 무엇인가? 변호사이자 컴플라이언스 컨설턴트 릭 울프Rick Wolf는 컴플라이언스를 '조직의 영혼으로 들어가는 창문'이라 불렀다. 이는 조직의 본질적 정신을 들여다보는 관점이다. 예를 들어 직원들은 컴플라이언스와 윤리 사안들을 조직의 기본적인 사명에 비해 부차적인 것으로 여기는가? 고위 경영진은 컴플라이언스와 윤리 사안들을 단지 규제자 또는 기타 이해 관계자들을 달래기 위한 '필요악'으로 여기는가? 아래와 같은 질문 및 이와 유사한 질문에 대한 답이 이사회와 고위 경영진이 자신의 조직 문화상 취약점을 다루는 기초가 된다.

- 조직과 경영진은 행동 표준에 대한 기대를 어떻게 정하는가? 불가피하게 윤리 및 컴플라이언스상의 우려를 자아내는 행동을 하게 하는 압력이 있는가?
- 조직은 어떻게 윤리적 행동을 지원하고 비윤리적 행동을 단념하게 하는 근무 환경을 조성하는가? 조직 안에 직원의 우려를 들어줄 사람 또는 부서가 있는가?
- 조직이 직원들의 행동을 어떻게 포상하는가_{또는 처벌하지 않는가}? 조직의 보상 및 포상 정책과 관행은 어떠한가? 보상 및 포상 정책은 컴플라이언스와 윤리 기준을 포함하는가?
- 조직의 사명, 윤리 강령 또는 윤리 선언이 조직의 규범과 기대의 현실을 반영하는가?
- 단기 이해관계가 조직의 장기 생존 가능성 및 신뢰도에 앞서는가?
- 조직이 컴플라이언스 윤리 프로그램을 수립했는가? 이 프로그램은 누구에게 보고되는가? 이 프로그램의 자원, 업무 범위, 권한은 어떠한가? 이 프로그램은 조직에서 신뢰를 받는가?
- 조직에서 평판이 중요시되는가? 조직의 상품과 서비스의 질 및 이

에 대한 긍지가 조직에서 기대되는 바인가?

규칙 대 올곧음

컴플라이언스와 윤리의 관계는 지난 20년 동안 상당한 논쟁거리가 되어 왔다. 간단히 말해서 이 논쟁은 조직의 행동에 영향을 주는 방법에서 컴플라이언스와 윤리가 대표하는 두 가지 서로 다른 철학적 접근법을 중심으로 전개되어 왔다. 컴플라이언스는 법률 위반의 예방과 처벌에 중점을 두는 규칙 기반 접근법인 반면, 윤리 또는 올곧음에 기반한 접근법은 조직의 가치를 정의하고, 직원들이 윤리적 열망에 전력을 기울이도록 장려하려 한다고 인식되어 있다.

이 논쟁의 시초는 「하버드 비즈니스 리뷰1994년 3-4월호」에 게재된 린 샤프 페인Lynn Sharp Paine의 글이었다. 이 글에서 페인 교수는 조직의 변화 달성에는 '규칙' 기반 접근법보다 '윤리 및 올곧음 기반' 접근법이 낫다고 했다. 페인은 이렇게 말했다.

사내 변호사에 의해 설계된 이들 컴플라이언스 기반 프로그램의 목적은 법률 위반을 예방, 탐지, 처벌하는 것이다. 그러나 조직의 윤리는 불법 행위를 피하는 것 이상을 의미한다. 직원들에게 규정집을 제공하는 것은 근저의 불법행위 문제를 다루는 데 별로 도움이 되지 않는다. 모범적인 행동을 장려하는 문화를 강화하기 위해서 기업들은 흔히 징벌적인 법규 준수 자세를 넘어서는 종합적인 접근법을 필요로 한다.

페인의 견해는 10년이 넘도록 적절한 행동에 관한 논쟁의 틀을 형성했다. 2006년에 「의료 컴플라이언스 저널」에 실린 한 글은 결코 끝나지 않을 것 같은 논쟁에 대해 씁쓸하게 논평했다. "많은 사람들이 컴플라이언스 진영 또는 윤리 진영 어느 한쪽에 가담하고 있다. 그들은 다른 쪽에 대해 정중하기는 하지만 어느 한쪽에 깊은 애정을 지니고 있는 것 같다. 모종의 이유로 우리는 그것이 어느 한쪽이어야 하는 것으로 생각하는 것 같다."

철학적 불일치는 별도로 하고_{직원의 행동 형성에 있어서 올곧음 기반 프로그램이 규칙 기반 프로그램보다 효과적임을 시사하는 연구 결과가 있기는 하지만}, 실제로 대부분의 컴플라이언스 프로그램들은 이 둘을 결합한다.

윤리 강령

조직의 윤리 강령code of conduct은 컴플라이언스와 윤리가 뒤얽힌 고전적인 예이다. 윤리 강령은 본질적으로 윤리적 행동에 관한 특정 기준에 대한 조직의 공개 서약이다. 윤리 강령은 많은 전문직에서 오래된 관행이었다. 예를 들어 의사, 변호사, 심리학자, 회계사, 엔지니어들은 윤리 강령을 준수해야 한다. 그러나 「하버드 법률 리뷰」2003의 주석이 지적한 바와 같이 "'회사법'으로 알려진 일련의 규칙에 의해 부과된 의무를 제외하면, 미국의 상장 기업을 감독하는 전문가의 행동을 규율하는 단일한 행동규준은 없다."

윤리 강령의 성장

윤리 강령 개발을 규율하는 법적 요구들이 많아짐에 따라 조직의 윤리 강령은 조직의 가치와 윤리를 보여주는 순전히 자발적인 노력이라는 견해는 바뀌고 있다. 회사의 윤리 강령 증가 이면에 놓여 있는 계기는 조직의 스캔들 확산, 회사의 윤리 강령은 조직의 자체 규율 규정의 본질적 부분이라는 개념의 수용 증가와 1991년의 연방 기업 양형 가이드라인 제정 등의 몇 가지 원천으로부터 나왔다. 윤리 강령에 대한 요즘의 강조는 2002년에 사베인-옥슬리법이 통과된 결과다.

사베인-옥슬리법 사베인-옥슬리법의 섹션 406은 증권거래위원회가 상장 회사들이 '주된 재무 책임자 및 감사관comptroller 또는 주된 회계 책임자, 또는 유사한 기능을 수행하는 자에게 적용되는 상위 재무 책임자용 윤리 강령을 채택했는지' 여부그리고 채택하지 않았을 경우 그 이유를 공시하도록 요구하는 규칙을 공포하게 했다.

SEC 사베인-옥슬리법의 시행 규정을 공포하면서 SEC는 '윤리 강령'이 다음 사항들을 증진하기 위해 제정된다고 설명한다.

1. 개인적 또는 업무상 관계에 있어서 실제적 또는 외관상의 이해 상충에 대한 윤리적 처리 등 정직하고 윤리적인 행동
2. 완전하고, 공정하며, 시의적절하고, 이해할 수 있는 보고 및 문서의 공시
3. 법률, 규칙과 규정 준수

4. 강령 위반에 대해 적절한 사람에게 신속히 보고

5. 강령 준수에 대한 책임성

SEC의 규정을 검토하면서 연방 기업 양형 가이드라인 자문위원회는 다음과 같이 언급했다. "SEC의 표준은 단지 법률 준수 달성을 겨냥한 강령이 아니라 윤리 지향적 강령을 요구한다… 법률 준수는 분명히 이 강령에 의해 증진되어야 할 윤리적 행동의 가장 중요한 형태가 아니다. 이는 강령이 다뤄야 하는 비위나 비윤리적 행동에 이어 세 번째 이슈로 다뤄지고 있다." 조직의 이사회와 고위 경영진에게 의미하는 바는 명백하다. 즉, 초점이 법률 준수 영역을 넘어서서 조직의 행동에서 문화, 윤리, 책임성, 그리고 투명성 같은 광범한 이슈까지 나아가야 한다.

뉴욕증권거래소　앞에서 언급한 바와 같이 뉴욕증권거래소NYSE의 거버넌스 표준은 사베인-옥슬리법보다 높으며, 거래소에 상장된 모든 회사들은 조직의 직원뿐만 아니라 이사나 책임자에게도 적용되는 비즈니스 수칙과 윤리 강령을 채택하고 공시하도록 요구한다. NYSE의 기업 거버넌스 규칙은 다음 사항을 인식한다. "어떤 비즈니스 수칙과 윤리 강령도 윤리적인 이사, 책임자 또는 직원의 사려깊은 행동을 대체할 수 없다. 그러나 그러한 강령은 이사회와 경영진이 윤리 리스크에 초점을 두게 하고, 사람들에게 윤리 이슈들을 인식하고 이를 다룰 수 있도록 도와주는 지침을 제공하며, 비윤리적 행동을 보고할 수 있는 수단을 제공하고, 정직과 책임성의 문화 강화에 도움이 될 수 있다."

윤리 강령에 대한 회의론

좋은 거버넌스의 미덕을 칭송했던 엔론 사의 윤리 강령에 대한 「하버드 법률 리뷰」의 논평은 이 점을 가장 잘 대변하고 있다. "엔론의 와해는 기업의 윤리 강령은 이를 집행할 책임이 있는 사람들과 컴플라이언스의 중요성을 솔선수범해야 할 사람들만큼만 믿을 수 있다는 점을 생생하게 보여준다." 조직의 윤리 강령에 고상한 진술, 미덕의 선포, 광대한 이상이 담겨 있을지라도 이의 신뢰성은 궁극적으로 이에 대한 집행에 달려 있다.

윤리 강령 개발을 위한 권고

윤리 강령은 회의론에도 불구하고 많은 조직에서 확립된 관행이 되었다. 조직의 윤리 강령을 제정할 때 몇 가지 고려해야 할 사항이 있다.

- 효과적인 강령은 금지되는 행동이나 규칙의 단순한 나열을 넘어선다. 강령은 조직이 핵심적인 법률적 의무와 규제상의 의무를 강조할 뿐만 아니라, 자신의 윤리적 가치와 관행을 요약할 수 있는 기회가 된다.
- 윤리 강령의 문안을 작성할 때 세심한 주의를 기울여야 한다. 강령은 법률적 진술과 야심적 진술, 실제와 이상, 그리고 규칙과 가치 사이의 균형을 유지해야 한다. 조직은 내부 및 외부의 이해 관계자들에게 강령의 진술을 책임져야 하는 것이다.
- 조직과 관련된 모든 사람들은 강령의 규정에 책임을 져야 한다. 이 사회부터 말단 직원에 이르기까지 아무도 강령의 규정에서 면제되어서는 안 된다.

- 조직이 여러 나라에 퍼져 있는 직원들을 위한 윤리 강령을 수립할 경우, 지역, 문화, 법률의 차이를 감안해야 한다. 다국적 기업의 윤리 강령 제정의 어려움을 토로하며 그의 좌절감을 표출하던 어느 컴플라이언스 책임자가 이 점을 잘 보여준다. 그 조직의 미국 이외 지역의 고위 경영진은 이 문서가 내용 및 어조에 있어서 '너무 미국적'이라고 폄하했다.
- 잘 작성된 강령은 직원들을 가르칠 수 있는 하나의 기회다. 강령은 문제가 될 수 있고 리스크가 있는 영역에 대한 지침과 통찰력을 제공한다. 또한 강령은 직원들에게 '옳은 일'을 할 수 있게 해준다.

강령의 범위 조직의 윤리 강령은 기업 거버넌스를 다루는 가치와 규칙의 결합인 경우가 흔하다. 강령은 조직의 이사회와 고위 경영진이 아래의 사항들을 확립하는 기회가 된다.

- 광범위한 이상과 가치
- 직원과 대리인들의 행동에 대한 표준
- 조직의 내부에서 일을 처리하는 윤리 프레임워크
- 직원이 강령 위반을 보고하는 장치

구체적인 내용은 조직마다 다르지만 윤리 강령은 일반적으로 다음과 같은 주제들을 다룬다.

- 윤리 원칙
- 내부자 거래
- 이해 상충
- 업무 관행workplace practices
- 정부와의 관계
- 법률과 규정 준수
- 시장에서의 올곧음
- 조직의 컴플라이언스 윤리 프로그램의 역할
- 보고 장치

윤리 강령은 위의 항목 이외에도 직원들에게 특수한 컴플라이언스 윤리 상황 처리하기, 가치와 윤리를 강령에 구현된 규칙에 적용하기, 윤리적으로 모호한 특정 상황에 어떻게 처신할지 결정하기 등에 관한 지침을 제공한다. 예를 들어 알트리아 그룹Altria Group의 컴플라이언스와 올곧음을 위한 윤리 강령은 직원들에게 다음 사항을 상기시킨다.

행동하기 전에 다음 사항을 질문하라.

- 합법적인가?
- 회사의 정책을 따르는가?
- 옳은 일인가?
- 외부인들에게 어떻게 보이겠는가? 예를 들어 우리의 고객, 우리가 일하고 있는 공동체 구성원, 일반 대중에게 어떻게 보이겠는가?

집행 Enforcement   윤리 강령을 둘러싼 회의론을 제거하기 위해 조직은 자신의 윤리 강령을 집행하기 위한 조치를 강화하고 있다.

- 직원들에게 윤리 강령을 읽고 서명하도록 요구하기. 예를 들어 GE는 '올곧음: 우리의 서약의 정신과 문구' 라는 자사 정책 안내서에서 모든 피고용인들에게 '올곧음에 대한 개인적 서약' 이라는 문서에 서명하도록 요구한다.
- 강령 위반이 고용에 심각한 결과를 초래하게 하기. SAP의 직원 비즈니스 윤리 강령2006년 3월은 다음과 같이 선언한다. "이 강령에 대한 어떠한 위반에 대해서도 내부적으로 조사할 것이다. 이는 고용법상의 영향을 미칠 수도 있으며, 외부 조사, 민사 소송, 또는 기소에 이르게 할 수도 있다."

교육 및 소통   조직들은 자신이 윤리 강령에 진력하고 있음을 보여주기 위해 다양한 교육과 소통활동을 벌이고 있다.

- 솔직성과 정직성을 자아내려면 직원들이 정책에 관해 정기적으로 들을 필요가 있다. 고위 경영진은 메모, 사보, 직원들에 대한 연설 등 모든 수단을 통해 회사가 윤리적 행위에 열과 성을 다하고 있음을 알려야 한다. 경영진이 윤리 이슈를 제기한 직원을 공개적으로 인정하고 보상하는 것은 이슈가 고질화되기 전에 진지하게 해결하려고 한다는 메시지를 전하는 한 가지 방법이 된다.
- 조직은 윤리 강령을 신입 직원 오리엔테이션 교육과 기존 직원 교육 과

정에 포함시키고 있다. 윤리 강령과 관련된 웹 기반 교육이나 윤리 강령 조항들에 대한 자체 테스트를 실시하는 회사들도 있다.

- 조직들은 자국어를 사용하지 않는 직원을 위해 다양한 언어로 윤리 강령을 번역하고 있다. 또한 윤리 강령은 조직의 웹사이트나 연례 보고서에 게시되고 있다.

윤리적인 문화 조성하기: 가장 핵심이 되는 일

컴플라이언스, 규칙 대 올곧음, 윤리라는 이슈는 한쪽이 이기면 다른 쪽이 지는 게임이 될 필요가 없다. 대부분 조직들의 컴플라이언스 제도는 컴플라이언스 기반 프로그램과 올곧음 기반 프로그램 모두를 결합한다. 윤리와 문화를 강조하는 2004년 개정 연방 기업 양형 가이드라인에 비추어 대부분 조직들은 양자의 접근법에서 중요한 측면들을 현대 컴플라이언스 제도 안에 효과적으로 혼합하려고 한다. 트레비노Trevino 등은 1999년 겨울호 「캘리포니아 매니지먼트 리뷰」에 게재한 윤리 및 컴플라이언스 프로그램 연구에서 이렇게 말했다. "공식 윤리/컴플라이언스 프로그램을 만들 때 관리자는 가치 기반 접근법과 컴플라이언스 기반 접근법 사이에서 선택할 필요가 없다. 오히려 이 접근법들은 보완적이다… 그러나 가장 효과를 높이려면, 윤리와 법적 컴플라이언스를 관리하는 공식적인 노력은 주로 가치를 지향해야 한다."

핵심 요소

이와 관련한 다양한 연구와 경험에 의하면 효과적인 컴플라이언스 프로그램을 지속시키고, 가치를 구현하며, 컴플라이언스 문화로 인도하고, 궁극적으로 조직 안에서 잘못된 행동 발생을 감소시키는 윤리적 토양 또는 문화를 만들도록 돕기 위해 조직이 취할 수 있는 조치들이 많이 있다. 윤리적인 토양에 기여하는 다양한 요소들은 다음과 같다.

리더십　이사회와 고위 경영진은 조직의 가치, 기대, 행동 표준을 수립한다. 조직의 윤리 프레임워크를 만들고 유지하는 것은 바로 리더들이다. 트레비노 등은 윤리 및 컴플라이언스 연구를 통해 리더십이 효과적인 조직 환경 조성에 핵심 요소임을 발견했다. 컴플라이언스 리스크를 관리하는 문화, 윤리 틀 조성에서 이사회와 고위 경영진의 중요성은 은행 감독에 관한 바젤 위원회에서도 강조하고 있다Box 3.2를 보라.

Box 3.2　윤리, 컴플라이언스, 그리고 은행업: 국제적 관점

컴플라이언스 리스크 관리는 은행의 문화가 모든 직급의 임직원에 대해 높은 윤리적 행동 기준을 강조할 때 가장 효과적이다. 이사회와 고위 경영진은 고위 경영진을 포함한 모든 임직원이 은행 업무를 수행할 때 법률, 규칙, 기준을 준수할 것이라는 기대를 행동과 말을 통해 확고하게 하는 조직 문화를 증진해야 한다. 은행의 컴플라이언스 부서는… 고위 경영진을 보좌하여 윤리적인 행동 표준에 토대를 둔 견고한 컴플라이언스 문화를 구축하고 이를 통해 효과적인 기업 거버넌스에 기여해야 한다.

　　　　　　　　　　　　　　　　　　은행 감독에 관한 바젤 위원회

공정하다는 인식　직원들은 조직에서 어떻게 대우받는가라는 관점에서 윤리를 바라본다. 나는 직장내 성희롱으로 고발된 어떤 책임자가 상당한 보너스를 받았던 어느 회사의 사례를 기억한다. 요즘처럼 즉각적으로 소통되는 시대에는 '직장의 소문'은 매우 효과적으로 퍼져 나간다. 궁극적으로 그 혐의가 풀리기는 했지만 직원들은 낮은 직급의 다른 사람들이 유사한 상황에 처했을 때 적용할 기준에 비해 책임자에 대한 처리에서 '이중 기준'을 사용했다며 매우 분개했다.

역할과 책임　윤리적 문화는 사람들에게 자신의 행동에 대한 역할과 책임을 받아들이도록 장려한다. 또한 윤리적 문화는 직원들에게 무언가 잘못되었을 때 권위에 의문을 제기하도록 장려한다. 직원들에게 뭔가가 잘못되었음을 알고 있는 경우에도 경영진의 명령에 도전하지 말고 무조건 받아들이도록 요구하는 조직에서는 윤리 이슈가 발생할 때 직원들이 이를 제보하기 어려울 것이다. 궁극적으로 그것은 직원들의 결정이다. 기소된 전 엔론 경리부장 벤 길슨Ben Gilson이 언급한 바와 같이 잘못된 행동을 합리화하는 것은 리스크로 가득찬 위험한 관행이다 Box 3.3을 보라.

Box 3.3　합리화, 엔론, 그리고 윤리

2007년 4월 21일자 「월 스트리트 저널」에 실린 인터뷰에서 전 엔론 경리부장 벤 길슨은 3년 징역형으로부터 배운 경험에 대해 얘기했다.

"이 자리에 서는 것은 생각보다 쉽습니다. 잘못된 쪽에 서서 해서는 안 되는 일에 연루되기는 더 쉽습니다. 그럴 때는 그것이 왜 괜찮은지에 대하여 합리화합니다. 사람들은, 특히 저는 엄청나게 합리화할 수 있습니다. 그리고 언론에는 다양한 종류의 합리화가 많았습니다."

보수와 보상 역할, 책임, 공정성 이슈는 조직의 보수와 보상 체계에도 반영된다. 앞의 일화가 보여주는 바와 같이 금전과 관련된 보상은 조직의 가치에 대한 명확한 신호가 된다. 조직이 직원들의 윤리적이고 법규를 준수하는 행동을 보상하는 정도는 조직이 무엇을 가치 있게 여기는지에 관해 강력한 메시지를 전달한다.

비영리 기관

비영리 부문도 컴플라이언스나 윤리 문제와 유사한 싸움을 벌여왔다. 유나이티드 웨이United Way, 미국 적십자사, 민간 재단, 대학校들과 관련된 스캔들은 비영리 기관을 윤리적이고 도덕적인 '전형典型'으로 보던 이미지에 도전을 제기한다. 이러한 추이를 인식하고 자신들의 운영을 보다 면밀하게 모니터하는 입법 조치가 취해질 것으로 예상한 비영리 기관들은 지난 10년 동안 윤리적인 컴플라이언스 문화라는 이슈를 다루기 시작했다.

예를 들어 비영리 기관과 자선 단체의 리더십 포럼인 인디펜던트 섹터는 '최고의 윤리 기준에 열과 성을 다하는 기관을 만들도록' 도와주기 위해 비영리 기관 책임성 점검표를 개발했다. 인디펜던트 섹터가 옹호하는 많은 조치들은 회사들이 채택하고 있는 조치들과 아주 흡사하다.

- 책임성과 투명성의 문화를 발전시킨다.

- 가치 선언문과 윤리 강령을 채택한다.

- 이해 상충 정책을 제정한다.

- 이사회가 재무적 책임을 이해하고 이를 완수하게 한다.

- 비리 혐의 보고 정책과 장치를 만든다.

PWC는 2004년에 대학교의 책임자와 수탁자들에게 인디펜던트 섹터의 권고와 유사한 확장된 거버넌스와 투명성 기준을 다루는 일련의 권고안을 제공했다. 「올곧음을 위한 토대」라는 이 보고서는 윤리 강령과 이해 상충 정책의 필요를 다루었으며, 임원진의 보상 이슈와 기관들의 보상 정책 및 관행이 보다 더 공개적이어야 할 필요가 있음에 대해서도 언급했다.

비영리 기관들은 이러한 점검표 항목들이 개발됨에 따라 컴플라이언스와 윤리 문화를 다루는 많은 조치들을 취하기 시작했다. 회계법인 그랜트 쏜튼Grant Thornton이 960개 비영리 기관을 대상으로 실시한 2006년 비영리 기관 이사회 거버넌스 조사는 비영리 기관들은 건전한 거버넌스를 갖추기 위해 새로운 정책, 절차, 통제를 계속 실행하고 있음을 보여주었다. 이 조사에 의하면 이해 상충 정책을 갖춘 기관이 2005년에는 67퍼센트였는데 2006년에는 3/4이 넘는 78퍼센트 기관들이 이해 상충 정책을 갖고 있었고, 조사 대상 기관의 58퍼센트가 윤리 강령 선언문을 갖고 있었는데 이 수치는 2005년의 조사 결과와 비슷한 수치다.

공공 부문

공공 부문의 윤리와 컴플라이언스 이슈는 오랫동안 불려오면서 해마다 새로운 절이 추가되는 옛 노래와 비슷하다. 전 세계은행 총재 폴 월포위츠Paul Wolfowitz, 뉴올리언즈의 지방 공무원 뇌물 스캔들 등 윤리 해이와 관련된 이야기들이 계속 드러나고 있다. 2006년 미국 내무부의 감찰관이었던 얼 더베이니Earl R. Devaney는 9월 14일자 「뉴욕 타임즈」를 통해 이 조직을 신랄하게 공격하고 윤리 행태를 조롱하는 글을 남겼다. "간단히 말해서 내무부의 최고위층에서는 범죄만 아니라면 어떤 짓도 할 수 있다… 부적절, 편애, 편견의 형태를 띤 이 부서 고위 관리들의 윤리가 붕괴되어도 '다시는 그렇게 하지 않겠다' 는 약속만 하면 그러한 행위가 일상적으로 무시되고 있다."

정부 관리와 기관은 이러한 이슈들에 비추어 정부 운영에서의 윤리적 행위, 책임성, 그리고 투명성 이슈를 다루기 위한 많은 조치들을 취해 왔다. 2007년 8월에 의회는 특히 로비스트를 다룸에 있어서 의회 운영에 변화를 주기 위한 개혁법을 통과시켰다. 주 차원에서는 많은 기관들이 윤리 이슈를 다뤄왔다. 2005년 「주 편람The Book of the States」에 기록된 한 조사는 38개의 주 이사회와 위원회들이 주 공무원들의 윤리 강령을 관리하고 있음을 발견했다. 지방 정부 차원에서도 컴플라이언스와 윤리 이슈들이 다뤄지고 있다. 예를 들어 2006년에 캘리포니아 주 산베르나르디노 카운티는 운영에 대한 다양한 프로그램을 개발하고 감독할 윤리와 컴플라이언스 책임자를 고용했다.

2001년 어느 국제 컨퍼런스에서 행한 연설[2]에서 미국 정부 윤리청장 에이미 콤스톡Amy Comstock은 공무원들의 윤리적 행위에 관한 도전과 이의 필요성에 대해 다음과 같이 말했다.

공무원들이 공직을 자신의 이익을 위해서만 사용한다는 냉소적인 결론에서 벗어나고, 대중들에게 신뢰를 받기 위해서는 공무원 스스로 민주적인 문화와 책임의식을 가져야 한다. 그리고 정부운영에 대해서도 대중의 조사가 가능할 수 있는 기관과 시스템을 갖춰야 한다.

요약

아인슈타인이 다음과 같이 말한 것으로 알려져 있다. "상대성은 물리학에 적용되는 것이지 윤리에 적용되는 것이 아니다." 아인슈타인의 말이 진짜이든 아니든 윤리와 컴플라이언스 이슈는 효과적인 조직의 행위와 분리될 수 없다. 조직은 컴플라이언스의 뉘앙스와 윤리적이고 법규를 준수하는 문화를 주입할 때의 장애물과 도전 과제들을 이해할 필요가 있는데, 이는 단지 '하면 좋은 것' 정도가 아니다. 조직과 개인은 흔히 법원, 언론 매체, 고객, 직원, 기타 중대한 이해 관계자들로부터 그들의 행동과 가치를 토대로 판단된다. 조직의 컴플라이언스와 윤리의 기조와 틀을 정하는 것은 조직의 리더십이다.

Notes

1) 미국 양형위원회, "기업 양형 가이드라인에 대한 특별 자문 그룹 보고서," 2003년 10월 7일, http://www.ussc.gov/corp/advgrprpt/AG_FINAL.pdf.
2) 미국 정부 윤리청 이사 에이미 콤스톡(Amy Comstock), "글로벌 포럼 II 법 집행 워크샵에 대한 논평," 네덜란드 헤이그, 2001년 5월 29일.

④

리더십과 문화: 컴플라이언스의 토대

조직의 리더십이 컴플라이언스의 가치, 양태, 관행을 정한다는 것은 명백한 사실이다. 조직의 리더들이 리스크를 인식하고 다루는 방식, 직원들의 행동을 보상하는 방식, 조직의 중대한 이해관계에 영향을 주는 이슈들을 다루는 방식은 무엇이 받아들여질 수 있는 행동인지, 무엇이 가치 있게 여겨지고 보상을 받게 되는지에 관해 분명한 메시지를 전달한다.

앞에서 살펴본 바와 같이 1990년대와 2000년대 초의 사법부, 입법부, 행정부, 규제 기관의 많은 조치들은 현대 조직의 거버넌스와 리더십에 심오한 영향을 주었다. 캘리포니아 주 산타클라라 대학교의 마쿨라Markulla 응용윤리학 센터 상무이사 커크 한슨Kirk Hanson은 「이사와 이사회」 2003년 겨울호에 실린 인용문에서 엔론 파산 사태에 관해 이렇게 말하고 있다. "엔론 사태는 미래의 회사로 칭찬받던 대기업의 붕괴였다. 그곳에는 거대한 사기, 비할 데 없는 규모의 탐욕, 그리고 제약되지 않은 이해 상충이 있었다. 이사회와 감사위원회는 임원들이 손해를 보지 않고 빠져 나가는 데도 손을 놓고 있었고, 인적 자산인 직원들은 큰 고통을 당했다."

이 사례 및 다른 유사한 기업 부정행위에 비추어 이사회와 고위 경영진은 이제 정부의 새로운 요구 하에서 다음과 같은 적극적인 의무를 지니게 되었다.

- 직원과 대리인에 의한 범법 행위를 탐지하고 예방하는 컴플라이언스 프로그램을 시행한다.
- 이 프로그램들이 적절하게 작동하는지 모니터링한다.
- 가장 중요한 의무로서 조직 내에 컴플라이언스에 유익한 분위기를 조성하기 위해 윤리와 올곧음의 문화를 강화한다.

캐롤 스터블필드Carole Stubblefield 변호사는 2005년에 「메트로폴리탄 코로레이트 카운슬」 지에 기고한 글에서 조직의 거버넌스와 컴플라이언스의 연결 관계에 대해 다음과 같이 논평했다.

지난 몇 년간 기업 거버넌스에 대한 정의가 출현하지는 않았지만 나는 이를 윤리적이고 정직한 행동, 관련 법규 준수, 효과적인 회사 자원 및 리스크 관리, 그리고 조직 구성원들의 책임성을 강조하는 방식으로 비즈니스를 수행하고 회사를 관리하는 것을 포함한다고 제안하고 싶다.

이 요구는 어디에나 존재하는 '상부의 기조'에 반향되고 있는데, 상부의 기조는 조직의 가치와 윤리적 기준을 특징 지워주는 주문呪文이 되었다. 이는 조직 전체에 울려 퍼지는 신조다. 이는 조직의 이사회, 고위 경영진과 직원, 대리인, 임시 직원과 계약자 등과 같이 해당 조직을 위해 일하는 사람들이 따라야 할 행동, 기대와 기준의 패턴을 정한다.

SEC의 로리 리처즈Lori A. Richards는 2003년 4월 23일에 행한 연설에서 이를 다음과 같이 적절하게 말했다. "여러분은 정책이 구비되어 있다는 것만으로는 충분하지 않다는 것을 압니다. 이 모든 정책들은 도움이 될 수 있습니다. 그러나 성공적이려면 컴플라이언스가 여러분 회사의 내면화된 문화의 일부여야 합니다."

법적, 규제상 토대

정부 기관, 규제 기관, 판례법이 요구하는 많은 의무들은 조직 리더들의 컴플라이언스, 윤리, 책임성, 투명성에 대한 강조를 지지한다. 이 조치들은 조직 내의 컴플라이언스와 고결성 문화를 증진함에 있어서 이사회와 고위 경영진의 역할에 초점을 맞춰왔다.

연방 기업 양형 가이드라인

2004년 11월 1일에 미국 양형위원회는 1991년 연방 기업 양형 기준을 개정하고 확대했다. 이 개정 가이드라인은 조직의 행태에 미치는 영향에서 거버넌스와 이사회, 고위 경영진의 역할에 중점을 두었다. 이러한 변화는 부분적으로는 2년 전의 사베인-옥슬리법 통과이 법은 미국 양형위원회가 '조직의 범법 행위를 충분히 방지하고 처벌할 수 있도록' FSGO를 검토하도록 요구했다, 최초의 FSGO 제정 이후 13년간의 컴플라이언스 프로그램 경험, 캐어마크 법원 판결이에 대해서는 이번 장의 뒤에서 설명한다로부터 파생되었다.

FSGO 자문 그룹은 양형 가이드라인 개정을 고려함에 있어서 무엇보다도 엔론, 아델피아 커뮤니케이션즈, 타이코, 월드콤, 퀘스트, 그리고 헬스사우스의 재무 스캔들을 주목했다. 이 자문 그룹은 2003년 10월 보고서에서 다음과 같이 밝혔다.

연방 기업 양형 가이드라인이 모든 기업 범죄를 막아 줄 거라고 기대하는 것은 분명히 비현실적이다. 어떤 양형 인센티브와 벌칙도 모든 사안에서 회사의 불법 행위를 발생시키는 기업 문화와 개인의 탐욕, 두려움 또는 오만을 극복할 수는 없다… 그러나 이러한 비리의 많은 부분이 고위 경영진에 의해 저질러졌고, 감사나 기타 내부 보고 시스템이 있음에도 뒤늦게 발견되었다는 사실에 대해서는 우려해야 한다.

이 자문 그룹은 조직 리더십의 실패에 비추어 문화, 윤리, 효과적인 컴플라이언스 프로그램에 필요한 기업 풍토 조성에서 고위 경영진의 역할과 같은 이슈들을 다루는 일련의 권고를 발표했다. 개정 가이드라인의 많은 조항들은 특히 조직의 리더십 및 컴플라이언스 프로그램과 관련한 리더십의 역할에 초점을 맞추었다. 예를 들어 FSGO는 다음 사항을 요구한다.

- 필수 컴플라이언스 교육에는 회사의 고위 책임자와 이사회 위원에 대한 교육이 포함되어야 한다.
- 이사회 위원들은 "컴플라이언스의 내용 및 운영에 대해 정통해 있고… 컴플라이언스 윤리 프로그램의 실행과 효과성에 관해 합리적인 감독을 행사해야 한다."
- 고위 경영진은 "조직이 효과적인 컴플라이언스 윤리 프로그램을 갖추고… 고위직의 특정인들에게… 컴플라이언스 윤리 프로그램에 대한 전반적인 책임을 부여해야 한다."
- 조직의 컴플라이언스 윤리 프로그램을 담당하는 책임자들은 "고위 직급 인사와 경우에 따라서는 지배 기구즉, 이사회에 컴플라이언스 윤리 프로그램의 효과성에 관해 정기적으로 보고해야 하며… 지배 기구 또는 적절한 지배 기구의 하위 그룹에 직접 접근할 수 있어야 한다."

이 개정 가이드라인은 FSGO의 원래의 접근법에서 크게 바뀌었다. 자문 그룹의 말을 빌리면 이제 조직들은 "윤리적 행동과 법률 준수에 대한 열성을 장려하는 조직 문화를 증진해야 한다." 조직의 리더가 수동적인 역할에서 적극적인 역할로 변화되어야 한다는 명백한 메시지를 준다. 컴플라이언스와 윤리 이슈를 다룸에 있어서 몰랐다거나 책임이 없다는 주장은 더 이상 수용될 수 없다.

캐어마크 사례

캐어마크 인터내셔널사 주주 대표소송In re Caremark International Inc. vs. Derivative Litigation의 법원 판례는 FSGO가 이사회와 고위 경영진 등 리더들이 컴플라이언스 이슈에 더 많은 중점을 기울이도록 한 사례가 되었다. 이 사건은 1996년에 델라웨어 법원에 제소되었으며, 컴플라이언스 프로그램에서 이사들의 역할에 중대한 영향을 끼쳤다.

제약 서비스 회사인 캐어마크와 직원 두 명은 연방 소개료 지급 금지법, 다른 주법과 연방법을 위반했다. 캐어마크사는 이 사건에서 연방과 주의 소송 절차를 해결하기 위해 2억 5천만 달러를 지급하기로 합의했다. 주주들은 이사들이 직원을 적절하게 감독하지 못했고, 시정 조치를 취하지 않음으로써 주의 의무를 위반했다는 등의 몇 가지 근거로 회사의 손실을 회복하기 위해 이사들을 상대로 소송을 제기했다.

이 소송은 합의에 이르렀고, 델라웨어 고등법원 판사 윌리엄 앨런William T. Allen은 이 합의를 검토하고 승인했다. 이 합의에서 캐어마크는 내규를 개정하여 위반을 초래하게 된 행동이 되풀이되지 않도록 고안된 위원회와 절차를 추가하기로 했다. 앨런 판사는 이 합의가 주주들에게 적정하다고 평가하고 이 사건의 기각에 동의했다. 하지만 그는 이 기회를 활용하여 이사들의 감독 의무를 정의했다.

앨런 판사는 다음과 같이 말했다. "이사의 의무에는 이사회가 적정하다고 인정하는 회사의 정보와 보고 시스템이 갖춰지도록 성실하게 노력할 의무가 포함되며 그렇게 하지 않고서는 이사들이 회사의 운영에 관해 '합리적으로 정보를 제공받아야 할' 의무를 만족시키는 것은 불가능하다."

캐어마크 사례 하에서 경영진과 이사들은 "회사의 법률 준수와 비즈니스 실적에 관해 정보를 제공받은 상태에서 결론에 이를 수 있도록 적시의 정확한 정보를 수집하고 평가할 수 있는 절차를 채택하라"고 회사에 요구해야 한다. 이사들은 그러한 절차가 갖춰지고, 또한 적절한 정보가 '일상적인 회사 운영 과정상 적시에' 경영진과 이사회의 주의를 끌 수 있도록 하기 위해 그러한 절차가 '개념상, 설계상으로' 적정하도록 만전을 기해야 한다.

이 의견은 회사나 이사회에 중대한 영향을 미쳤다. 회사의 내부 모니터링과 보고 시스템을 감독하는 의미 있는 프로그램을 설치하지 않을 경우 회사를 위험에 빠뜨리게 할 뿐 아니라 이사들이 수임인 의무를 수행하지 못한 데 대해 개인적으로 책임을 지게 한다.

디즈니와 애보트 사례

캐어마크 사례 이후 이사들이 성실하게 행동할 수임인 의무를 다루는 두 개의 또 다른 사건이 발생했다. 첫 번째 사건인 월트 디즈니사 주주 대표 소송에서 원고들은 전 사장 마이클 오비츠Michael Ovitz의 약 1억 4천만 달러 상당액에 달하는 보상 패키지와 퇴직금을 문제 삼았다. 델라웨어 법원은 이사회가 해당 보상을 승인할 때 의무를 이행하지 않았고, 어떠한 비즈니스상의 판단도 사용하지 않았다고 판단했다. 법원은 이사들이 "중요한 의사 결정을 한다는 것을 알았음에도 적정한 정보와 적정한 심사숙고 없이 결정했으며, 그 결정이 회사와 주주들에게 피해나 손실을 끼쳤는지에 대해서는 신경을 쓰지 않았다"고 밝혔다.

연방 법원 사례로는 애보트 레버러토리스 주주 대표 소송에서 제7순회법원은 이사회가 오랜 기간의 FDA 위반을 다루지 않고 이 위반을 SEC에 공시하지 않음으로써 성실하게 행동하지 않았다고 밝혔다. 법원은 애보트의 이사회가 오랫동안 위반 사실을 알면서도 바로잡으려는 조치를 취하지 않은 것은 성실 결여에 해당한다는 입장을 취했다.

2003년 7월 2일자 통지문'우리의 친구와 고객들에게'에서 법무법인 프리드, 프랭크, 실버&자콥슨Fried, Frank, Silver & Jacobson은 이 두 사례의 영향에 대해 다음과 같이 다소 익살스럽게 논평했다. "좋은 기업 거버넌스는 이사회가 회사 사정에 대해 적극적으로 정보를 입수하고, 경영진이 자발적으로 이사회에 드러내지 않았던 문제가 있다고 보고된 회사의 행태를 이해하기 위해 적극적으로 개입하도록 요구한다. 따라서 회사 이슈에 대해 조치를 취하는 것을 회피하기 위해 고의로 이를 외면하는 이사들은 원고에게 공격 목표를 제공해 줄 수도 있다."

2002년 사베인-옥슬리법

2002년 사베인-옥슬리법 통과는 조직의 리더들에게 또 하나의 중요한 정부의 요구를 덧붙였다. 앞에서 언급한 바와 같이 사베인-옥슬리법의 중요성과 영향은 과소평가될 수 없다. 이 법의 초점은 상장 기업 공시의 정확성과 신뢰성 향상을 통한 투자자 보호에 있지만 이 법의 범위와 힘, 그리고 영향력은 모든 부문의 조직에까지 침투하고 있다. 이 법률과 이를 시행하기 위한 SEC 규칙은 회사의 책임성과 회사의 비리에 대한 벌칙에 새로운 기준을 정하거나 기존 기준을 강화했다. 이 법은 회사와 회사의 고위 경영진 및 이사회에 대한 더 높은 수준의 책임성, 재무 보고의 투명성을 정하고 있다.

이 법은 감사위원회의 의무 확대, 윤리 강령 제정 등 새로운 책임과 의무를 이사회에 부과했다. 이와 유사하게 고위 경영진의 책임과 의무도 현저히 강화되었다. 이 법은 조직의 최고 경영자CEO와 최고 재무 책임자CFO에게 분기 및 연간 재무 보고서의 완전성과 정확성뿐만 아니라, 이 정보를 산출해 낸 근거가 되는 내부통제의 효과성도 인증하도록 요구했다. CEO와 CFO는 조직의 내부통제를 제정하고 유지할 책임이 있다. 이들은 감사에 영향을 줄 수도 있는 내부통제의 설계나 운영상 문제가 있을 경우 이를 감사위원회와 감사인에게 통지하고 조직의 내부통제 프로세스상 변화가 있을 경우 이를 보고하도록 요구된다.

기업 거버넌스 분야의 권위자 이라 밀스타인Ira Millstein은 2004년 「비즈에드BizEd」 3/4월호에서 사베인-옥슬리법이 이사회에 미친 영향을 매우 명시적으로 언급했다.

모범관행 규칙을 따르는 회사들이 너무 적기 때문에 의회가 사베인-옥슬리법을 통과시켰다… 사베인-옥슬리법은 회사들이 마땅히 해야 할 일을 법률상 반드시 해야 할 일로 바꿔 놓았다. 이제 나는 더 이상 사람들에게 거버넌스 강령을 따르라고 간청하거나 회유할 필요가 없다. 나는 그저 법률과 상장 요건을 지적하기만 하면 된다… 이 법은 선량한 기업의 행동과 정직한 재무 보고에 대한 전적인 책임을 이사회에 돌려놓았다. 이사회가 회사의 행동에 책임이 있다는 점은 매우 명백하다.

미국 법무부

미국 법무부의 「연방 기업체 기소 원칙Principles of Federal Prosecution of Business Organization」이 이사회와 고위 경영진의 거버넌스 의무에 추가된다. 이 원칙은 거버넌스 활동에 이사들의 적극적인 감독을 요구하는 사베인-옥슬리법에 비추어 이사들이 자신의 핵심적인 수임인 의무를 이행했는지 여부를 밝히고자 한다. 이 원칙은 다음과 같이 말한다. "컴플라이언스 프로그램을 평가할 때 검사들은 회사가 비행을 효과적으로 탐지하고 예방할 수 있는 기업 거버넌스 장치를 수립했는지 여부를 고려할 수도 있다. 이에 관해서는 다음과 같은 몇 가지 예를 생각해 볼 수 있다. 회사의 이사들은 책임자들의 제안을 의문 없이 재가하기보다는 제안된 회사의 행동에 대해 독립적인 검토를 수행하는가? 이사들은 경영진과 이사회에 적시의 정확한 정보를 제공하도록 합리적으로 설계된 정보와 보고 시스템을 조직에 설치했는가?" 캐어마크 사례에서 이사들의 역할과 의무에 관해 알렌 판사가 표명한 의견과 지침을 이 원칙에서 분명히 볼 수 있다.

자율 규제 기관: 뉴욕증권거래소

기업들의 비리 사태 이후 자체 기업 거버넌스 기준을 수립하면서 뉴욕증권거래소NYSE는 2002년 기업 거버넌스 규칙 제정 안에서 다음과 같이 선언했다.

주의, 윤리, 통제의 실패에 기인한 중요한 회사의 '와해' 여파 속에서

NYSE는 다시 한 번 기업 거버넌스와 공시 기준을 높일 기회와 책임을 지고 있다… 더할 나위 없는 윤리 기준을 고수하면서 부지런히 경영진을 감독하는 것은 이사회의 책임이기 때문에 이 시스템은 이사들의 역량과 올곧음에 의존한다. 당 거래소는 이제 견제와 균형을 강화하고, 성실한 이사들에게 권한을 부여하며 탁월함을 권장하는 더 나은 도구들을 갖춰 주고자 한다.

이사회

효과적인 컴플라이언스 프로그램을 지지하는 조직 문화 조성은 이사회로부터 시작된다. 잘 교육되고, 정보를 제공받는 헌신적인 이사회는 조직의 리더십과 감독 책임 사이의 긴요한 연결 고리가 된다. 공공, 민간, 비영리 조직 여하에 불구하고 이사회 구성원들은 조직의 번영과 관리를 감독할 수임인 책임충성 의무, 주의 의무이 있다. 트레드웨이위원회 후원기관위원회Committee of Sponsoring Organizations of the Treadway Commission: COSO는 1992년 내부통제–통합 프레임워크에서 다음과 같이 말했다. "경영진은… 거버넌스, 지침, 감독을 제공하는 이사회에 대해 책임을 진다. 이사회는 경영진을 선택함으로써 올곧음과 윤리적 가치에서 이사회가 기대하는 바를 정의하는 중요한 역할을 하며, 감독 활동을 통해 그 기대를 확인할 수 있다."

확대된 역할, 비전, 책임

이사회가 이처럼 새로운 환경 속에서 자신의 컴플라이언스 의무를 효과적으로 관리하기 위해서는 확대된 역할, 비전, 일련의 책임을 채택해야 한다. 이사회는 아래의 사항들을 실행해야 한다.

- 자신의 조직이 당면하고 있는 내·외부 컴플라이언스 리스크와 요건을 적정하게 이해한다.
- 조직이 이러한 사안을 다루기 위한 포괄적인 정책, 절차와 자원을 지니게 한다.
- 조직이 컴플라이언스와 윤리적 행동을 장려하는 운영 철학과 환경을 지니게 한다.
- 컴플라이언스와 윤리가 조직 생활의 필수 요소가 되게 한다.

기업 거버넌스 권위자 앤터니 너Anthony Knerr는 이사회 구성원들이남들이 당신에게 해주기를 원하는 대로 남들에게 해주라는 황금률의 틀 안에서 비즈니스 맥락에 비추어 수임인 책임을 수행할 필요가 있다는 의견을 피력했다. 2004년 「이사와 이사회Directors & Boards」 지에 게재한 글에서 앤터니 너는 이렇게 말했다.

수임인직의 핵심은 다른 사람이 당신에게 해주기를 원하는 그대로 행동하는 것이다. 회사의 이사로서 주주의 이익을 대표한다는 것은 자신이 주주라면 어떻게 대우 받고 싶은지를 끊임없이 자신에게 물어 보는 것을 의미한다… 아델피아, MCI, 타이코의 이사회 구성원들이 진정으로 자신들이 대우 받기 원하는 대로 행동했다고 믿기는 어렵다.

123

이사회 구성원의 개인적 자질 컴플라이언스와 윤리 문화를 갖추는 데 필요한 효과적인 리더십을 제공하는 이사회가 되려면 이사회 구성원 개개인에게 올곧음과 역량이 있어야 한다. 비영리 기관을 위해 마련된 지침[1]에서 두 개의 전문가 조직이 모든 조직에 적용될 수 있는 좋은 이사회 구성원의 기본 자질을 다음과 같이 명시했다.

- **비전과 리더십** 큰 그림을 볼 수 있는 능력과 조직의 사명을 완수할 수 있도록 방향을 정하는 용기
- **청지기 정신**stewardship 조직의 이익에 봉사하고 조직의 목표를 추구할 뿐 아니라 일반 대중과 조직이 의도하는 수익자의 이익에 봉사하는 올곧음
- **지식** 조직의 주주 구성과 운영에 대한 지식, 조직과 관리에 대한 감각
- **근면** 조직 목표 달성에 대한 헌신과 열성
- **협동성** 동료와 그들의 견해에 대해 진지하고 존중하는 태도를 지님

여러 회사의 이사회 위원으로 활동했던 어느 노련한 이사회 위원은 효과적인 이사회 구성원은 위의 특질 외에도 다음과 같은 능력이 있어야 한다고 제안했다.

- 이사회의 역할정책과 직원들의 역할경영 관리 사이의 차이를 이해한다. 그는 이에 대해 이렇게 말했다. "모든 조직들, 특히 비영리 기관들에서는 이사회 위원들은 경영 관리 기능에서 손을 떼기가 어려운 경

우가 흔하다."

- 비밀을 유지한다. 이사회 위원들－특히 상대적으로 작은 공동체－은 이사회 위원이 아닌 사람이 참석한 사교 모임에서 자신이 속한 조직의 이슈와 문제에 대해 함구하기 어려울 때가 있다. 하지만 비밀 유지 의무는 매우 중요하다.

이사회 구조

이사회는 자신의 컴플라이언스와 윤리 의무를 다루는 데 있어서 몇 가지 접근법을 취해 왔다. 이사회 내 감사위원회의 역할 확대가 주된 접근법이지만 일부에서는 컴플라이언스 위원회를 창설하기도 했다.

감사위원회의 컴플라이언스 역할 확대 전통적인 이사회 내의 모든 위원회 중에서 해당 위원회의 감독 소홀로 엔론, 월드콤과 같은 조직들의 회계와 재무 비리가 발생하고, 그로 인하여 위원회의 구성과 책임 범위에 커다란 도전을 제기하게 한 곳은 바로 감사위원회다. 새로운 규제 제도하에서 상장 기업의 감사위원회는 많은 기관들에서 컴플라이언스 프레임워크와 부상하는 컴플라이언스 이슈에 대한 감독 강화 책임을 맡게 되는 등 기업 거버넌스 활동의 초점이 되었다. 심지어 감사위원회의 이름도 새로운 의무를 반영하기 위하여 감사 · 컴플라이언스 위원회RadioShack과 노바티스, 감사 · 리스크 관리 위원회씨티그룹, 또는 감사 · 회사의 책임 · 컴플라이언스 위원회헬쓰 캐어 서비스 코프 등으로 바뀌었다.

감사위원회의 역할 확대는 많은 조직들에게 도전 과제를 부여했다. 즉, 감사위원회는 독립적인 이사로만 구성되어야 하며, 최소 1명의 '재

125

무 전문가'가 있어야 하고, 감사 및 회계 의무가 확대되고, 컴플라이언 스 및 윤리와 관련된 수탁자 의무가 신설되거나 확대되었다. 사베인-옥 슬리법 섹션 301(4)에 따라 감사위원회는 다음 사항에 대한 절차를 확립 해야 한다.

- 조직의 회계, 내부 회계 통제, 또는 회계 감사상의 우려에 관해 회사에 제기된 불만 접수
- 직원이 회계상이나 감사상 의문스러운 문제에 관해 제출한 비밀, 익명 정보 처리

기술적으로는 회계와 관련된 사안에 한정되었지만 이러한 요구는 감 사위원회가 조직의 행동에 관한 다양한 범위의 협의를 보고받게 하는 문 을 열었다. 이에 관해 PWC는 2002년 사베인-옥슬리법이라는 백서에서 새로운 규제와 보고 의무는 감사위원회에 추가로 의무를 부과한다고 언 급했다. "중요한 점으로는 감사위원회는 자신과 경영진의 리더십을 포함하여 회사의 문화가 직원의 모든 우려에 관해 열린 의사소통을 장려하고 지원하는지 에 대해서도 평가해야 한다."

컴플라이언스 위원회 감사위원회에 대한 대안으로 일부 조직들은 이사 회에 컴플라이언스와 윤리 문제를 다루는 컴플라이언스 위원회를 추가 했다. 컴플라이언스 위원회는 흔히 조직과 정부 규제 기관 또는 검사들 사이의 합의 결과로 설치되었다. 예를 들어 마시 앤 맥러넌Marsh & McLennan 과 여러 주요 주州의 보험 규제 기관 사이의 2005년 합의는 특히 이사회

내에 컴플라이언스 위원회를 설치하도록 요구했다. 이와 유사하게 2005년에 금융 서비스 회사 아온 코퍼레이션Aon Corporation은 이사회 내에 회사의 행동을 모니터할 컴플라이언스 위원회를 창설함으로써 규제 위반 문제를 합의로 해결했다.

독립적인 이사회 위원으로 구성된 감사위원회와는 별도의 위원회인 컴플라이언스 위원회는 조직과 직원들이 관련 법률, 규정, 윤리 강령에 따라 행동하게 한다.

컴플라이언스 위원회 구조 옹호자들은 이 위원회가 회계와 감사 책임이라는 많은 부담을 지고 있는 감사위원회와 달리 규제, 윤리, 컴플라이언스 관련 사안에만 집중함으로써 컴플라이언스와 윤리 이슈를 다루는 효과적인 장치라는 입장을 취한다. 그러나 컴플라이언스 위원회에도 비판자가 없는 것은 아니다. 특히, 컴플라이언스 위원회는 조직의 감사위원회 책임 중 하나를 침해한다는 주장이 제기되었다. 오라클 코퍼레이션의 감사위원회 위원인 스탠포드 대학교 법학 교수 조셉 그룬드패스트Joseph Grundfast는 「은행 회계와 재무」 2006년 4월호에서 컴플라이언스 위원회가 "정보를 중복 생산하고 있으며 누군가가 정보를 빠뜨릴 리스크를 만들어내고 있기 때문에 나쁜 거버넌스의 징후일 수 있다"고 말했다.

이사회에 대한 핵심 질문

아래의 질문들은 조직의 이사회에 부과된 막대한 책임에 비추어 이사회가 법적, 윤리적, 컴플라이언스상의 의무를 다루도록 도와주기 위해 마련되었다조직의 컴플라이언스 프로그램 운영에 관한 특수한 질문들은 5장에서 다루어진다.

— 이사회는 얼마나 독립적인가?

효과적인 이사회는 자신이 경영진으로부터 독립적이며, 그럴 필요가 있는 상황에서는 아니라고 말할 수 있고 어려운 질문을 할 수 있으며 위험하거나 잘 준비되지 않은 계획과 전략을 거절할 용의와 능력이 있음을 분명하게 보여준다.

— 이사회와 하위 위원회가 모든 관련 경영 정보를 받아보고 있다는데 대해 얼마나 자신이 있는가?

효과적인 이사회는 독립적인 판단을 행사할 수 있도록 경영진으로부터 더 많은 정보를 받기 원하며, 또한 그들이 더 많은 정보를 제공하리라고 기대한다. 스펜서 스튜어트Spencer Stuart에 의해 수행된 2005년 설문 조사 「글로벌 50: 선도적인 감사위원회 위원장의 견해」에서 어느 대기업의 감사위원회 위원장은 이렇게 말했다. "사베인–옥슬리법이 통과되기 이전에 경영진은 이사들이 원안에 대해 동의하지 않아서, 보다 구체적으로 질문할 때 이에 대해 단순히 답변만 하면 됐는데, 이제는 이사들이 민감도가 어떠한지와 그러한 결정을 내리도록 도움을 준 찬반 의견은 어떠했는지에 대해 알고 싶어 합니다."

— 이사회는 조직이 직면한 컴플라이언스 리스크를 완전히 이해하고 있는가? 이 리스크를 누가 감독하는가? 이 리스크들은 얼마나 자주, 그리고 어떤 방식으로 이사회의 이목을 끄는가? 조직은 이 리스크를 효과적으로 다루기 위해 어떻게 관리하는가?

이사들은 조직의 전략 목표와 이 목표를 달성하기 위해 필요한 경영

조치들을 이해해야 한다. 그들은 이 전략에 대한 핵심 동인들과 이 목표에 영향을 줄 수 있는 리스크와 취약성에 대해 질문하고, 이를 이해해야 한다. 특히 금융, 의료, 환경 관련 서비스업 등 규제가 심한 업종에 속한 조직에게는 이사회 위원들이 자신의 조직이 당면하고 있는 규제상의 도전 과제들을 인식하는 것이 매우 중요하다.

─ 이사회는 조직의 사정과 조직의 활동들에 대한 감독에 얼마나 주의를 기울이고 있는가?
이사회의 역할과 책임에 대한 규제 기관의 입장은 아주 명확하다. 은행을 감독하는 연방 예금보험공사는 리스크 관리 검사 정책 매뉴얼에서 "경영진의 질은 성공적인 은행 운영에 있어 가장 중요한 요소일 것이다"라고 언급했다. 이 정책 매뉴얼은 나아가 조직의 이사회에 대해 "은행과 은행의 책임자, 직원들의 활동과 사정에 대해 합리적인 감독을 하지 않는 것이 이사들의 가장 흔한 직무 유기일 것"이라고 말했다.

─ 조직의 보수 및 보상 정책과 관행은 컴플라이언스 및 윤리와 관련된 기준을 포함하는가?
이사회는 조직의 보수 및 보상 정책과 관행을 검토해서 보너스, 스톡옵션, 급여 인상과 기타 형태의 보수 결정에 어떤 기준이 사용되는지 파악해야 한다. 이사회는 인사 담당 이사와 협력해서 조직의 보상 철학과 관행을 검토하여 투명성을 장려해야 하며, 윤리적 행동에 상을 주고 조직 구성원들이 윤리적으로 행동하도록 동기를 부여하는 성과 평가에 보상을 연결시켜야 한다. 2007년 3월 25일자 「뉴욕 타임즈」에 따르면 큰 조직들의 이사회는 고위 경영진들의 비리에 대하여 주주의 피해를 보상하기 위해 '급여 환수' 제도를 사용하고 있다. 어느 보상 전문가는 '환수' 정책의 이점에 대해 다음과 같이 말했다. "우리는 재무제표 조작이나 비리가 뉴스에 나오는 것보다 더 나쁜 것은 그 뉴스가 나온 지 일주일 후에 임원진이 회사를 떠나면서 1억 달러를 받았다는 뉴스가 나오는 것이라고 사람들에게 말합니다."

― 조직은 윤리 이슈를 어떻게 관리하는가? 사람들은 윤리 이슈나 우려를 어디에 보고할 수 있는가?

이사회 위원들은 조직 내에서 윤리와 올곧음 이슈가 어떻게 제기되는지, 어떤 유형의 이슈들이 발생하는지, 이러한 우려들을 누가 관리하는지, 그러한 사항들이 어떻게 처리되어왔는지에 대해 이해해야 한다. 효과적인 보고 장치와 프로세스가 갖춰져서 이사회가 조직 안의 여하한 직급 또는 분야로부터 발생하는 이슈에 대해서도 대응할 수 있어야 한다.

― 조직의 감사 및 내부통제 정책과 절차는 얼마나 효과적인가?

효과적인 컴플라이언스 프로그램의 핵심 요소 중 하나는 컴플라이언스 리스크를 식별하고 관리할 수 있는 포괄적인 감사와 내부통제 프로그램이다. 이사회는 조직이 주요 컴플라이언스 리스크 익스포저를 모니터하고 경감할 수 있는 효과적인 내부통제 프로그램을 수립하게 해야 한다.

비영리 기관

의료기관, 재단, 교육 기관 등 비영리 기관의 이사회와 고위 경영진도 영리 부문에서와 마찬가지로, 컴플라이언스, 책임성, 윤리, 신뢰, 투명성 영역에서 리더십을 발휘해야 할 필요가 있다. 기업 부문의 이사회와 마찬가지로 비영리 기관의 이사회 또는 수탁자는 기관의 목표와 사명, 기관의 경영진과 운영, 거버넌스 결정과 감독에서 매우 중요한 역할을 한다. 또한 기업의 이사회와 마찬가지로, 비영리 기관의 이사회는 자신의 조직에 대한 충성과 주의 의무라는 기본적인 수임인 의무를 지고 있다.

주 최고 법무관, 미국 재무부, 주 정부, 그리고 국세청은 기업 거버넌스 개혁을 비영리 기관에 확대하는 방안을 적극적으로 추진해 왔다. 피치 레이팅스Fitch Ratings[2)와 같은 신용평가 기관들조차 사베인-옥슬리법에 들어 있는 원리들은 공개적인 자금 조달을 추구하는 비영리 병원들에 적용될 수 있다고 말한다.

많은 대형 비영리 기관과 그 이사회들은 이 법의 정신과 모범관행을 받아들여 기업 거버넌스 정책 및 절차의 많은 부분을 개선하기 시작했다. 효과적인 자선 센터Center for Effective Philanthropy는 「컴플라이언스를 넘어: 효과적인 재단 거버넌스에 관한 수탁자의 견해」라는 2005년 11월 보고서에서 조사 대상 미국의 53개 대형 재단 CEO 중 42명79퍼센트이 자발적으로 별도의 감사위원회를 추가하는 등 사베인-옥슬리법에 의해 요구되는 유형의 변화를 가했음을 발견했다. 그러나 소규모 비영리 기관에서는 제한된 자원과 기타 이슈들이 거버넌스 개혁 도입에 중대한 장애가된다. 비영리 기관인 필라델피아 동물원과 이 동물원의 기업 거버넌스 개선에 관한 재미있는 사례가 Box 4.1에 나와 있다.

Box 4.1 비영리 기관의 기업 거버넌스 개선 사례

사베인-옥슬리법이 비영리 기관의 거버넌스에 미친 영향의 예로 필라델피아 동물원을 들 수 있다. 스티븐 맥널리J. Stephen McNally와 조셉 스토이어Joseph T. Steuer가 「펜실베이니아 CPA 저널」 2006년 겨울호에 게재한 바와 같이, 미국에서 가장 오래된1859년에 설립됨 이 동물원에 해마다 1천 2백만 명이 방문하며, 이 기관의 연간 예산은 3천 2백만 달러가 넘는다. 이사회의 감독과 사베인-옥슬리법 통과에 자극 받은 이 기관은 거버넌스와 컴플라이언스 역량을 개선하기 위해 아래의 사항이 포함된 많은 조치를 단행했다.

- 이사회에 최고 거버넌스 책임자를 추가함.
- 이사회 위원들에게 조직의 사명과 목표를 이해시키기 위해 모든 이사들에게 동물원의 일상 운영에 관한 정보를 제공하는 1일 워크샵 '동물원 학교'에 주기적으로 참여하도록 요구함.
- 오퍼레이션 리스크에 관한 선언문과 이사회의 감독 책임을 채택함.
- 이사회 내에 별도의 감사위원회를 신설하고종전에는 감사위원회가 재무 위원회의 하위 위원회였음, 오퍼레이션 리스크와 재무 리스크 모니터링을 포함하도록 감사위원회의 의무를 확대함. 이 위원회의 명칭은 감사·컴플라이언스 위원회로 변경되었으며, 이 위원회에는 공개된 규정과 연간 업무 계획, 그리고 매년 4회의 미리 정해진 회의가 있음.

감사위원회의 기능 확대

많은 비영리 기관, 특히 대규모 기관들에게 사베인-옥슬리법의 통과는 전에는 없었던또는 다른 위원회 기능 아래에 포함되어 있던 별도의 감사위원회를 창설해야 함을 의미했다. 예를 들어 2004년 1월의 PWC 조사 '사베인-옥슬리법: 비영리 의료 기관에 대한 특정 조항의 관련성 및 시사점'에 의하면 2002년 조사에 응한 의료 시스템의 수탁인들 중 25퍼센트만 자기 조직의 이사회에 감사위원회가 있다고 응답했으며, 5퍼센트는 이사회내 재무 위원회의 하위 감사위원회가 감사 책임을 맡고 있다고 응답했다.

새로운, 또는 확대된 감사위원회는 외부 감사인 선임 또는 해임, 외부 감사인의 모든 서비스에 대한 사전 승인, 재무 전문가 채용, 회사의 감사위원회와 유사한 컴플라이언스 감독 역할 수행 책임을 진다. 2004년 캘리포니아 비영리 기관 고결성법은 주 최고 법무관에 등록되고 연수입액이 2백만 달러 이상인 자선 단체는 감사위원회를 설치하도록 요구한다.

이사회의 감독

이사회의 감독에 관하여 이번 장에서 논의한 사항들은 비영리 기관에도 적용될 수 있지만 비영리 기관들에는 이사회 또는 수탁자가 다뤄야 할 또 다른 컴플라이언스와 책임성 이슈들이 있다.

- 이사회는 조직의 경영 관리와 운영에 적극적이고 정보에 입각한 독립적인 감독에 종사해야 한다. 이사회는 최소 1인의 재무 전문가가 포함된 독립적인 감사위원회 설치를 고려해 보았는가? 조직의 CEO와 CFO또는 이와 해당하는 사람가 Form 990 세금 환급Return of Organization Exempt from Income Tax을 포함하여 모든 재무제표에 서명해야 한다는 모범관행이 있다.

- 이사회는 조직의 감사 관행을 검토해야 한다. 비영리 기관의 거버넌스에 대해 영향력이 있는 기관인 보드소스와 인디펜던트 섹터는 「사베인-옥슬리법과 비영리 기관에 대한 시사점」2006년 1월에서 다음과 같이 권고했다. "연간 총 수입이 1백만 달러를 초과하는 비영리 기관들종교단체와 Form 990 제출이 면제되는 다른 기관 제외은 자신의 재무제표에 대해 감사를 실시하고 Form 990 또는 990PF에 그 사본을 첨부할 것을 고려해야 한다. 수입이 25만 달러 이상의 소규모 자선 단체들은 재무제표에 대한 검토를 받거나 최소한 회계 전문가가 재무제표를 작성하게 해야 한다. 감사를 실시하지 않는 비영리 기관의 이사회는 그렇게 하기로 한 결정을 주기적으로 평가해야 한다."

- 이사회는 조직이 좋은 관행으로서, 조직에 관련된 모든 사람들의 기본 가치와 행동 기준을 정하는 윤리 강령 또는 윤리 강령을 채택했는지 검토해야 한다. 이 강령은 이해 상충, 내부자에 대한 대출, 기록 폐기 등과 같은 이슈를 다뤄야 한다.

- 이사회는 불법적인 관행이나 채택된 정책 위반에 관한 믿을 만한 정보가 있는 경우 가급적 빨리 이를 제보하도록 장려하는 내부 고발 프로그램이나 핫라인과 같은 정책과 절차를 수립해야 한다. 비행을

알리는 직원 또는 자진 신고자는 이를 보고하는 것이 안전하다고 느끼고 보복에 대해 두려워하지 않아야 한다.

주의 사항 거버넌스와 컴플라이언스 개혁을 향한 이러한 운동에도 불구하고 많은 비영리 기관, 특히 소규모 조직의 리더십은 여전히 많은 재정적, 철학적 도전에 직면하고 있다.

- 많은 소규모 비영리 기관들에게는 거버넌스 개혁을 준수할 재정 자원이 없다. 예를 들어 도시 연구소Urban Institute가 2005년에 전국적으로 조사한 '비영리 기관과 사베인-옥슬리법'에 의하면 연간 비용 지출액이 10만 달러 미만인 비영리 기관들 중 28퍼센트가 별도의 감사위원회를 설치하라는 요건을 준수하기가 '매우 어려울' 것이라고 한다.
- 거버넌스 개혁은 행정 관리에 할애하는 시간, 행정 관리상의 구조와 직원을 추가로 필요로 한다. 칭찬할 만하기는 하지만그리고 때로는 의무사항이기도 하지만 이처럼 행정 관리에 초점을 맞추면, 많은 비영리 기관들의 신경을 크게 거스를 수밖에 없다. 어느 비영리 기관의 행정 간사가 말한 대로 자신의 조직이 '회사가 된다'는 생각, 즉 관료주의를 조성하고 통제, 정책, 절차를 도입하는 것은 많은 직원들에게 그 기관에 들어오게 된 이유의 관점에서 볼 때 매우 혐오스러운 것이다. 사명 대 행정 관리라는 이슈는 비영리 기관, 특히 소규모 기관의 이사회와 고위 경영진이 계속해서 다뤄야 하는 지속적인 골치 거리 중 하나다.

고위 경영진

조직의 리더십과 컴플라이언스의 연결 관계는 명백하다. 이사회가 조직의 컴플라이언스 문화 강화와 유지에서 중요한 리더십 역할을 하지만 이사들은 리더 그룹의 일부일 뿐이다. 조직의 고위 경영진에 의해 취해지는 행동과 의사 결정은 무엇이 받아들여지고 무엇이 받아들여지지 않는지에 대해 이사회의 행동 및 결정과 대등하게 명확한 메시지를 전달한다상위 리더십의 나쁜 본보기의 고전적인 예는 Box 4.2를 보라. 그렇다면 조직과 고위 경영진은 이러한 사항들을 다루고 올곧음, 컴플라이언스, 책임성, 윤리적 행동을 강화하는 문화를 확립하기 위해 무엇을 할 수 있는가? 컴플라이언스와 올곧음을 강화하기 위해 고위 경영진이 개인적으로나 조직 차원에서 취할 수 있는 조치들은 많다.

Box 4.2 하지 말아야 할 것에 대한 본보기

2004년에 연방 전국 주택 담보 대출 협회Fannie Mae는 이 조직의 부실 경영 이슈에 대해 외부 법무법인과 전 미국 상원의원에게 조사를 의뢰했다. 조사 결과는 Fannie Mae 이사회내 특별 검토 위원회에 대한 보고서임원용 요약로 보고되었는데 이 보고서는 조직의 고위 리더십에 의한 놀라운 부실 경영 실태를 보여주었다.

2004년 말까지 경영진은 이사회에 회계 이슈, 내부통제의 결함 또는 이 조직의 내부 시스템의 부적정성에 대해 완전히 알리지 않았다. 더욱이 경영진은 솔직함, 지적 정직성, 투명성에 대해 사탕발림을 했지만, 실제 기업 문화는 내부와 외부적으로 오만한 태도와 부서간 팀워크 부재에 따른 정

보 단절, 그리고 반대 의견, 비판, 나쁜 소식의 억제로 몸살을 앓고 있었다. 마지막으로, 이 회사는 여러 리스크 분야에 대해 적정한 리스크 관리를 담당할 적절한 구조와 인력이 없었으며CFO에게 극도로 광범위한 기능과 권한이 있었음, 운영 리스크 관리에 대한 진정한 전체 조직 차원의 접근법이 결여되었다.

컴플라이언스 리더십

효과적인 조직의 고위 경영진은 말과 행동으로 컴플라이언스, 윤리, 올곧음에 대한 명확하고 분명한 열성을 보여준다. 이들은 사람들이 순진하지도 않고 바보도 아니라고 가정한다. 우리는 너무도 흔히 직원, 자원봉사자, 대리인, 규제 기관, 고객, 기타 이해 관계자들이 조직의 리더들에 의한 위선이나 비난거리가 있는지 귀 기울이고, 지켜보며, 찾아내는 시대에 살고 있다. 조직 안에서 무엇이 받아들여질 수 있고 가치 있게 여겨지는지에 대해 가장 분명한 메시지를 전달하는 것은 크건 작건 리더에 의해 취해지는 행동이다.

윤리적이고 컴플라이언스 지향적인 조직 문화를 조성하려면 조직의 리더가 다음과 같이 해야 한다.

- 윤리, 올곧음 컴플라이언스에 관한 메시지와 기대를 분명히 한다. 기대되는 행동 기준이 무엇인지, 이러한 기대와 요구에 따라 살지 못할 경우 그 결과가 무엇인지에 관해 오해가 없어야 한다.
- 신뢰할 수 있는 사람이 된다. 서약을 지킨다. 고위 리더가 윤리, 올곧음, 책임성의 특정 원칙들을 신봉할 경우, 이러한 생각을 행동으

로 옮겨야 한다. 사람들이 이러한 기준을 준수하지 않을 경우, 조직은 그들에 대해 조치를 취할 용의가 있는가? 조직에서 어떤 가치가 가장 중요하게 여겨지는가? 이익 실현과 자금 조달 능력인가, 올곧음과 윤리인가? 고급 패션 회사 조안 앤 데이빗Joan and David의 창업자 조안 헬펀Joan Helpern은 이렇게 말했다. "리더십이 직원들에게 기계의 톱니바퀴 이상이 되도록 허용하는 문화를 만드는 것이 중요하다. 고위 경영진은 직원에게 휴머니즘과 존엄을 유지할 수 있게 해준다. 그들은 상호 존중 분위기를 조성한다."

• 메시지에 일관성을 보인다. 컴플라이언스와 올곧음은 단지 일회성 사건의 부산물이나 조직 관리에 있어서 일과성—過性 유행이 아니라 비즈니스의 중요한 우선순위의 하나로 여겨져야 한다. 컴플라이언스와 올곧음의 문화 조성은 경영진의 규율discipline, 초점과 주의를 필요로 한다. 이는 사후약방문死後藥方文이 아니다.

• 자신의 행동이 조직 전체에 반향됨을 이해한다. 인트라넷, 웹사이트, 블로그의 시대에서는 조직내에 어떤 '작은 비밀'이라도 거의 드러나게 되어 있다.

• 조직내에서 컴플라이언스 메시지를 전달할 때 중간급 이하 관리자의 중요성을 인식한다. 조직의 모든 직급의 리더들은 다른 사람들에 대한 윤리와 컴플라이언스 모델이 될 수 있고, 또 그렇게 되어야 한다.

• 어떻게 책임을 할당하며 사람들에게 자신의 행동에 대해 책임지게 하는지 안다. 이는 사람들이 자신의 의무와 책임을 알고, 자신의 행동에 대해 책임지게 하는 효과적인 조직 문화 조성에 중추적 역할을

한다.

- 조직의 컴플라이언스 의무를 다루는 데 필요한 자원을 투입한다. 말은 쉽다. 그러나 조직이 진정으로 우선순위를 보여주는 것은 사람, 시간, 자금의 투입을 통해서다.

- 자신들은 관리 직원 임명, 이들이 대표하는 특질, 이들에 대해 기대하는 바를 통해 무엇이 중요한지에 관해 명확한 메시지를 전달하고 있음을 인식한다.

- 조직은 진공 상태에서 영위되는 것이 아니라 보다 넓은 공동체의 일원임을 이해한다. 효과적인 고위 리더들은 기업의 사회적 책임과 조직 안에 대중의 신뢰 토양을 강화하기 위해 자신이 중요한 역할을 수행한다는 점을 이해한다.

- 조직의 운영은 직원만이 아니라, 공급자, 판매자, 벤더, 컨설턴트와 임시 고용인들의 행동과도 관련이 있음을 인식한다. 이들 당사자들은 사실상 조직의 일부가 되며, 그들이 누구인지와 무엇을 하는지가 무엇이 중요하며 가치 있게 여겨지는지에 대해 명확한 메시지를 전달한다. 나는 어느 기업의 컴플라이언스 감사를 수행할 때, 한 여성 관리자가 사무실의 전산 시스템을 관리했던 계약자들의 추잡한 성격 때문에 오후 7시 이후에 회사에 남아있기가 죽을 만큼 무서웠다고 말했던 것을 기억한다.

- 윤리적 행동을 보여주고 이를 장려한 데 대해, 그리고 컴플라이언스와 올곧음을 조직의 불가결한 부분으로 만들기 위한 조치를 취한 데 대해 직원들과 관리자들을 보상하는 보상 시스템을 수립한다.

공공 부문 조직

이 장은 민간 부문과 비영리 부문 조직에 초점을 맞추고 있지만 공공 부문 조직에서의 리더십을 발휘해야 할 사람은 선출직 공무원, 그들이 임명한 고위 관리직, 정부와 준 공공 부문 조직을 관리하는 전일제 직업 공무원 중 간부 그룹들이다.

민간 부문과 비영리 부문의 조직에서와 마찬가지로 연방, 주, 지방 차원의 기관들의 컴플라이언스, 윤리, 책임성, 투명성 강화 이슈도 널리 표명되어 왔다. 캐나다 재무 위원회는 2005년 공공 관리 문서에서 효과적인 공공 부문 관리는 "윤리, 가치, 원칙, 법의 지배를 지지하고 공공의 이익을 추구하려는 욕구에 기반을 둔 건전한 판단"을 요구한다고 간결하게 기술했다.

의회 구성원, 시 정부 공무원 등 모든 직급의 공무원들에게 정부 운영의 책임성과 윤리적 리더십이 필요하다는 점은 공공 부문 리더십에 대한 표어가 되어 왔다.

- 지방 정부 리더와 경영자 조직인 국제 시군 경영자 협회International City/County Management Association; IMCA는 회원들을 대상으로 왕성한 윤리 교육을 실시하고 있다. 이 조직은 지방 정부에 탁월함을 창출하는 것을 사명으로 한다.
- 주 차원에서는 2007년 현재 오하이오, 플로리다, 뉴욕 주지사들이 윤리 개혁을 의제로 올려놓았다.
- 의회는 2007년에 윤리와 로비 활동을 규율하는 의회 규칙을 정비하는 중요한 법을 통과시켰다.

공공 기금 사용의 책임성 강화는, 공공 기관에게 사베인-옥슬리법에 의해 민간 부문의 상장 기업에게 요구되는 것과 유사한 내부통제 절차를 채택하도록 요구하는 관리 예산국 회람문서 A-123에 반영되었다. 연방 정부는 조지 부시 대통령의 대통령의 관리 의제President's Management Agenda의 일환으로 다섯 개 영역전자 정부 확대, 예산 및 성과 통합, 경쟁 입찰, 재무 성과 개선, 전략적 인적 자본 관리에서 관리 개혁을 추구하며 행정부의 기관들에게 관리 관행 개선 진전 사항을 백악관 웹사이트에 게시하도록 요구한다.

　이러한 개혁은 공공 부문 관리에게 더 이상 시의적절할 수 없었다. 하버드 대학교의 케네디 행정 대학원에서 2006년에 미국의 정치 지도자들을 대상으로 실시한 조사에 의하면 높은 윤리 및 도덕 기준이 국가 지도자들의 가장 중요한 자질로 여겨지는 반면, 대부분의 지도자들의 윤리 기준이 높다고 믿은 사람은 38%에 지나지 않았다.

　우리의 복잡한 정부 구조에서 학군school district, 상수도 위원회, 주차 당국, 운송 당국 등과 같은 준지방정부 기업체의 리더도 자신의 조직에 컴플라이언스와 윤리 이슈를 다루기 위한 조치를 취하기 시작했다. 켄터키 주 루이빌 지역 및 올드햄과 불릿 카운티 일부의 8십 만 명이 넘는 주민들에게 식수를 공급하는 준지방정부 기업체인 루이빌 상수도 회사가 재미있는 하나의 예가 될 것이다. 상수도 노동자 위원회의 감독을 받는 이 회사는 회사 윤리 강령 채택, 내부 고발자 정책 도입, 내부통제에 대한 초점 강화 등 사베인-옥슬리법에서 언급하는 기업 거버넌스 요건들을 다루도록 많은 조치를 취했다.

요약

회사의 리더십 이슈에 대해서는 아마도 전 연방 준비 위원회 의장인 앨런 그린스펀Alan Greenspan이 가장 많이 언급했을 것이다. 2005년에 펜실베이니아 대학교 와튼 스쿨에서 앨런은 차세대 조직 리더에 대한 개회 연설에서 다음과 같이 말했다.

CEO가 모범에 의해, 그리고 감독을 통해 회사 동료와 외부 감사인들이 윤리적으로 처신하도록 하겠다고 결심한다면, 그녀가 그렇게 할 수 있다는 것은 명백합니다. 높은 윤리 기준을 지닌 사람들에 의해 영위되는 회사는 어떻게 행동하는 것이 주주와 자신의 장기적인 이익이 되는지에 대한 자세한 규칙이 필요하지 않다고 주장할 수도 있을 것입니다. 그러나 유감스럽게도 인간은 우리의 본성대로 처신하게 되어 있습니다. 선망의 대상이 될 만한 기준을 지닌 사람이 있는가 하면, 끊임없이 꼼수를 부리는 사람도 있습니다. 규칙은 행동을 규율하기 위해 존재하지만 규칙이 성품을 대체할 수는 없습니다. 앞으로 올곧음, 판단, 기타 성품의 특질에 대한 평판이 개인의 삶과 기업에서의 성공을 결정하게 될 것입니다.

Notes

1) 회사 비서 및 거버넌스 전문가 협회와 국립 비영리 기관 이사회 센터, "비영리 기관의 거버넌스."
2) 피치 레이팅스, "사베인–옥슬리법과 비영리 병원들," 2005년 8월 9일.

Compliance Management

Part 3

현대 컴플라이언스 조직
The Modern Compliance
Organization

❺

컴플라이언스 관리: 목표와 구조

컴플라이언스 기능은 변화를 겪어왔다. 그러나 이러한 전개는 일관적이지도 않았고, 일정하지도 않았다. 조직이 컴플라이언스 의무에 접근하는 방식은 매우 다양하다. 이번 장은 조직이 취해 온 컴플라이언스 프로그램 개발과 관리에 대한 다양한 접근법을 고찰한다.

조직의 컴플라이언스 프로그램의 다양성은 규제 기관의 감독 정도와 유형, 조직의 자원과 리스크, 직원들의 기량과 경험, 자신의 이해 당사자들과 해당 조직과의 관계, 조직의 역사 등과 같은 많은 요인에 기인한다. 입법, 규제, 사법 당국의 의견은 조직이 어떤 구조와 기관을 채택해야 할지 특정하지 않는다. 그러나 그들은 특정 유형의 조직 또는 산업에 대해 효과적이고 적절한 컴플라이언스 구조로 간주되는 결정적인 프레임워크를 제공한다.

컴플라이언스 프로그램 창설 시, 조직은 컴플라이언스 부서의 역할 및 구조에 관련된 많은 이슈들과 이 부서가 해당 조직의 자원, 필요, 규모와 구조에 어떻게 맞출지 고려할 필요가 있다. 컴플라이언스 프로그램이 효과적이려면, 전국 예방법 센터National Center for Preventive Law의 기업 컴플라이언스 원칙에서 말하는 바와 같이 이 프로그램이 '조직의 문화, 기풍 및 회사의 목표'를 반영하고 이에 통합되어야 한다.

컴플라이언스 프로그램 설계

효과적인 컴플라이언스 프로그램 창설에는 여러 단계가 있다. 첫 번째 단계는 조직의 컴플라이언스 의무를 규율하는 법률과 규제 기관의 요구 등 조직이 그 안에서 운영되는 환경을 이해하는 것이다.

조직의 상황

어느 조직도 진공 상태에서 활동하지 않는다. 조직은 역사, 개성, 필요와 기회의 산물로서 이러한 요소들을 반영한다. 조직은 외부 및 내부 이해 관계자들의 기대뿐만 아니라 법률과 규정의 강력한 힘의 지배를 받는다. 효과적인 컴플라이언스 프로그램은 이러한 역학 안에서 이해하고 관리할 필요가 있다.

리스크 환경

조직마다 독특한 법적, 규제상, 운영상, 평판상 리스크를 안고 있다. 조직의 전략 목표, 리스크 감내도와 리스크 관리 능력은 컴플라이언스 프로그램의 필요와 범위 결정에 도움을 줄 것이다.

조직의 역사

조직마다 특별한 역사를 가지고 있다. 이 조직은 인수, 합병, 분사 또는 다른 조직의 통합으로 만들어졌는가? 이 조직은 영감을 받은 리더의 아이디어로 세워졌는가, 아니면 정체불명의 투자자가 세웠는가? 이 조직은 100년 전에 세워졌는가, 아니면 어제 세워졌는가? 이 조직은 필요에 의해서 세워졌는가, 탐욕에 의해 세워졌는가, 아니면 우연히 세워졌는가? 이러한 조건들이 조직의 가치, 윤리, 이미지, 브랜드, 평판을 결정하게 되는데 이 요소들이 컴플라이언스 프로그램의 필요와 정도 결정에 기여한다.

조직의 구조

컴플라이언스 프로그램을 만들 때 핵심 변수 중 하나는 조직의 구조다. 이 조직은 분권적인가, 중앙 집중적인가? 의사 결정 구조는 어떠한가? 영업 활동은 한 국가 또는 지역에 집중되어 있는가, 전 세계적으로 분산되어 있는가? 조직의 직원 구성은 어떠한가? 조직이 정규직, 파트타임, 독립적 계약자, 또는 임시 직원들을 보유하고 있는가? 조직이 웹 기반으로 운영되는가? 이 조직의 어떤 기능이 외주로 수행되는가? 조직에서 현재 누가 감사, 법무, 리스크 관리, 컴플라이언스, 인사와 내부통제 기능을 담당하고 있는가? 이러한 요인들이 컴플라이언스 프로그램의 범위와 성격 결정에 도움을 줄 것이다.

핵심 역할 수행자와 이해 관계자

조직에서 주요 의사 결정자는 누구이며, 컴플라이언스와 컴플라이언스 프로그램에 대한 그들의 태도, 경험, 기량과 지식은 어떠한가? 이사회, 고위 경영진, 리스크 관리부서, 법무 및 회계 부서 직원, 인사부와 내부통제부서 직원의 견해는 어떠한가? 고위 경영진이나 이사회 위원들은 "컴플라이언스는 모든 사람이 챙겨야 하는 문제인데, 왜 컴플라이언스 프로그램이 필요한가?"라는 말을 한다. 일반 직원들의 태도는 어떠한가? 지금까지 규제 기관, 언론 매체, 비정부 기구, 고객, 공급자들과 조직의 관계는 어떠했는가?

조직의 가치와 문화

조직의 가치와 문화는 효과적인 컴플라이언스 프로그램 개발에 중요한 영향을 주게 되어 있다. 조직의 이사회와 고위 경영진이 아래의 사항을 어느 정도로 수행하는지가 성공에 기여하는 주요 요소 중 하나가 된다.

- 컴플라이언스와 윤리를 지원하고 지지한다.
- 컴플라이언스 제도에 필요한 자원을 제공하고 시간과 노력을 투입할 용의가 있다.
- 조직의 기풍을 공개적으로 강화한다.

정부와 규제 기관의 지침

조직의 컴플라이언스 프로그램이 어떻게 조직되어야 하는지에 대한 몇 가지 구체적인 지침이 있다. 규제 기관은 조직의 규모, 자원과 구조상 차이를 이해하기에 구체적인 요건 제시를 꺼려왔으며, 대신 일반 지침에 의존해 왔다. 조직의 컴플라이언스 프로그램 구축에 관한 규제 기관의 일반 지침과 산업별 지침의 몇 가지 예를 제시한다.

일반 지침

앞의 장에서 설명한 2004년 개정 연방 기업 양형 가이드라인과 미국 법무부의 「연방 기업체 기소 원칙」은 그들이 효과적인 컴플라이언스 또는 윤리 프로그램이라고 여기는 것이 무엇인지에 대해 개략적으로 설명한다.

산업별 지침

앞에서 언급한 일반 지침에 더하여 규제 기관과 자율 규제 기관은 각각의 산업에 특수한 지침을 발표했다.

의료업 미국 보건후생성의 감찰관실은 연방 기업 양형 가이드라인을 본따서 제약사, 구급차 공급자, 요양 시설, 병원, '메디캐어 플러스 Medicare + 부가 급여' 조직, 의원, 가정 의료기관 등 의료 산업의 다양한 부문에 대한 광범위한 컴플라이언스 지침을 발표했다.

또한 2005년 미국 적자 감축법은 매디케이드Medicaid 구상액 또는 지급액이 5백만 달러 이상인 의료 서비스 제공자들에게 2007년 1월까지 컴플라이언스 정책, 의료 사기, 남용과 내부 고발자 보호에 관한 직원 핸드

북을 업데이트하도록 요구했다.

금융 서비스업 규제가 심하고, 단편화 정도가 심한 미국의 금융 서비스 산업에는 많은 컴플라이언스 요건들이 있다. 은행 부문에서는 많은 규제 자들예를 들어 연방 준비 은행과 통화 감독국 등이 피규제 기관들의 컴플라이언스 프로 그램 구조를 설명하는 다양한 지시와 지침을 발표했다.

- 증권거래위원회는 등록된 모든 투자 회사와 등록된 투자 자문사는 연방 증권법 위반을 예방하기 위해 합리적으로 설계된 내부 컴플라 이언스 프로그램을 채택하여 실행하도록 요구한다.
- 2001년 미국 애국법은 특정 금융기관들에게 최소한 합리적인 탐지 와 보고 절차, 컴플라이언스 책임자 지정, 지속적인 직원 교육 프로 그램, 이 프로그램에 대한 독립적인 감사와 테스팅 등 공식적인 자 금세탁방지 프로그램을 개발하도록 요구한다.
- 뉴욕증권거래소와 금융산업 규제 기구FINRA는 각 회원사들에게 최고 컴플라이언스 책임자CCO를 지정하도록 요구한다. 또한 각 회원사의 최고 경영자와 CCO에게 관련 규칙 및 규정 준수를 확보하기 위해 합리적으로 설계된 정책과 절차들을 수립, 유지, 검토, 수정, 테스트 하는 절차가 있음을 해마다 인증하도록 요구한다.

방위산업 계약자들을 위한 연방 국방 조달 규정 부록Defense Federal Acquisition Regulation Supplement; DFARS은 조직의 컴플라이언스 프로그램이 갖춰 야 할 내용에 대한 기준을 명시한다. 앞에서 언급한 비즈니스 윤리와 행동에 관한 방위산업 이니셔티브Defense Industry Initiative; DII와 마찬가지로 이 기준에는 성문 비즈니스 수칙 및 윤리 강령과 모든 직원에 대한 윤리 교육 프로그램, 회사의 비즈니스 관행, 절차, 정책, 내부통제가 이 행동 기준과 정부 계약에 대한 특정 요건을 준수하는지 여부에 대한 정기 검토와 핫라인 프로그램 창설이 포함된다.

환경 서비스업 환경 보호국의 국립 환경 조사 센터는 「컴플라이언스에 중점을 둔 환경 관리 시스템-집행 합의 지침Compliance-Focused Environmental Management System- Enforcement Agreement Guidance; CFEMS」에서 컴플라이언스 프로그램에 대한 지침을 발표했다. CFEMS는 연방 기업 양형 가이드라인을 본따서 관련 환경법과 규정에 대한 조직의 컴플라이언스를 강화하고 확보하기 위한 12개 기준예를 들어 관리 정책, 조직의 환경 관리 시스템 · 통제 · 평가 · 교육 및 소통에 대한 감독 등을 발표했다.

컴플라이언스 프로그램 규정

컴플라이언스의 중요성이 커진 것과 궤를 같이 하여 조직의 컴플라이언스 부서의 역할과 의무도 이에 상응하게 성장했다. 이사회와 고위 경영진은 컴플라이언스 프로그램과 담당 임원의 의무와 권한을 정해야 한다.

전제 조건

이러한 결정을 내릴 때 법률과 건전한 경영 관리 관행에 기초하여 조직의 효과적인 컴플라이언스 프로그램을 정의해주는 중요한 고려 사항들이 있다.

- 이사회와 고위 경영진은 컴플라이언스 프로그램과 최고 컴플라이언스 책임자의 역할, 기능, 그리고 권한에 대해 명확하고 분명하게 지지해야 한다.

- 조직은 컴플라이언스 프로그램의 독립성, 공정성과 객관성을 유지하기 위해 가능한 모든 노력을 기울여야 한다. 예를 들어 컴플라이언스 프로그램은 수익을 창출하는 비즈니스 부문에 보고하지 않아야 한다.

- 컴플라이언스 프로그램이 고위 경영진에 접근할 수 있도록 하기 위해서는, 이 프로그램이 행정관리상으로administratively 조직의 관료주의 안에 '묻히지' 않는 것이 매우 중요하다. 예를 들어 일부 조직에서는 최고 컴플라이언스 책임자가 비즈니스 부문의 고위 책임자보다 직급이 두 단계 이상 낮아서는 안 된다.

- 조직은 컴플라이언스 및 윤리는 한 부서만의 책임이 아니라는 점을 인식하고 인정해야 한다. 전국 예방법 센터National Center for Preventive Law 의 기업 컴플라이언스 원칙은 이사회와 고위 경영진은 "조직의 모든 이사, 책임자, 직원, 대리인들은 그들이 주도하거나 감독하는 활동에 대해 컴플라이언스 책임을 지도록 하는 장치를 확립해야 한다"고 지적한다. 조직의 컴플라이언스 프로그램이 컴플라이언스 이

153

슈에 대해 주의하게 하고 컴플라이언스 리스크를 다루는 데 필요한 도구와 통찰력을 제공해 줄 수는 있지만, 효과적인 컴플라이언스는 궁극적으로 조직의 각 라인 관리자들의 책임이다.

• 핵심 컴플라이언스 리스크에 대한 조직의 감독과 통제 사이에 괴리가 없어야 한다. 법무, 감사, 내부통제, 재무통제, 리스크, 비즈니스 라인 관리, 인사, 보안 등 조직에서 통제 또는 감독 책임이 있는 각 부서는 자신의 역할과 책임 영역에 대해 명확하게 이해해야 한다.

핵심 질문들

— 조직의 컴플라이언스 프로그램 목표는 무엇인가?

이사회는 조직이 수립한 목표, 정책, 프로그램, 기준, 프로세스에 대해 분명하고 현실적으로 이해해야 한다. 이사회는 컴플라이언스 프로그램이 아무리 잘 설계되고 실행된다 해도, 비리로부터 조직을 완전히 보호해주지는 못한다는 점을 인식하는 한편, 경영진이 이 기준에 대해 책임을 지게 할 준비가 되어 있어야 한다.

— 컴플라이언스 프로그램에 대해 궁극적인 책임을 질 사람이 조직 내에 명확히 정의되었는가? 책임 라인이 명확히 표현되고 소통된, 명확히 정의된 컴플라이언스 구조가 갖춰져 있는가?

조직의 이사와 고위 경영진은 최소한 연방 기업 양형 가이드라인에 설명된 요소들을 다루는 효과적인 컴플라이언스 프로그램을 수립하도록 해야 한다. 효과적인 컴플라이언스 프로그램은 컴플라이언스 프로그램에 대한 직접적이고 전반적인 책임을 질 고위 책임자를 지정하고, 이 책임자에게 컴플라이언스 프로그램의 실행과 효과성을 확보할 수 있는 적정한 자원과 권한을 주도록 요구한다.

— 컴플라이언스 프로그램의 역할은 무엇인가?

많은 조직에서 컴플라이언스 프로그램의 역할은 주로 자문 또는 상담counseling이었다. 그러나 지난 10년 동안 컴플라이언스 프로그램은 진화를 거듭하여 비즈니스 오퍼레이션에 대한 모니터링 및 테스트 등과 같은 운영상의 많은 책임을 지게 되었는데, 어느 고위 컴플라이언스 책임자는 이를 '어슈어런스assurance 활동' 이라고 불렀다Assurance는 내부 감사 부서의 활동 중 컨설팅 활동이 아닌 전통적인 일반 감사 활동을 의미하는 말로 사용되고 있음. 역자 주. 예를 들어 증권업과 금융 시장 협회Securities Industry and Financial Markets Association; SIFMA의 컴플라이언스의 역할에 관한 백서2005년 7월는 컴플라이언스 프로그램이 "경영진의 감독 책임과 정부와 자율 규제 기관의 규칙, 규정, 회사의 정책 준수 달성을 위한 노력을 지원하는 자문, 모니터링과 교육 역할을 수행한다"고 말한다.

— 조직의 컴플라이언스 프로그램은 어떤 이슈들을 다루는가?

컴플라이언스 프로그램이 다룰 이슈의 범위는 매우 중요하지만 성가시기도 한 질문 중 하나다. 이 프로그램은 법적, 윤리적, 오퍼레이션, 재무통제, 규제 준수와 관련된 모든 이슈에 관여하는가? 컴플라이언스 프로그램과 감사, 법무, 리스크 관리 부서 사이의 관할상의 경계는 무엇인가? 컴플라이언스 프로그램이 발생 초기 단계에 있어서 그 경계를 정의하는 것이 주요 이슈가 되어 왔다. 어느 업계 전문가는 컴플라이언스를 '잘 정의되지 않는' 것이 특징이라고 했다. 다른 베테랑 컴플라이언스 책임자는 이렇게 말했다. "컴플라이언스는 무엇이 경계인지 스스로 정의해야 합니다… 모두가 이 문제로 씨름하고 있습니다. 여기에는 역할 모델이 없습니다."

— 최고 컴플라이언스 책임자는 어떤 권한과 권위를 가지는가?

조직은 CCO 및 컴플라이언스 프로그램의 권한과 권위를 명확히 정의해야 한다. CCO로 지정된 사람은 컴플라이언스 프로그램이 효과적으로 운영되도록 하기 위한, 적절한 수준의 권한과 권위를 명확히 정의해야 한다. CCO의 역할과 의무는 이번 장의 뒤에서 보다 자세히 논의한다.

— 조직이 컴플라이언스 프로그램에 적정 수준의 자원을 투입하였는가?

이사회는 경영진이 효과적인 컴플라이언스 프로그램을 유지하기 위해 충분한 자원_{자금, 직원, 시간}을 제공하도록 해야 한다.

현대 컴플라이언스 프로그램의 특징

컴플라이언스 조직의 구체적인 의무는 산업, 조직, 또는 규제상의 의무 등에 좌우되겠지만, 몇 가지 기능들은 점차 모든 컴플라이언스 조직과 프로그램에 보편적인 요소가 되고 있다. 연방 기업 양형 가이드라인과 이에 관련된 규제 기관의 지침에 입각한 이런 기능에는 아래와 같은 사항들이 있다.

자문/상담

현대 컴플라이언스 조직의 전통적인 주 기능은 자문이었다. 컴플라이언스 프로그램은 이사회, 고위 경영진, 개별 부서의 고위 관리자들에게 규제 기관과의 관계와 교육 요강 수립, 윤리 사안에 대한 자문 등 많은 문제에 대한 자문과 지침을 제공한다. 컴플라이언스 부서의 매우 중요한 자문 기능 중 하나는 신상품과 서비스 개발에 관여하여 잠재 리스크와 문제를 찾아내고, 조직이 법률 또는 규제상의 문제를 피할 수 있도록 해법을 제공해 주는 것이다.

컴플라이언스 정책과 절차

연방 기업 양형 가이드라인이 밝히는 바와 같이 컴플라이언스 정책과 절차 제정은 효과적인 컴플라이언스 프로그램의 초석礎石이다. 조직의 컴플라이언스 정책과 절차는 조직의 행동 규칙과 기준, 조직상의 프로세스, 감독 책임, 위반의 결과에 대해 명확히 밝힌다.

소통

컴플라이언스 프로그램은 조직 전체에 중요한 컴플라이언스 및 윤리에 관련된 정보의 흐름을 제공하는 광범위한 소통 프로그램을 개발한다. 이 프로그램은 일상적으로 직원, 계약자, 비즈니스 파트너, 기타 핵심 이해 관계자들에게 조직의 윤리 정책과 절차, 법규 제·개정 내용, 그리고 조직의 주요 관심 사안인 기타 이슈들을 알려준다. 이와 동등하게 중요한 사항으로서, 효과적인 소통 프로그램은 직원, 자원 봉사자, 대리인, 고객 등이 비리 혐의나 비윤리적인 행동에 대해 조직의 고위 경영진, 이사회 또는 컴플라이언스 프로그램에 정보를 제공할 수 있는 장치를 제공한다.

윤리 이슈

컴플라이언스 프로그램은 비윤리적 행동 이슈와 관련된 조사 또는 조언과 지침 제공 외에도 조직의 윤리 강령 및 예를 들어 이해 상충 등 행동 기준과 관련된 정책 개발에도 활발하게 관여한다.

교육

컴플라이언스 프로그램은 조직의 고위 경영진과 이사들을 포함한 임직원들에게 컴플라이언스 및 윤리 사안에 관련된 핵심 이슈에 대한 정보를 제공하고, 이에 대해 교육시키는 종합적인 교육 프로그램을 시행한다.

모니터링

컴플라이언스 모니터링은 컴플라이언스 프로그램의 중요한 기능이다. 컴플라이언스 프로그램은 조직의 통제 및 오퍼레이션 부서들과 협력해서 핵심 활동, 프로그램, 또는 프로세스에 대한 모니터링이나 자체 테스트가 비즈니스 오퍼레이션 안으로 통합되도록 한다.

컴플라이언스 프로그램은 모니터링 결과를 검토하고 조직의 다른 부서들과 협력하여 모니터링 활동으로부터 발생하는 이슈와 정보를 다룬다.

리스크 평가와 내부통제

컴플라이언스 조직은 중요한 컴플라이언스 리스크 분야규제, 평판, 컴플라이언스, 윤리 분야를 식별하고, 이러한 리스크를 관리하기 위한 조직의 내부통제 정책과 절차가 효과적인지 결정하는 적극적인 프로그램을 담당한다.

규제 기관과의 관계

컴플라이언스 프로그램은 규제 기관과 효과적으로 소통하고, 규제 기관의 조회가 신속하고 적절하게 처리되며, 조직이 컴플라이언스 요건과 우선순위에 대한 규제 기관의 현재의 견해에 대해 알도록 하기 위해 규제 기관과 원만한 관계를 유지하는 중요한 역할을 한다.

조사

컴플라이언스 프로그램은 법률과 감독 규정, 컴플라이언스 정책 및 절차상의 의무 위반, 또는 윤리상의 함의가 있는 행동에 관해 혐의가 있을 경우 조직의 법무 및 감사 부서또는 외부 법무법인와 공동으로 이에 대한 조사를 수행한다.

컴플라이언스 구조

컴플라이언스 프로그램의 구조는 이를 운영하는 조직만큼이나 다양하고 독특하다. 이 구조는 중앙 집중적일 수도 있고, 분권적으로 운영될 수도 있으며, 기능별로 운영되거나즉, 평등 고용 기회 또는 자금세탁방지와 같은 특정 리스크 분야에 중점을 두는 형태, 비즈니스 부서에 부속되거나 독립적인 부서로 운영될 수도 있다. 이들은 CEO 또는 이사회로부터 하위 조직에 이르기까지 다양한 부문에 보고할 수 있다. 컴플라이언스 프로그램에서 공공 부문의 재미있는 사례 하나를 Box 5.1에 소개한다.

Box 5.1 공공 부문 컴플라이언스 조직 사례

애틀랜타 시

공공 부문 컴플라이언스 프로그램은 전통적으로 자율 규제 기관, 행정 규제 기관, 전문가 규제 기관과 사찰단예를 들어 상수도 컴플라이언스 전문가, 경찰 위원회, 평등 고용 기회 전문가 등과 같은 많은 감독 기관을 중심으로 운영되었다.

그러나 애틀랜타 시는 예외적인 경우다. 이 시는 법무부서 안에 컴플라이언스 팀을 만들어 애틀랜타 시의 컴플라이언스 프로세스를 적극적으로 평가, 검토, 강화할 책임을 부여했다. 이 팀은 애틀랜타 시의 연방, 주 및 지방 정부의 법률과 규정 미준수에 대한 지방 자치 단체의 책임을 제거하거나 축소시키는 데 중점을 두고 있다.

핵심 질문들

조직의 컴플라이언스 구조를 정할 때 이사회와 고위 경영진은 다음과 같은 중요한 질문을 다뤄야 한다.

• 컴플라이언스 프로그램을 별도의 부서로 할 것인가? 만일 별도의 부서로 할 경우 이 부서는 어디에서 운영되며, 관리상으로 또는 운영상으로

조직 내에서 누구에게 보고할 것인가?

- 컴플라이언스 프로그램을 다른 부서의 일부로 할 것인가? 그럴 경우, 어느 부서가 이를 맡게 할 것인가?

- 조직의 주된 규제 기관의 견해와 권고 사항은 무엇인가?

- 컴플라이언스 구조는 조직의 전반적인 관리 및 의사 결정 구조와 프로세스에 어떻게 맞춰질 것인가?

- 컴플라이언스와 관련된 의무와 책임 중 어떤 부분을 본부부서에서 담당하고, 어떤 부분을 기타 비즈니스 부문에서 관리하도록 위임할 것인가?

- 컴플라이언스 프로그램 규정에서 정하는 업무 범위는 컴플라이언스 구조와 부합하는가?

- 조직은 제안된 컴플라이언스 조직과 기존의 통제 및 감독 조직예를 들어 법무, 감사, 재무, 내부통제을 어떻게 조정할 것인가?

컴플라이언스 구조

조직들의 컴플라이언스 프로그램의 구조와 형식style이 매우 다양하기 때문에 특정 컴플라이언스 프로그램을 '대표' 모델로 단정하기는 어렵다. 어느 대기업의 고위 컴플라이언스 책임자는 자신이 속한 회사의 컴플라이언스 프로그램을 창설하면서 많은 컴플라이언스 프로그램을 조사하여 그 중 "가장 좋은 특징들을 취했다"고 말했다. 아래에서 논의되는 내용들은 컴플라이언스 프로그램을 만들 때 조직들이 흔히 사용하는 몇 가지 디자인과 구조를 보여준다.

독립 구조 독립 구조에서 컴플라이언스 프로그램은 별도로 구분되는 운영 단위다. 이 조직은 행정 관리상으로 조직의 법무, 감사, 재무통제 등과 같은 다른 부문으로부터 분리된다. 최고 컴플라이언스 책임자는 최고 경영자 또는 최고 운영 책임자에게 직접 보고하며, 이사회나 그 하위 위원회에도 보고하는 매트릭스 구조를 지닌다.

규제 기관은 이 구조가 컴플라이언스 프로그램의 독립성 강화에 좋은 방법이라고 언급했다. 특히, 미국 보건후생성의 감찰관실OIG은 이 컴플라이언스 구조의 강력한 옹호자였다. OIG의 견해는 의료업 컴플라이언스 협회 9차 연례 조사-2007년 의료업 컴플라이언스 책임자 프로필에서 엿볼 수 있다. 이 조사에 의하면 컴플라이언스 부서의 3분의 2₆₇퍼센트가 자체 예산과 직원이 있는 별도의 부서였으며, 64퍼센트는 CEO나 수장部長에게 직접 보고했다. 이러한 의료업의 조사 결과와는 대조적으로, 독립 구조가 널리 채택되지 않고 있는 산업도 있었다. 2005년 11월에 E&YErnst&Young가 조사한 회사의 규제 컴플라이언스 관행에 의하면, 컴플라이언스 프로그램의 9퍼센트만 CEO에게 직접 보고했다.

준 자치 구조 준 자치 구조에서 컴플라이언스 프로그램은 별도로 구분되는 운영 단위이지만 행정 관리상으로는 다른 부서에 소속된 형태다. 법무 조직의 일부인 경우가 가장 흔하며, 일부는 리스크 관리주로 금융업의 경우, 감사, 또는 재무통제주로 단과대학과 종합대학교 부서의 일부가 되기도 한다. 이러한 배치 하에서는 최고 컴플라이언스 책임자가 CEO나 이사회에 직접 보고하지 않는다. 그러나 CCO가 조직의 고위 경영진과 일상적으로 접촉하며 이사회에 정기적으로 보고하는 경우가 종종 있다.

앞에서 언급한 E&Y 조사에 따르면 조사 대상의 절반이 넘는52퍼센트 회사들의 컴플라이언스 프로그램이 법률고문general counsel에게 직접 보고했으며, 12퍼센트는 리스크 관리 부서에 보고했다. 이와는 대조적으로 2007년의 의료업 컴플라이언스 책임자 조사에서는 컴플라이언스 책임자의 12퍼센트만 조직의 법률고문에게 보고했다.

중앙 집중형 컴플라이언스 구조 중앙 집중형 컴플라이언스 구조에서는 조직의 전사 컴플라이언스 부문이 컴플라이언스 프로그램과 전체 조직의 사명을 수립하고 관리한다. 조직의 컴플라이언스 프로그램을 담당하는 모든 직원들은 지리적 근무 위치나 담당하고 있는 비즈니스 기능 여하를 불문하고, 중앙 집중형 컴플라이언스 조직 구조를 통해 보고한다. 그들의 보수는 그들이 관여하고 있는 비즈니스 부문에 의해서가 아니라 컴플라이언스 프로그램에 의해 지급된다.

중앙 집중형 컴플라이언스 구조 하에서 컴플라이언스 책임자들은 담당 비즈니스 부문의 장들과 매트릭스 또는 점선 관계가 있지만, 비즈니스 부문에 기능적으로 보고하지는 않는다. 이와 같은 방식으로 컴플라이언스 프로그램은 중앙 집중형 감사 기능과 마찬가지로 자체의 정체성과 자신이 봉사하고 모니터하는 비즈니스 부문으로부터의 독립성을 유지한다.

중앙 집중형 컴플라이언스 프로그램의 옹호자들은 이 방식이 교육, 소통, 시스템, 기술과 관련된 규모의 경제를 가능하게 할 뿐만 아니라, 보고와 컴플라이언스 활동을 조직 전체적으로 표준화할 수 있다고 주장한다.

분권형 컴플라이언스 구조 분권형 컴플라이언스 구조에서는 회사 차원의 컴플라이언스 프로그램이 전체 조직의 전반적인 컴플라이언스 프로그램과 사명을 수립한다. 그러나 중앙 집중형 컴플라이언스 구조에서와는 달리 각각의 비즈니스 부문과 컴플라이언스 부서가 자신의 특수한 비즈니스상 필요충분 요건을 충족시키는 컴플라이언스 조직과 프로그램을 개발할 자유, 권한, 자원을 보유한다.

이 모델에서는 상대적으로 작은 전사 차원의 컴플라이언스 프로그램이 다음과 같은 사항들을 통해 조직의 컴플라이언스 활동을 조정한다.

- 비즈니스 부문의 컴플라이언스 프로그램에 대한 최소 표준 수립
- 조직 전체의 교육 프로그램 개발
- 핫라인 프로그램 운영
- 상부에 대한 정보 흐름과 비즈니스 부문간 정보 흐름 조정
- 조직의 고위 경영진과 이사회에 대한 컴플라이언스 연락 역할 수행

예를 들어 알트리아 그룹Altria Group은 11개 소속 회사들이 각각의 컴플라이언스 프로그램 실행시 준수해야 할 11개 컴플라이언스 기준을 만들었다Box 5.2는 알트리아 그룹의 기준 몇 가지를 보여준다.

Box 5.2 컴플라이언스와 올곧음 프로그램 기준

알트리아 그룹

이 기준은 우리 그룹의 사업 영위 회사operating company와 회사의 부서들의

컴플라이언스와 올곧음 책임 수행 지침을 확립한다. 모든 사업 영위 회사와 회사의 기능 부문들은 이 기준을 충족시켜야 하며, 이 기준 이행 실태는 정규적으로 조사된다.

1. 모든 사업 영위 회사와 회사의 부문들은 컴플라이언스와 올곧음 활동 수행을 위한 구체적인 관리 구조를 갖춰야 한다.

2. 모든 사업 영위 회사와 회사의 기능 부문들은 적절한 비즈니스상 목표와 개인적인 목표와 함께 적절한 컴플라이언스와 고결성 책임을 정의해야 한다.

3. 모든 사업 영위 회사와 회사의 기능 부문들은 이 기준을 충족시키기 위해 해당 연도에 취할 구체적인 조치들을 개관하는 연간 컴플라이언스와 올곧음 계획을 수립해야 한다.

4. 연간 컴플라이언스와 올곧음 계획은 비즈니스 부문 또는 기능에 관련 있는 잠재적인 법적, 정책상, 평판상의 리스크를 식별하는 체계적인 리스크 평가 프로세스에 근거해야 한다. 리스크 평가 프로세스는 내부와 외부의 자료를 통합하고, 사업 영위 회사 또는 회사의 기능 부문의 전략, 예산 및 계획 수립 사이클과 연계되어야 한다.

5. 각각의 사업 영위 회사와 회사의 기능 부문의 고위 경영진은 컴플라이언스와 올곧음의 중요성을 정기적으로 소통해야 한다. 강력한 컴플라이언스와 올곧음 메시지가 신입 직원 오리엔테이션 교육과 모든 직급의 비즈니스 교육 프로그램에 포함되어야 한다.

6. 각각의 사업 영위 회사와 회사의 기능 부문은 직원들에게 전반적인 의무와 자신의 업무와 관련된 구체적인 리스크에 관해 교육하는 컴플라이언스와 올곧음 교육과 소통 프로그램을 개발하고 이를 시행해야 한

다. 이들 교육과 소통 프로그램의 범위 및 효과성에 대해 정기적으로
검토해야 한다.

분권형 모델 옹호자들은 이 구조가 각각의 국가에서 운영하는 기업에게
자체의 특수한 필요와 요건을 충족시키면서도 회사 전체적으로 정해진 변
수 내에서 운영되는 컴플라이언스 조직 프로그램을 구축할 수 있는 유연
성을 제공한다고 주장한다.

쟁점: 컴플라이언스는 어디에 보고해야 하는가?

앞에서 설명하였던 독립적 구조 준 자치 구조와 같은 조직의 컴플라이언스 프로그램과
구조를 고려할 때 컴플라이언스가 조직의 장에게 직접 보고하는, 별도
로 구분되는 부서여야 하는지 또는, 조직의 법률고문 많은 금융기관에서는 최고
리스크 책임자에게 보고함, 감사,[1] 재무, 보안, 인사 부서 등과 같은 다른 부서에
보고해야 하는지에 관해 상당한 격론이 있었다. 앞에서 살펴본 바와 같
이 의료업과는 관련이 없는 대다수의 조직들에서는 컴플라이언스 프로
그램이 법무부서의 일부였다. 다양한 관점에 대해 아래에 간단히 설명
한다.

법률고문에 보고 이러한 보고 관계에 찬성하는 주요 논지論旨는 법률과
규제 관련 사안에 중점을 두는 컴플라이언스는 법무부서의 자연스러운
부분 집합이라는 것이다. 조직의 법률고문에게 컴플라이언스 프로그램
을 지휘하게 하면 이 프로그램의 운영 및 관리에 법적 전문성이 적용될
수 있게 해 준다. 도브 사이드만Dov Seidman은 「옵티마이즈Optimize」 2005년
2월호에서 몇 가지 다른 이점을 제시한다. 법률고문은 "중요한 컴플라이

언스 분야에 익숙하며 규제 기관과의 관계를 수립해 두었을 가능성이 있고, 고위 경영진과 이사회에 접근할 수 있다."

미국 변호사 협회에서 이 입장을 지지한 것은 놀라운 일이 아니다. 이 협회의 기업 거버넌스 태스크 포스는 이렇게 기록했다. "법률고문이… 이사회의 감독 하에서 효과적인 법률 준수 시스템을 집행하는 주된 책임을 져야 한다."

이 접근법에 대한 또 다른 옹호 논리는 다음과 같다.

- 컴플라이언스 프로그램이 법무부서의 일부일 경우 변호사-고객 특권변호사는 업무상 알게 된 고객의 정보의 비밀을 유지할 의무가 있음. 이런 맥락에서 사내 변호사는 업무상 알게 된 자기 회사의 불법 행위에 관한 내용을 사법 당국 등에 제출하지 않을 특권이 있음-역자 주을 누리는 이점이 있음.
- 조직의 최고 법률 책임자Chief Legal Officer; CLO와 관련된 위신과 권한. 어느 주요 투자 회사의 전직 고위 변호사는 이렇게 말했다. "CLO들은 조직에서 많은 영향력을 가지고 있습니다."
- 마지막으로 컴플라이언스 프로그램이 자신에게 직접 보고하지 않고 최고 법률 책임자에게 보고하는 것을 선호한 어느 글로벌 기업의 전직 수장의 견해를 소개한다. 그는 회사의 CLO가 어느 컴플라이언스 이슈에 대해 주의를 기울여야 하는지 가려 주기를 선호했다.

CEO와 이사회에 보고 컴플라이언스 프로그램이 조직의 CEO와 이사회에 직접 보고하는 것을 옹호하는 사람들은 다음과 같은 이유를 제시한다.

- 효과적인 컴플라이언스 윤리 프로그램의 핵심적인 책임 중 많은 부분은 일반적으로 최고 법률 책임자의 책임이 아닌 기능이나 의무와 관련이 있다. 이에는 변호사들이 일반적으로 훈련되지 않고 경험도 없으며, 감독에 대한 관심도 없는 기능인 교육, 소통, 리스크 평가, 감사와 모니터링이 포함된다.
- 컴플라이언스 프로그램을 최고 법률 책임자에게 보고하게 할 경우 컴플라이언스가 '2류'의 이슈가 될 거라는 우려가 있다. 컴플라이언스 책임자_{또한 변호사}인 스티브 오트키스트Steve Ortquist는 「의료업 컴플라이언스 저널」2004년 5/6월호에서 이러한 우려를 표명했다.

… 나는 조직의 최고 경영자나 이사회에 보고할 기회가 없어서 법률 고문이나 조직의 다른 리더들에게 보고하는데, 법률 고문은 다른 일로 너무 바빠서 컴플라이언스 프로그램 운영에 필요한 주의를 기울이지 않는다는 바로 그 이유 때문에 한계에 봉착해 있는 많은 컴플라이언스 전문가들과 얘기를 나눠왔다.

미국의 상원 의원도 이 문제에 대한 나름의 견해를 가지고 있었다. 2003년에 상원은 테넷 헬스케어 코퍼레이트Tenet Healthcare Corporate의 연방 세금 사용에 관해 조사를 벌이고 있었다. 2003년 9월 5일자 테넷에 대한 서한에서 아이오와 주의 찰스 그래슬리Charles Grassley 상원 의원은 다음과 같이 말했다. "분명히 테넷또는 이 회사의 최고 법률 책임자은 최고 법률 책임자와 최고 컴플라이언스 책임자의 겸직에 대해 이익 상충이 있는 것으로 생각하지 않았습니다… 아이오와 주의 돼지 사육자가 아니더라도 이러한 구조에서 나오는 이익 상충이라는 악취를 맡을 수 있습니다."

규제 기관의 견해 금융업이나 의료업 등과 같은 다양한 산업의 규제 기관들은 이 문제에 대하여 최고 컴플라이언스 책임자가 CEO와 이사회에 직접 보고하는 관계를 지지하는 의견을 표명했는데 이는 놀라운 일이 아니다. 예를 들어 미국 보건후생성의 감찰관실oIG은 컴플라이언스 프로그램과 법무부서 등 조직의 다른 기능 사이에 존재할 수도 있는 이해 상충에 대한 우려를 표명했다. OIG는 제약 산업에 대한 지침에서 다음과 같이 말했다.[2]

OIG는 제약 회사의 컴플라이언스 프로그램이 회사의 법률 고문, 통제관, 또는 유사한 재무 책임자의 지휘를 받는 것이 매우 바람직하지 않다고 믿는다. 컴플라이언스 기능의 분리는 해당 회사의 컴플라이언스 노력과 활동에 대한 독립적이고 객관적인 법률 검토와 재무 분석 확보에 도움이 된다.

컴플라이언스 외주

조직에서 컴플라이언스 기능의 외주outsourcing는 오래된 관행이다. 세금과 보고 요건 지원을 위한 외부 회계사 사용, 법적 이슈를 다루기 위한 외부 변호사 사용, 직원 수급을 관리하기 위한 임시직 파견 업체 사용은 흔한 관행이다. 그러나 많은 조직에서 법률이나 규제상의 의무 범위나 무게의 변화예를 들어 자금, 시스템, 또는 자체의 기술적 전문성 등와 자원의 결여로 컴플라이언스 문제를 다루는 새로운 길, 즉 조직의 컴플라이언스 프로그램의 전부 또는 일부를 제3자에게 외주를 주는 길이 열렸다.

이러한 변화 기회가 인지되자 지난 10년 동안 벤더, 컨설턴트, 서비스 제공자 등의 가상 산업이 등장했다. 이 기관들은 리스크 평가와 감독상의 보고, 교육과 소통, 정책 및 절차 개발, 심지어 조직 문화 조사에 이르기까지 고객 조직을 위해 컴플라이언스와 관련된 어떠한 기능이라도 수행할 것이다. 조직이 핫라인 프로그램을 외주에 의존하는 것은 보편적인 관행이다.

컴플라이언스 외주의 장단점

외주 산업의 성장과 이로 인한 조직의 컴플라이언스 프로그램에 대한 영향을 감안할 때, 이러한 관행에 대한 찬반 논쟁을 조사해 볼 필요가 있다.

장점 조직은 컴플라이언스의 외주를 여러 관점에서 바라본다.

- 제3자인 벤더는 컴플라이언스에만 집중하므로 풍부한 경험과 지식을 제공한다. 벤더는 산업, 규제상의 요건, '모범관행', 시스템과 기술을 안다. 벤더는 조직의 운영과 통제의 효과성을 평가하고, 고객에게 자체 직원이나 자원으로 제공할 수 없는 많은 서비스를 제공할수 있다.
- 재무적 측면에서 외주는 조직의 비용을 줄여준다. 루스 에반스Ruth Evans는 「투자 컴플라이언스 저널」2005년에서 다음과 같이 말했다. "외주의 목적은 비용을 영구적으로 절감하는 것이지만 외주는 단기 유

연성도 제공해 줄 수 있다. 자본 지출이 공유되거나 회피될 수도 있다. 회사에 경쟁 우위를 가져다주지 않거나 노동 비용이 높은 기능들은 비용을 여러 고객들에게 효율적으로 분산시킬 수 있는 공급자에게 떠넘겨질 수 있다."

단점 컴플라이언스 프로그램의 전부 또는 일부를 외주준다 해도 해당 고객은 규제상의 요건을 충족할 책임에서 면제되지 않는다. 또한 고객 조직은 일정 부분 컴플라이언스 운영에 관한 통제를 상실하게 되며, 외주사도 고객 조직의 자원예컨대 고객 데이터 등을 효과적이고 안전하게 관리하기 위한 적정한 안전장치를 갖추지 못하고 있다. 컴플라이언스 프로그램을 외주줌으로써 고객 조직은 특히 외주준 컴플라이언스 프로그램을 조직 내부로 되찾아 오기로 결정할 경우 궁극적으로 이 책임을 관리할 내부 역량을 개발하지 못하게 된다.

컴플라이언스 외주시 고려 사항

조직이 컴플라이언스 운영을 외주주기로 결정할 경우 고려해야 할 이슈들이 많이 있다.

— 어느 부분이 외주될 것인가?

조직은 컴플라이언스 운영 전체를 외주줄 것인지, 일부 기능만 외주줄 것인지 결정할 필요가 있다. 예를 들어 거래 모니터링, 교육, 소통, 핫라인 운영을 외주줄 것인가, 아니면 이들 중 몇 가지만 외주줄 것인가?

— 벤더의 질은 어떠한가?

고객 조직은 잠재적인 서비스 제공자를 철저히 평가해야 한다.

- 서비스 제공자의 자질예를 들어 주요 직원, 장비, 시스템 등은 어떠한가?
- 서비스 제공자는 적절한 면허를 보유하고 있으며, 고객 조직 규제 기관의 정책, 규칙, 검사 절차를 잘 알고 있는가?
- 서비스 제공자는 재무적으로 안정적인가?
- 서비스 제공자는 고객 조직과 산업을 얼마나 잘 알고 있는가?
- 서비스 제공자는 자신의 시스템과 서비스를 고객 조직에 적용할 수 있도록 효과적으로 수정할 수 있는가?

— 규제 기관의 견해는 어떠한가?

컴플라이언스 기능 외주에 관한 규제 기관의 견해는 외주 진행 여부에 대해 중요한 영향을 미칠 수도 있다. 예를 들어 최근에 금융 서비스 부문의 많은 규제 기관들은행 감독에 관한 바젤 위원회, 국제 보험 감독 협회, 국제 증권 위원회 협회은 컴플라이언스 외주에 관한 지침을 발표했다. 미국에서는 SEC가 컴플라이언스 외주에 대한 강력한 부정적 견해를 보이고 있다. 2004년의 연설에서 SEC 컴플라이언스 검사 및 조사국의 로리 리차드Lori Richard 이사는 다음과 같이 말했다.

저 또한 많은 펀드 회사들이 최고 컴플라이언스 책임자 기능을 '외주 주는' 방안에 대해 고려하고 있다는 것을 알고 있습니다. 최고 컴플라이언스 책임자는 정책 및 절차의 제정과 이의 실행 등 펀드의 컴플라이언스 프로그램을 관리할 책임이 있다는 점을 환기해 드리고자 합니다. 효과적인 컴플라이언스 프로그램을 관리하기 위해서는 최고 컴플라이언스 책임자가 회사의 운영에 대해 잘 알아야 합니다… 컴플라이언스 '청원 경찰'이 이 과업을 제대로 할 수 있을지 의문입니다.

― 어떤 법적 책임이 있는가?

고객 조직과 서비스 제공자의 법적 책임을 명확히 이해할 필요가 있다. 실수나 실패에 대해 누구에게 책임이 있는가? 컨설팅 계약은 비밀 보장과 고객의 지적 재산 보호 조항을 포함하고 있는가? 컨설턴트의 책임 한계는 어디까지인가?

외주준 컴플라이언스 프로그램의 관리

외주준 컴플라이언스 프로그램을 효과적으로 관리하기 위해서는 고객 조직이 최소한 다음과 같이 해야 한다.

- 고객 조직과 서비스 제공자 사이의 모든 합의 내용을 문서로 작성하고, 서비스 제공자의 의무와 책임을 명확하게 규정한다.
- 서비스 제공자를 상시 모니터한다. 서비스 제공자의 감사 표준서SAS 70 보고서 사본을 보여주도록 요구한다. 서비스 제공자를 방문한다. 서비스 제공자가 고객 조직의 데이터를 다룰 경우 서비스 제공자가 고객사의 정보 비밀 보호, 백업 설비, 데이터 복구, 데이터를 다루는 사람에 대한 배경 점검 등에 어떤 조치를 취하고 있는지 이해한다. 서비스 제공자가 데이터를 타국에 보내 처리할 경우 데이터

처리 국가에서 고객 데이터와 기타 주요 데이터를 적정하고 안전하게 처리하는 규정은 어떠한가를 이해한다.

- 외주준 프로그램에 대해 결코 잊어버리지 않는다. 고객 조직이 컴플라이언스 의무에 대한 궁극적인 책임에서 결코 벗어나지 않는다는 사실을 이해한다.

컴플라이언스 프로그램 조정

자신의 사명과 기능 수행시 다른 이들과 밀접하게 협력하고, 조언과 인도를 구하며, 신임과 협조, 그리고 신뢰받을 수 있는 능력이 효과적인 컴플라이언스 프로그램의 특징 중 하나다.

이사회와 고위 경영진

최고 컴플라이언스 책임자의 주된 책임 중 하나는 조직의 이사회 및 고위 경영진과 협력하는 것이다. Box 5.3을 보라. 이는 컴플라이언스 프로그램의 불가결한 부분이다. 이사회 및 고위 경영진에 대한 접근은 연방 기업 양형 가이드라인과 특정 산업의 감독 당국예를 들어 FINRA, 보건후생성 감찰관실 등의 요구이기도 하다.

Box 5.3　나쁜 소식 전하기 ⋯ 그리고 살아남기

컴플라이언스 책임자의 힘든 의무 중 하나는 '나쁜' 소식을 조직의 이사회 및 고위 경영진에게 전해야 한다는 것이다. 저자는 컴플라이언스, 인

사, 법무부서와 비즈니스 부문의 고위관리자와의 상의에 기초하여 컴플라이언스 책임자들이 아래와 같이 처신하도록 조언한다.

- 해당 상황 논의시 자신감을 가지라.
- 아래의 분야에서 당신이 전하는 사실 관계가 정확하도록 하라.
  - 사건
  - 관련자직원, 제3자, 또는 기타 인물
  - 시간 순서
  - 최초의 대응과 그 이후의 조치
- 토론은 객관적이 되게 하고, 사적 감정으로 흐르게 하지 마라.
- 정보 수령자에게 알리는 것이 왜 중요한지 알라.
- 정보 수령자고위 경영진 또는 감사위원회에 대해 알라.
- 보고된 비리가 평판 손상, 벌금, 범칙금, 민사 또는 형사 소송, 자격 박탈, 또는 면직 등 조직이나 직원에 미칠 수 있는 결과를 이해하라.
- 충격, 불신, 분노에서부터 전혀 조치를 취하지 않거나 "누구의 잘못인가?"라는 반응에 이르기까지 여러 반응에 대비하라.
- 이 상황을 다루기 위해 취할 수 있는 조치에 대비하라.

핵심 이슈들

— CCO는 CEO와 이사회에 얼마나 자주 보고해야 하는가?

CCO의 보고 빈도는 '필요할 경우' 간헐적 보고, 매월 정기 보고 등 다양하다. 컨퍼런스 보드Conference Board의 2006년 보고서 「일반 관행: 윤리 및 컴플라이언스 벤치마킹 조사」는 최고 컴플라이언스 책임자의 39

퍼센트가 이사회에 분기마다 보고하고 있다고 밝히고 있다.

— CCO가 이사회 또는 이사회의 핵심 하위 위원회에 직접 접근해야
하는가, CCO는 무엇을 보고해야 하는가?

연방 기업 양형 가이드라인 규정하에서 최고 컴플라이언스 책임자는
"컴플라이언스 프로그램의 현황, 이 프로그램의 생존 가능성을 유지하
기 위해 필요한 자원, 파악된 컴플라이언스상의 결함에 대한 조직의 대
응 내용을 이사회에 정기적으로 보고할" 의무가 있다. SEC는 투자 회사
와 투자 자문사의 컴플라이언스 프로그램에 관한 규칙에서 다음과 같이
말한다.

> 우리는 최고 컴플라이언스 책임자가 최소 연 1회는 펀드 매니저 또는 이해관계
> 가 있는 이사 등 다른 누구도 참석하지 않은 가운데 독립적인 이사들과 회
> 의를 개최하도록 요구한다. 이 회의는 컴플라이언스 책임자와 독립적
> 인 이사들이 펀드 매니저의 비협조 또는 컴플라이언스 관행 등 우려가
> 되는 민감한 컴플라이언스 이슈들에 대해 자유롭게 말할 수 있는 기회
> 를 만들어 준다.

컴플라이언스 위원회

조직의 다양한 측면들에 걸쳐 있는 정보의 흐름과 컴플라이언스 활동
을 조정하는 장치 중 하나로 컴플라이언스 위원회가 널리 사용된다. 보
건후생성 감찰관실과 연방 예금보험공사FDIC는 컴플라이언스 위원회 창
설을 옹호한다. 이 위원회는 컴플라이언스 및 올곧음 위원회, 비즈니스

수칙 위원회, 또는 컴플라이언스 조정 위원회 등 다양한 이름으로 불린다. 조직들은 이들 위원회를 전사, 지역, 국가, 또는 현지 등 다양한 수준에 설치했다.

명칭과 조직 서열상의 위치는 다를지라도, 이들 위원회는 일반적으로 몇 가지 공통적인 특징, 기능, 책임을 공유한다.

- 흔히 핵심 비즈니스 또는 오퍼레이션 부문과 법무, 컴플라이언스, 감사, 리스크, 인사, 재무 부서의 대표자들이 포함된다.
- 조직의 정책과 관행, 교육, 소통에 대한 지침을 제공한다.
- 컴플라이언스 분야의 부족한 점을 다루거나 이해 상충 또는 책임이 겹치는 영역을 파악한다.
- 현행 컴플라이언스 프로그램의 효과성을 검토한다.
- 자신의 책임 영역에서 법률 또는 규제상의 변화나 추이를 파악하고 이러한 전개가 조직에 미칠 수 있는 영향을 논의한다.

컴플라이언스 위원회는 귀중한 도구가 될 수 있다. 조직의 핵심 운영 그룹의 대표자들을 참여시키면 컴플라이언스의 중요성과 컴플라이언스는 한 사람이나 한 부서만의 일이 아니라는 사실을 보여주는 데 도움이 된다. 컴플라이언스 위원회는 컴플라이언스 책임자가 어려운 전략적 상황하에 있거나 이해 상충 상황에 있을 때 그녀에게 도움을 줄 수도 있다. 이에 대해 어느 컴플라이언스 책임자는 이렇게 말했다. "우리는 어려운 이슈들은 컴플라이언스 위원회로 넘깁니다." 그러나 FDIC는 2003년에 발표한 '컴플라이언스 관리 시스템'에서 컴플라이언스 위원회의 한계에 대해 지적하며 "모든 법률과 규정에 대한 전반적인 컴플라이언스 책임은 이사회에 있다."고 말했다.

조직의 주요 부서

다른 부서와의 상호 작용은 초창기의 컴플라이언스 부서의 주요 책임이자 도전 과제이다. 부서들의 권한과 책임에 대한 세심한 계획과 명확한 이해가 없으면, 컴플라이언스 프로그램과 법무, 감사, 리스크, 비즈니스 라인 관리 등 조직의 다른 부서들의 역할과 의무 사이에 혼선이 생길 가능성이 크다. 어느 주요 금융기관의 베테랑 고위 컴플라이언스 책임자는 조직의 동료 부서들과의 효과적인 업무 관계 확립의 중요성을 강조했다. 세심한 조정이 없으면 이 부서들이 서로의 발을 밟을 위험이 있을 뿐 아니라 보다 중요한 사항으로서 비즈니스의 수장이 상충되는 부서들이 동일한 이슈를 다루는 데 대해 반감을 가질 수도 있다. 이 견해는 2005년 Ernst&Young 보고서 「기업의 규제 컴플라이언스 관행」에서도 확인되었다. 이 보고서는 이렇게 말했다. "컴플라이언스 부서의 역할과 책임이 법무, 감사, 운영 리스크, 그리고 비즈니스 부문과 같은 다른 부문과 명확히 구분되어 있다는 응답은 절반에 미치지 못했다. 역할과 책임의 중복은 실제로도 만연해 있으며, 또 그렇게 인식되고 있다."

비즈니스 또는 오퍼레이팅 부서 라인 관리자와 컴플라이언스 사이의 효과적인 관계는 매우 중요하다. 실제로는 조직 안에서 라인 관리자와 컴플라이언스 프로그램 사이의 관계는 매우 다양하다. 컴플라이언스가 회사의 중요한 기능으로 받아들여지는 곳이 있는가 하면 귀찮은 존재, 방해꾼 등으로 여겨져 적대적인 대우를 받는 곳도 있다. 나는 컴플라이언스 책임자의 역할을 '필요악'이라고 보았던 어느 고위 관리자와 만났던 일을 생생히 기억하고 있다.

위에서 인용했던 어느 베테랑 고위 컴플라이언스 책임자는 컴플라이언스 기능과 비즈니스 관리자 사이에는 본질적으로 '언제나 갈등이 있게 마련'이라고 했는데, 아마 이 말이 이 상황을 가장 잘 요약한 말일 것이다. 컴플라이언스 책임자는 경영진의 일원일 뿐 아니라, 컨설턴트 겸 감사인으로서 상충되는 역할을 맡고 있다. 컴플라이언스 책임자는 독립적인 조언을 줄 수 있어야 하며, 뭔가가 잘못되었을 경우 비즈니스 관리자를 뛰어 넘어 고위 경영진이나 이사회에 이를 보고할 수 있어야 한다.

컴플라이언스 프로그램에 대한 직원 배치

컴플라이언스 프로그램을 관리할 직원들은 조직이 결정해야 할 중요한 사항 중 하나다. 컴플라이언스 부서 직원들의 지식, 역량과 태도는 이 프로그램의 궁극적인 성공 또는 실패에 대한 중요한 결정 요인이다. 대부분의 컴플라이언스 프로그램은 상대적으로 소수의 전담 직원만을 보유하고 있기 때문에 이 점은 특히 중요하다. 예를 들어 컨퍼런스 보드 보고서에 의하면 조사 대상 225개 회사의 대다수58퍼센트에서는 "회사의 컴플라이언스 윤리 프로그램 전담 직원이 3명에 미치지 못했다. 또한 컴플라이언스와 윤리 전담 직원이 1명 이내인 회사가 1/3이었다." 조사 대상 조직의 겨우 3퍼센트만 21명에서 30명의 컴플라이언스 기능 전담 직원을 보유하고 있었다. 조직이 컴플라이언스 프로그램에 직원을 배치할 때 고려해야 하는 몇 가지 대안이 있는데, 대안마다 각각 장단점이 있다.

컴플라이언스 책임자의 유형

조직의 최고 컴플라이언스 책임자와 부하 직원들의 역량과 경험은 컴플라이언스 프로그램에 부합할 필요가 있다. 특히 컴플라이언스 책임자들이 여러 업무를 담당하는 경우가 흔한 소규모 조직에서는 역할과 의무가 중복될 수도 있지만 넓게 보면 컴플라이언스 책임자들의 역할과 의무는 3개의 주요 유형으로 분류될 수 있다.

일반 컴플라이언스 책임자 일반 컴플라이언스 책임자는 문화, 윤리, 올곧음, 교육, 소통, 조사와 전반적인 리스크 평가 등 일반적인 컴플라이언스 이슈들에 중점을 둔다. 이들은 특정 법률과 규정 준수에 대해서보다는 이는 전담 관련 부서의 책임임 거버넌스, 윤리, 올곧음 등 보다 일반적인 이슈에 더 중점을 둔다.

기술 컴플라이언스 책임자 일반 컴플라이언스 책임자와는 대조적으로 기술 컴플라이언스 책임자는 이름이 시사하는 바와 같이 주로 기술적인 규칙과 규정 준수에 중점을 둔다. 그러한 책임자들의 주요 의무는 컴플라이언스를 확보하기 위한 자체 평가, 통제, 모니터링, 리스크 평가, 감독, 테스트에 관련된 이슈들과 관련이 있다.

특별 컴플라이언스 책임자 특별 컴플라이언스 책임자는 일반적으로 재무통제, 감사, 또는 리스크 관리와 같은 다른 주요한 통제와 감독 기능을 갖고 있지만 감독 당국의 감사 또는 특별 교육 프로그램 등과 같은 상황이 발생하여 '필요할 때마다' 이용된다.

역량과 경험

컴플라이언스 프로그램의 직원 배치는 프로그램의 예상 업무 범위와 이 기능을 수행하기 위해 직원들이 지녀야 하는 기술, 지식, 경험에 의존한다. 조직은 변호사, 비즈니스 전문가, 감사인, 전문적인 컴플라이언스 직원, 기술자, 소통, 교육 전문가 중에서 다양하게 선택할 수 있다. 감독상 이슈, 철학, 검사 관행, 인력 등에 대해 잘 알고 있는 전직 관련 업계 감독자도 자주 선택된다.

경험이 필요한지 여부도 조직 내부에서 승진시킬 것인지, 또는 조직에 새로운 통찰력을 가져올 외부인사를 고용할지 등의 결정에 중요한 역할을 한다. 신규 고용 또는 기존 직원 활용 여부 결정 시 또 다른 요인 중하나는 해당 조직이 감독 당국의 검사에 직면해 있는지 여부다. 검사가임박해 있을 경우 신입 직원이 조직에 대해 배울 수 있는 적정한 시간 여유가 없을 수도 있기 때문이다.

최고 컴플라이언스 책임자는 변호사여야 하는가? 최고 컴플라이언스 책임자가 최고 법률 책임자에게 보고해야 하는지에 대한 논쟁과 유사하게 최고 컴플라이언스 책임자가 변호사여야 하는지가 상당한 수준으로 논의되어 왔다. 이 논의와 관련된 이슈들은 여러 면에서 앞의 논쟁에서의 주장들을 반영한다.

최고 컴플라이언스 책임자로 변호사를 옹호하는 사람들은 컴플라이언스 프로그램이 다뤄야 하는 법률과 감독 규정상 이슈들의 긴급성과 중요성을 거론한다. 호세 타부에나Jose Tabuena와 제니퍼 스미스Jeniffer Smith는 「의료업 컴플라이언스 저널2006년 7/8월호」에 기고한 글에서 다음과 같이 말했다. "변호사는 조직이 어떻게 비즈니스 목표를 달성하면서 관련 법률을 준수할 수 있는지에 대한 법률 자문을 제공한다. 면허, 감독, 전문인 기준 준수에는 이러한 '법률 자문'이 필요하다."

다른 관점에서 효과적인 컴플라이언스 윤리 프로그램은 법률 및 규정상의 이슈에만 국한되지 않는다는 입장을 취한다. 이 견해는 연방 기업 양형 가이드라인을 인용해서 효과적인 컴플라이언스 윤리 프로그램은 교육, 연수, 소통, 리스크 평가, 내부통제, 정책 결정 활동과 관련이 있다고 주장한다. 사내 변호사들은 전통적으로 이러한 활동 중 많은 부분에 대해 경험도 없고 훈련도 받지 않았다.

기술과 경험 이슈 이외에도 변호사가 컴플라이언스 기능을 수행할 경우의 역할과 태도에 관한 미묘한 이슈가 있다. 변호사는 '협소한 법률 관점'을 가지고 있는 반면, 최고 컴플라이언스 책임자는 이슈에 대한 '보다 넓은 관점'을 필요로 한다고 주장하는 이들이 있다. 어느 CCO의 표현을 빌리면, CCO는 '큰 그림을 볼 줄' 아는 사람이어야 한다는 것이다. 타부에나와 스미스는 이 이슈를 약간 다른 방식으로 다룬다.

최고 법률 책임자가 되는 것과 CCO가 되는 것은 매우 다른 일이다. 변호사는 윤리적으로 건전한 법률 자문을 제공하고 고객의 이익을 '열성적으로' 대표할 의무가 있다. 컴플라이언스 책임자의 사명은 이와는 상당히 다르다. 그것은 어떤 대가를 치르고서라도 비리를 예방하고 탐지하는 것이다. 변호사는 법률 자문을 제공해 줄 수 있지만 컴플라이언스 전문가는 그 자문을 경영상의 조치로 전환한다.

마지막으로 실용적인 관점에서 볼 때 변호사가 CCO일 경우 변호사가 아닌 사람들은 누리지 못할 수도 있는 지위와 동료나 상사들로부터의 존중을 가져다줄 수도 있다. 자신이 변호사인 어느 CCO는 이를 간단하게 '관점의 문제'라고 표현했다.

최고 컴플라이언스 책임자의 역할[3]

최고 컴플라이언스 책임자의 적절한 역할, 힘, 그리고 권한은 무엇인가? 각각의 조직마다 독특한 상황에 처해 있으므로 이사회와 고위 경영진이 최고 컴플라이언스 책임자가 관장할 범위와 한계를 정해야 한다. 다음은 다뤄야 할 몇 가지 이슈들이다.

— 최고 컴플라이언스 책임자가 컴플라이언스 프로그램의 효과성 확보에 필요한 힘, 지위, 권한을 가지고 있는가?

전국 예방법 센터의 기업 컴플라이언스 원칙은 CCO가 "컴플라이언스와 관련된 사안에 대한 효과적인 통제를 발휘하고 조직의 다른 구성원들이 컴플라이언스 관리를 중요한 활동으로 인식하도록 하려면, 조직의 거버넌스 기구에 대한 접근권과 권위를 가지고 있어야 한다"고 말한다. 그러나 현실은 컴플라이언스 책임자의 힘과 권한이 제한되어 있는 경우가 흔하다. 그들의 힘은 CEO나 이사회에 의해 그들에게 명시적으로 부여된 힘이다. 대부분의 조직에서는 컴플라이언스 책임자가 비리를 저지른 직원을 해고할 수 없고, 조직의 관리자들에게 컴플라이언스 조치들에 협력하도록 강제할 수 없으며, 잠재적인 컴플라이언스 리스크가 있는 신상품이나 서비스를 일방적으로 중단시킬 수도 없다. 그들의 권한과 지위는 이사회, CEO, 또는 집행 위원회와의 '힘의 연결'과 어느 CCO의 말을 빌리면 '도덕적 설득자'가 될 수 있는 능력으로부터 나온다.

— 최고 컴플라이언스 책임자가 조직의 자원, 서류와 직원에 대해 필요한 접근 권한을 가지고 있는가?
최고 컴플라이언스 책임자는 다음과 같이 할 수 있어야 한다.

• 자신의 사명을 완수하기 위해 조직 내에서 활용 가능한 전문 지식을 이끌어낸다예를 들어 법률, 회계, 시스템, 소통, 또는 인사에 관한 전문 지식
• 조사할 부서 또는 기타 문의할 영역의 기록, 시스템, 직원들에 대해 제약없이 접근할 수 있다.
• 컴플라이언스와 관련된 핵심 이슈들을 조직 전체에 소통할 수 있는 권한과 능력을 보유한다.

— CEO 또는 고위 경영진의 일원이 심각한 비리 혐의의 대상자여서 이들이 보고석상에 참석하지 않아야 할 경우 최고 컴플라이언스 책임자가 직접 얘기할 수 있는 이사회 또는 그 하위 위원회 위원이 있는가?
고위 경영진과 관련된 특별한 상황을 다루기 위해 최고 컴플라이언스

책임자가 이사회 또는 컴플라이언스 담당 위원회를 직접 만날 수 있는 규정이 마련되어야 한다.

— 컴플라이언스 프로세스에서 CCO의 역할과 책임은 무엇인가?

조직의 정책 감시 분야에서 CCO의 역할과 책임에 대한 질문들이 제기되었다. CCO의 역할은 감시인가, 단속인가? 2005년에 「National Underwriter」에 게재한 글에서 어느 주요 투자 회사의 CCO는 자신의 역할을 정책 감시자이지 단속자가 아니라고 보았다. 그는 이렇게 말했다. "그것은 내부통제에 관한 것입니다… 저는 이 프로세스의 일상 운영을 통제할 책임을 지지 않습니다. 저는 이 프로세스가 적절하게 운영되도록 모니터할 책임을 지고 있습니다."

효과적인 컴플라이언스 책임자의 자질

컴플라이언스 윤리 프로그램을 이끌고 이를 증진할 사람의 자질과 성격은 매우 중요한 관심거리다. 대부분의 조직에서 컴플라이언스 전담 책임자 수가 적은 점을 감안하면 이는 조직의 매우 중요한 결정사항이 된다. CCO를 보면 컴플라이언스, 윤리, 올곧음에 대한 조직의 태도가 어떠한지를 알 수 있다.

- 전국 예방법 센터의 '기업 컴플라이언스 원칙'의 말을 빌리자면, 최고 컴플라이언스 책임자의 "올곧음, 신뢰 관계 구축 능력, 윤리적 신뢰성에 대한 평판이 성공적인 컴플라이언스 프로그램에 매우 중요하다." 최고 컴플라이언스 책임자는 비난거리가 없다는 평판을

지녀야 할 뿐만 아니라, 인기없는 결정을 내리고 이를 계속 지켜낼 수 있어야 한다.

- 효과적인 컴플라이언스 책임자는 상충되는 요구를 관리하고, 자신의 아이디어와 제안을 성공적으로 제시하기 위해 다양한 성격의 사람들에게 대처하는 중요한 기술을 지녀야 한다Box 5.4를 보라. 베테랑 컴플라이언스 책임자인 스티브 오트키스트Steve Ortquist는 「의료업 컴플라이언스 저널」2005년 3/4월호에서 이렇게 말했다. "내가 알고 있는 대부분의 컴플라이언스 책임자들은 복잡한 상황을 신속하게 파악하고, 이를 명확하게 해결하고 설명할 수 있는 능력을 갖추고 있다. 그들은 상대하기 어려운 사람들과도 성공적으로 협상하는 등 팔방미인이다."

- 어느 고위직 변호사이자 주요 투자 회사의 전직 컴플라이언스 책임자의 견해에 의하면, 컴플라이언스 책임자는 '독립적'이고 '경험에서 나오는 어느 정도의 건강한 회의론을 지닌' 것으로 보여져야 한다.

- 업무상의 전문성과 경험은 매우 중요하다. 도브 사이드만Dov Seidman은 「옵티마이즈Optimize」 2005년 2월호에서 이 자질에 대해 다음과 같이 말했다. "CCO를 선정할 때, 회사는 컴플라이언스 이슈 및 회사와 소속 업계에 고유한 규제상의 요건들에 대해 깊고도 세세하게 이해하고 있는 사람을 선택해야 한다."

Box 5.4 한 가지 주의할 점

컴플라이언스와 관련된 발견 사항 또는 권고 사항을 고위 경영진과 이사회에 제시하려면 기술, 이해, 전문성을 요구한다. 조직의 관리자들은 제안 내용이 어떤 가치가 있는지 보고 싶어 한다. 제안된 정책 또는 절차가 비용을 절감해 주거나 조직에 구체적인 가치를 가져다주는가? 그러나 어느 베테랑 컴플라이언스 책임자는 다음과 같이 주의를 주었다. "제안된 정책에 '컴플라이언스'라는 용어를 쓰지 마라. 그것은 죽음과의 입맞춤이다."

컴플라이언스 책임자 보호

컴플라이언스 책임자직에는 리스크가 있으며, 자발적이든 비자발적이든 해임 가능성을 안고 있다. Box 5.5를 보라. 어느 컴플라이언스 책임자도 해임으로부터 면제되지 않지만 이사회와 고위 경영진이 컴플라이언스 책임자를 다소나마 보호하기 위해 취할 수 있는 조치들이 있다.

- 컴플라이언스 프로그램 규정에 컴플라이언스 책임자 보호 기준을 정해 둔다. 컴플라이언스 책임자 해임, 직위 강등, 다른 지위로의 이동시 이사회의 승인을 받도록 하는 것도 하나의 방법이다.

- 컴플라이언스 책임자에게 어느 정도의 보호를 줄 수 있는 고용 계약을 체결한다. 이는 미국에서 조직의 최고위층을 제외하고는 보편적인 고용 관행은 아니지만, 최고 컴플라이언스 책임자 해임에 대한 구체적 기준과 그에게 부여된 보상 또는 혜택을 명료하게 할 수 있는 기회가 되기도 한다.

- 경영진이 최고 컴플라이언스 책임자의 자문이나 지침을 무시할 경우 이사회나 그 하위 위원회 또는 이사회 의장에게 보고할 의무를 부여한다.

- CCO에게 변호사 고용 비용을 대준다. 「2007 의료업 컴플라이언스 책임자 프로필」에 의하면, 응답자의 41퍼센트에게 이러한 기회가 주어졌다.
- 컴플라이언스 책임자가 회사의 임원 책임자 보험에 포함되게 한다. 이는 CCO에게 어느 정도의 보호를 제공해 주며, 그녀에게 조사를 수행하거나 어려운 결정을 내릴 수 있게 해 준다.

Box 5.5 사임하기

직장 생활을 하다보면 계속 이 일을 해야 하는지에 대해 결정을 내려야 할 때가 오게 되는데, 조직의 최고 컴플라이언스 책임자직도 예외는 아니다. 이에 대한 결정시 고려해야 할 사항은 사람마다 다르다. 컴플라이언스 담당자들에게는 아래와 같은 상황들이 이에 포함될 수 있을 것이다.

- CCO가 고위 경영진이나 이사회에 영향을 줄 능력이 없다.
- CCO가 고위 경영진이나 이사회에 접근하지 못한다.
- 사람들이 CCO와 그 부하 직원들의 말에 귀 기울이지 않는다.
- CCO가 불법적이거나 비윤리적인 행동을 예방하거나 중단시킬 수 없다.
- 이사회나 고위 경영진에 대한 보고 문서가 검열을 받거나 편집되어 CCO의 발견 사항이나 판단을 제대로 반영하지 못한다.
- 자원을 심하게 감축시켜 효과적인 컴플라이언스 조직과 프로그램 유지를 불가능하게 한다.

전담 또는 겸직 직원

조직의 컴플라이언스 프로그램의 범위 및 가용 자원에 따라 컴플라이언스 전담 직원을 둘지, 다른 업무를 겸하게 할지, 아니면 이를 결합할지에 대한 결정이 내려져야 한다. 앞에서 논의한 바와 같이, 규제가 강한 소수의 대기업을 제외하면 대부분의 조직에서 컴플라이언스 윤리 프로그램은 상대적으로 작다. 많은 조직들은 예산 범위 이내에서 컴플라이언스 프로그램에 최대의 자원을 제공하고자 한다.

겸직part-time **직원** 직원 배치의 대안에는 각각 장단점이 있다. 회사는 흔히 전사 컴플라이언스 프로그램과 매트릭스 또는 점선 보고 관계에 있는 컴플라이언스 겸직 직원을 이용한다. 이 직원은 비즈니스 관행 책임자, 컴플라이언스 후원자, 또는 컴플라이언스 연락관 등 다양한 명칭으로 불릴 수 있지만, 이들은 모두 회사의 컴플라이언스 프로그램을 대표하고, 다양한 비즈니스 영역에 컴플라이언스 담당자가 존재하도록 한다는 동일한 목적을 공유한다. 이들의 의무는 컴플라이언스 전담 직원의 의무와 마찬가지로 교육, 정책 집행, 윤리 이슈에 대한 자문, 자체 평가, 소통, 리스크 평가 등이다. 조수아 조셉Joshua Joseph은 「비즈니스와 사회 리뷰」 2002에 게재한 연구에서 겸직 직원 배치에 관해 다음과 같은 견해를 밝혔는데, 이 연구는 윤리 책임자에게 초점을 맞추기는 했지만 컴플라이언스 책임자에게도 동일하게 적용될 수 있다.

찬성 의견

• 겸직 직원은 컴플라이언스 기능에 중요한 오퍼레이션상의 지식을 가

져올 수 있고 '직원들 사이에 프로그램의 신뢰성'을 높일 수 있다.

- 겸직 직원 사용은 "직원들 사이에 이 프로그램의 주인의식을 높이고 _{컴플라이언스} 윤리 프로그램이 고립될 수 있는 가능성을 줄이는 데 도움이 될 수 있다."

반대 의견

- 겸직 직원의 컴플라이언스 및 윤리 지식은 전담 직원의 지식에 미치지 못할 수 있다.
- 전담 직원은 겸직 직원보다 높은 업무 연속성을 보유한다. "겸직 직원들은 때로는 다른 책임을 우선시할 때가 있어서 _{컴플라이언스 및} 윤리와 관련된 업무의 적시성이 문제가 될 수 있다."

컴플라이언스 겸직 책임자들과 관련된 핵심 이슈 중 하나는 그들의 독립성 및 비즈니스 조직에 대한 주된 관계와 관련이 있다. 이 지위와 관련하여 어느 정도 컴플라이언스 부서의 통제를 유지하기 위해 다양한 전략들이 사용된다.

- 매트릭스 컴플라이언스 관리자가 겸직 컴플라이언스 담당자로 지정된 모든 사람들을 승인해야 한다. 겸직 컴플라이언스 직원은 전담 컴플라이언스 직원과 동등한 기술과 윤리 및 올곧음에 대한 개인적 특질을 지녀야 한다.
- 매트릭스 컴플라이언스 관리자가 겸직 컴플라이언스 책임자의 성과 평가와 보상을 검토해야 한다.

자격증과 면허

컴플라이언스 책임자들이 자격증이나 면허를 취득하도록 요구하는 정부나 규제 기관은 별로 없다증권 산업은 예외다. 컴플라이언스 책임자 자격증은 주로 업계의 기준과 관행에 의해 운영되는데 놀랄 만큼 많은 자격증 프로그램이 운영되고 있다.

- 의료업 컴플라이언스 프로그램의 자격증
- 제약 및 의료 기구 제조업의 컴플라이언스 전문가 자격증 프로그램
- 은행의 특수한 컴플라이언스 기능에 대한 자격증 프로그램예를 들어 은행비밀법, 자금세탁 방지, 또는 미국 애국법 자격증
- 컴플라이언스 및 윤리 전문가 자격증 프로그램

컴플라이언스 전문가들에게 자격증이 가치가 있는지도 논란거리이다. 「회사의 올곧음 선도: 최고 윤리 컴플라이언스 책임자의 역할 정의」라는 2007년 보고서에서 언급된 바와 같이 자격증 옹호자들은 자격증이 제공하는 전문성 강화를 거론하는 반면 다른 이들은 컴플라이언스 전문가의 역할에 대한 정확한 범위 또는 역량을 측정할 시험 방법 개발의 어려움을 지적한다. 이 보고서는 시험 이슈와 관련하여 다음과 같이 말했다. "윤리, 개인적 특성, 프로세스, 법률에 대한 숙련도에 관한 지식은 모두 범위가 넓으며, 그 중에는 계량화하기 어려운 것들도 있다."

컴플라이언스 프로그램에 대한 예산 책정

컴플라이언스는 양날의 칼이다. 컴플라이언스가 보호를 제공하지만 이에는 비용이 소요된다. 이 현실을 피할 수는 없다. 재무 자원이 적은 어느 소규모 조직의 장은 이를 '수익을 창출하지 않는 활동'이라 부른다. 많은 조직들은 현재 빠듯한 예산과 제한된 자원에 직면해 있다. 컴플라이언스는 직원, 시간, 교육, 시스템, 컨설팅, 출장, 소통 비용 등의 비용을 수반한다. 그러나 이 비용들에 대해서는 대부분의 조직이 이를 다른 고객에게 떠넘기거나 받아들일 수밖에 없는 비용으로 여긴다. 사베인-옥슬리법 통과로 컴플라이언스 비용이 관심을 끌게 되었다. 특히 상장 중소기업들은 이 법을 준수하기 위해 발생하는 회계 비용에 대하여 상당한 우려를 표명했다.

효과적인 컴플라이언스 프로그램의 예산 및 직원은 조직의 규모와 활동에 비례해야 한다. 전국 예방법 센터는 다음과 같이 경고했다. "컴플라이언스 프로그램을 효과적으로 운영할 자원이 없이 컴플라이언스 관리자만 임명할 경우 판사는 이를 법원을 오도하려는 시도로 여길 수도 있다. 그럴 경우 아무 프로그램도 없는 것보다 더 무거운 형량이 선고될 수도 있다." 그러나 어느 글로벌 기업의 CCO는 정신이 번쩍 들게 하는 주의를 주었다. 컴플라이언스 프로그램은 "우리가 비대한 것으로 보이게 해서는 안 됩니다 … 우리는 날씬해야 합니다."

컴플라이언스 프로그램의 범위, 규모, 의무에 따라 조직은 몇 가지 예산상의 이슈를 다뤄야 한다.

— 컴플라이언스 조직의 예산을 누가 통제하는가?

컴플라이언스 프로그램은 이상적으로는 조직의 다른 부문으로부터 부당하거나 부적절한 영향없이 운영될 수 있어야 한다. 이 정도의 독립성을 달성하기 위해서는 컴플라이언스 담당 직원의 보수가 특정 비즈니스 또는 상품의 재무적 성과나 수익에 연계되지 않아야 한다. 그 결과 컴플라이언스 프로그램에 대한 예산은 조직의 최고위층에 의해 정해져야 한다.

— 컴플라이언스 직원들의 보수_{급여, 급여 인상, 보너스, 스톡옵션}는 어떻게 결정되는가?

- **급여** 해마다 컴플라이언스 책임자의 급여 조사 결과를 발표하는 협회와 간행물이 있다. 예를 들어 윤리 컴플라이언스 책임자 협회는 여러 업종의 컴플라이언스 책임자 보수에 관한 연례 급여 조사 결과를 발표한다. 의료업 컴플라이언스 협회와 미국 지방 은행 협회도 소속 산업의 보수 조사 결과를 발표한다.
- **보너스** 컴플라이언스 책임자의 보너스를 재무 기준_{즉, 해당 조직의 재무 성과} 또는 비재무 성과와 연계시킬지가 핵심 이슈 중 하나다. 컴플라이언스 책임자의 보너스를 재무 성과와 연계할 경우 컴플라이언스의 성과에 부적절한 영향을 줄 수 있다는 인상을 주게 되므로 문제가 있다. CCO의 연간 관리 목표 달성도, 문제 탐지 및 대응 성과, 동료 및 감독 당국과의 협력, 조직에 컴플라이언스 프로그램을 뿌리내리게 한 정도, 교육, 소통체제 개발 등이 비재무 기준으로 사용될 수 있다.

— 승진 기준은 무엇인가?

다른 관리자급 직위와 마찬가지로 컴플라이언스 책임자의 성과 및 승진 심사시 개인 고과 평가, 업적, 부서 목표 달성도 등과 같은 요소를 측정해야 한다.

— 조직은 컴플라이언스 프로그램의 비용을 상쇄하기 위해 기존 자원을 어떻게 활용할 수 있는가?

재무 자원이 한정된 조직에게는 컴플라이언스 프로그램의 일부 활동들이 조직의 기존 자원을 이용하여 수행될 수 있는지 결정하는 것이 좋을 수도 있다. 예를 들어 직원과의 소통은 조직이 다른 사안에 관해 관리자와 직원들 사이의 소통을 위해 사용하는 것과 동일한 자원을 사용할 수 있으며, 조직의 IT 부서가 온라인 보고와 교육 프로그램 설계를 도와줄 수도 있다.

컴플라이언스 비용

일반적으로 조직의 컴플라이언스 프로그램 비용은 3개의 주요 범주로 구성된다.

인건비 컴플라이언스 프로그램의 가장 큰 비용은 직원에 대한 인건비다. 이 비용 항목에는 전담 직원 또는 겸직 직원에 대한 급여와 복리후생비가 포함된다. 「2007 의료업 컴플라이언스 책임자 연례 프로필」에 의하면 조직의 컴플라이언스 예산 63퍼센트는 인건비로 사용되었다. 증권업과 금융시장협회의 2006년 2월 보고서 「컴플라이언스의 비용」은 인건비가 조직의 컴플라이언스 비용의 90퍼센트를 넘는다고 보고했다.

관리비 이 비용 항목에는 사무 공간, 사무 장비와 물품, 출장비 등이 포함된다.

프로그램 비용 이 비용에는 컨설턴트, 소통 비용, IT, 전문 잡지 구독, 컨퍼런스_{정보와 벤치마킹에 필수적임}, 협회 회비 등이 포함된다.

중소 규모 조직

미국에서 기업 및 비영리 기관의 절대 다수는 중소형 조직이다.[4] 컴플라이언스에 대한 이들의 관계는 복잡하다. 이에는 포기, 정해진 양식에 입각한 컴플라이언스, 재무적 부담, 한정된 자원, 그리고 때로는 제3자에 의존한 컴플라이언스 의무 충족 등의 요소가 결합되어 있다. 어느 박물관 직원은 컴플라이언스는 그들이 어떻게 운영해야 하는지에 대한 '자연적인 언어'라고 표현했다. 사실상 선택의 여지는 없다. 한정된 직원, 돈, 전문성이라는 제약 조건 하에서 다양하고 시간이 소요되는 이들 의무를 어떻게 충족시키느냐가 도전 과제다. 어느 작은 대학의 학장도 이에 공감을 표했다. 그는 제한된 예산과 제한된 자원으로 인한 끊임없는 압박 하에서는 "모든 세세한 것까지 신경을 쓸 수는 없습니다."라고 말했다.

규제상의 부담을 관리하기 위한 중소 규모 조직의 분투는 잘 알려져 있다. 비영리 부문의 조직과 마찬가지로 그들은 조직을 유연하고 효율적으로 만들어 관료주의 구조 시스템에 빠져들지 않게 하면서도, 동시에 규제 기관의 요구를 충족시키기 위해 분투한다. 어느 작은 투자 회사의 이사는 소수의 선별된 고객들에게만 서비스를 제공하는 사업체에서 체계적인 내부통제 및 보고라는 감독 당국의 요구를 충족시켜야 하는 의무에 대한 당혹감을 털어 놓았다. 어떻게 기업이 소기업으로서 기업가적 정신을 유지하면서 그보다 천 배는 큰 조직에 요구되는 정도의 프로세스와 내부통제를 제도화할 수 있는가? 회사의 새로운 규제상 의무를 충족시키기 위해 최초로 전담 내부 감사인을 고용해야 했던 어느 소규모 금융기관의 장도 이 투자 회사의 이사가 겪었던 좌절감에 공감을 표했다.

보건후생성과 의료업 컴플라이언스 협회가 주최한 1999년 컨퍼런스[5]에서 소규모 및 농촌 지역의 의료 서비스 제공자들이 포괄적인 컴플라이언스 프로그램을 도입하는 것에 관한 우려가 아래와 같이 생생히 요약되었다.

많은 업체들이 상세한 직원 조사, 교육 및 핫라인 서비스 비용을 감당할 여유가 없다. 인사 부서에 상당한 투자를 한 의료 서비스 제공자들은 인사 부서와 컴플라이언스 양쪽 부서 모두에 충분한 인력을 유지할 수 없으며, 감사관실의 컴플라이언스 프로그램 지침의 모든 요건들을 충족시킬 수도 없다. 비용은 컴플라이언스 프로그램 실행에서 주요 요소 중 하나이며 어느 참석자가 말한 바와 같이 "컴플라이언스에 대해 하면 할수록 더 많은 것을 해야 한다."

앞에서 언급했던 소규모 금융기관의 장은 이 이슈를 다음과 같이 간략하게 요약했다. "규정을 준수하지 못할 경우 비즈니스를 하지 마라." 그는 컴플라이언스가 보험과 같다고 말했다. 컴플라이언스가 없어도 기능을 발휘할 수는 있지만, 그럴 경우 조직에 대한 리스크가 매우 크다.

규제상 및 컴플라이언스상의 책임

중소 규모의 조직도 대규모 조직과 동일한 컴플라이언스 의무를 충족시키도록 요구되기는 하지만, 규제 기관과 자율 규제 기관들은 컴플라이언스 프로그램에 부과되는 도전 과제들을 인식하고 그들의 지침에서 이러한 우려들을 다루기 시작했다.

- 연방 기업 양형 가이드라인은 특별히 소규모 조직들을 다룬다. 이 가이드라인은 이렇게 말한다. "소규모 조직도 대규모 조직과 같은 수준의 윤리적 행동 및 법률 준수 의지를 보여야 한다. 그러나 소규모 조직은 대규모 조직에게 기대되는 수준보다 덜 공식적이고 적은 자원으로 이 가이드라인의 요건들을 충족시킬 수 있다. 상황에 따라 소규모 조직들은 기존 자원과 간단한 시스템에 의존해서 대규모 조직에서라면 보다 공식적으로 입안되고 실행된 시스템에 의해 입증될 수 있는 수준의 컴플라이언스 의지를 입증할 수 있다."
- 2000년에 보건후생성 감찰관실은 '개인 의원 및 소규모 의료업 컴플라이언스 프로그램 지침'을 발표했다. 이 지침은 다음과 같은 두 가지 이유로 중요하다. 이 지침은 소규모 조직은 대규모 조직이 보유한 자원을 가지고 있지 못하다는 현실을 인식하고 있으며, 이와

동등하게 중요한 점으로서 이 지침의 제안은 다른 소규모 조직이 자신의 컴플라이언스 의무를 다루는 데 사용될 수 있는 모델 역할을 할 수 있다.

• 환경보호청의 소기업 컴플라이언스 정책은 환경 규제 준수를 증진하는 소기업에 대한 특별한 인센티브를 제공한다.

환경보호청은 '위반을 자체적으로 발견하고, 신속하게 공개하며, 적시에 시정하는' 소기업에게는 민사 벌금을 부과하지 않는다. 이 프로그램에 참여할 수 있는 조건은 소기업들이 (1) '양호한' 컴플라이언스 기록을 보유하고 (2) 예를 들어 컴플라이언스 현지 지원 또는 자진 환경 감사를 통해 위반을 자체적으로 발견하며 (3) 위반 내용을 발견 21일 이내에 문서 형태로 공개하고 (4) 위반을 시정하고 피해가 있을 경우 이를 발견 후 180일시정이 오염 방지 기술 사용과 관련될 경우 360일 이내에 복구하는 것이다.

전략, 관행, 자원

중소 규모 조직에서는 별도의 공식 컴플라이언스 프로그램 창설에 필요한 자원을 엄두도 내지 못한다는 것이 엄연한 현실이다. FDIC가 컴플라이언스 관리 시스템에서 언급한 바와 같이, "컴플라이언스 프로그램의 효과성이 그 형식보다 중요하다. 프로그램이 문서화되어 있지는 않을지라도 전반적인 컴플라이언스를 확보하기 위해 효과적인 모니터링 시스템이 갖춰져 있을 수도 있는 소규모 기관에는 이 점이 특히 중요하다."

공식 컴플라이언스 프로그램이 없는 조직의 경우 이들은 비용을 관리하면서도 컴플라이언스 의무를 다루기 위한 많은 전략과 기법을 채택한다. 많은 기관들이 자신의 컴플라이언스 의무를 다루기 위해 벤더, 서비스 공급자 등의 자문과 지침에 의존하는 '컴플라이언스의 외부화' 전략을 채택하고 있다.

예를 들어 미국 중서부의 어느 소기업의 인사부장은 보험 브로커를 이용하여 직원 복지 및 시간외 근무법과 관련된 이슈들을 업데이트 받는다. 의료업에서는 소규모 조직들이 이와 유사하게 외부 자원에 의존한다.

뉴욕 주의 어느 작은 내과의원은 외부 자원 네트워크를 이용하여 컴플라이언스 요건 관리에 도움을 받는다. 예를 들어 조세 컴플라이언스를 위해서는 회계사를 이용하고, 의료보험 급여 청구와 관련된 이슈는 보건후생성의 제3자 지급 계약자와 상의하며, 장비가 정부 기준을 충족시키도록 하는 것은 장비 유지 회사에 의존한다. 그리고 관행이나 법률 이슈에 대한 조언을 위해서는 전문가 협회에 최근의 법률 개정 내용 업데이트 및 자문을 구한다.

핵심 사항

중소 규모 조직에서는 새로운 컴플라이언스 프로그램과 구조를 급격히 도입하기보다는 컴플라이언스상의 핵심적인 취약성을 다루기 위해 조직을 조금씩 변화시키는 것이 현실적인 컴플라이언스 목표 및 전략이다. 이들 조직은 컴플라이언스 의무를 효과적으로 다루는 첫 번째 단계로서 반드시 다음 사항을 확인해야 한다.

• 어떤 컴플라이언스 리스크가 있으며, 어디에 가장 큰 취약성이

있는가? 그리고 자원을 어디에 배치해야 하는가?

- 기존 프로그램이 규제 기관의 요구를 충족시키는가?
- 취약성을 다루고 허점이 있을 경우 이를 메우기 위해 추가로 어느 정도의 자원이 필요한가? 조직의 기존 자원이 이러한 취약점을 다루는 데 충분한가, 아니면 추가 자원이 확보될 때까지 변화를 미뤄야 하는가?

다음과 같은 다른 전략들도 있다.

- 2004년 개정 연방 기업 양형 가이드라인은 규모가 작은 조직에게 수용될 수 있는 관행의 예를 제공한다.
  - 조직의 지배 기구가 당해 조직의 컴플라이언스 및 윤리 노력을 직접 관리함
  - 비공식적인 회의를 통해 직원을 교육하고, 조직을 관리하면서 정규적인 '둘러봄' 또는 계속적인 관찰을 통해 직원들을 모니터함
  - 유사한 조직에서 운영 중인 컴플라이언스 윤리 프로그램 중 훌륭하다고 알려진 프로그램과 모범관행을 본뜸.
- 중소기업 컴플라이언스 관리의 핵심 요소는 질문할 때를 알고, 우려 사항을 고위 경영진에 전달할 수 있는 경험과 지식을 갖춘 직원들이다.
- 앞에서 언급한 바와 같이 조직은 컴플라이언스 의무를 다루기 위해 외주 전략을 사용하고 있다. 자금세탁방지 정보 시스템에서부터 전자우편 보관 시스템에 이르기까지 조직은 벤더들을 사용하여 자신의 컴플라이언스 의무를 해결하고 있다.

- 조직들은 정부 기관 및 다른 조직들이 구축한 컴플라이언스 기반 정보 웹사이트를 점점 더 많이 이용하고 있다. 이 웹사이트들은 법률, 규정, 자발적 컴플라이언스 프로그램, 기술적 지원 기회 등에 대한 중요한 정보를 전해 준다. 비즈니스 윤리와 행동에 관한 방위산업 이니셔티브는 소기업인 하도급 계약자들을 위해 운영하고 있는 웹사이트에 이들 소기업들이 사용하도록 게시할 조직의 컴플라이언스에 관한 '도구함tool kit'을 제공하고 있다.

- 앞에서 논의한 바와 같이 중소 규모 조직은 흔히 여러 업무를 겸직하는 직원에게 조직의 컴플라이언스 책임 관리를 의존한다. 시골 지역의 어느 소형 병원 컴플라이언스 책임자 커크 러델Kirk Ruddell은 유사한 상황에 있는 컴플라이언스 책임자들에게 몇 가지 지침을 제공했다. 그는 2006년 3/4월호 「의료업 컴플라이언스 저널」과의 인터뷰에서 이렇게 말했다.

소규모 조직에서 전담 직원 없이 다른 업무와 컴플라이언스 업무를 겸하고 있는 컴플라이언스 책임자에게 제가 가장 먼저 말하고 싶은 것은 "씹을 수 있는 것보다 많이 물지 말라"는 것입니다… 한 분기에 한두 가지에 중점을 두고 다음 분기에는 몇 가지를 더하고, 가능하면 몇 가지는 다음 해까지 기다리는 것을 주저하지 마십시오. 둘째, "모든 것을 혼자서 하려고 하지 말라"고 말하고 싶습니다. 여러분의 조직에 있는 다른 전문가들과 협력적인 관계를 개발하십시오.

요약

효과적인 컴플라이언스 윤리 프로그램을 수립하는 것은 벅찬 과제가 될 수도 있다. 범위 확정, 고위 경영진, 동료들과의 효과적인 업무 관계 개발, 컴플라이언스 담당자들의 역할 이해, 그리고 자원 발견 프로세스는 결코 쉽지 않다. 그러나 그러한 프로그램이 없으면 훨씬 더 파괴적일 수도 있다. 효과적인 컴플라이언스 윤리 프로그램은 조직의 보호 장치다. 이후의 몇 장들에서는 컴플라이언스 리스크를 다루고, 이를 감소시키기 위해 조직의 컴플라이언스 프로그램이 수행하는 몇 가지 핵심 활동들을 살펴본다.

Notes

1) 많은 단과대학과 종합대학은 컴플라이언스 프로그램을 감사 부서나 재무 부서 안에 설치해 왔다. 대학들은 리서치, 교육, 그리고 서비스 제공에 관한 연방의 규제와 계약 내용 준수에 중점을 두는 점을 고려할 때 이는 놀랄 일이 아니다.
2) 보건후생성 감찰관실, "제약 회사에 대한 OIG 컴플라이언스 프로그램 지침," 연방 관보 68쪽, no. 86(2003년5월 5일).
3) 용어 이슈는 컴플라이언스 직에서 계속되는 논쟁거리였다. 일단의 업계 전문가 그룹에서는 컴플라이언스 기능의 일부로서의 윤리, 가치, 그리고 문화의 중요성을 반영하기 위해 "최고 윤리 컴플라이언스 책임자"라는 명칭을 옹호한다.
4) 2005년에 연방 정부가 종업원 수 500명 미만으로 정의하는 중소기업은 미국의 약 2,580만 개 기업체의 99.9퍼센트를 차지했다. 17,000개의 기업만이 종업원 수가 500명 이상이었다.
5) "효과적인 컴플라이언스를 위한 파트너십 구축하기," 정부-기업 라운드테이블 보고서, 1999년 4월 2일.

❻

정책, 소통, 교육

효과적인 컴플라이언스 프로그램에는 중요한 몇 가지 구성 요소들이 있는데, 정책, 소통, 교육이 특히 중요하다. 이들은 밀접하게 연결되어 있다. 조직은 법률 및 감독 규정상의 의무에 대응하여 행동 기준을 수립하고, 이들 요건을 효과적으로 소통하며, 직원 등이 이러한 정책과 기준을 이해할 수 있도록 필요한 교육 등을 제공해야 한다.

정책과 절차

정책 개발은 많은 컴플라이언스 조직의 중추 기능이다. 널리 조직의 임무를 정하는 전략적 정책을 개발하든, 보다 좁게 컴플라이언스 이슈들에 중점을 두는 전술적 정책을 개발하든 간에 조직의 컴플라이언스 정책을 효과적으로 개발하고 이를 명확히 표현하는 것은 효과적인 컴플라이언스 기능의 매우 중요한 책무다.

연방 기업 양형 가이드라인

연방 기업 양형 가이드라인의 첫 번째 요건은 "조직은 범죄 행위를 예방 및 탐지할 기준과 절차를 수립해야 한다"고 말한다. 멜린다 부로우스 Melinda Burrows 변호사는 「실제적인 변호사Practical Lawyer」 2006년 가을호에서 다음과 같이 권고한다.

첫 번째 단계는 가장 기본적인 것이다. 회사들은 비윤리적 행위를 예방 및 탐지할 기준과 절차를 수립해야 한다. 이 기준은 성문 윤리 강령에 구현되어야 하며, 비리를 예방 및 탐지할 합리적인 기회를 가지도록 감시 시스템과 기타 절차를 마련해야 한다.

특정 감독 규정들

FSGO에 의해 설정된 일반적인 규정들 외에 조직은 자신의 규제 기관들이 정한 요건들도 이해해야 한다. 다음은 금융 서비스업과 의료업의 예다.

금융 서비스업 FDIC연방 예금보험 공사는 2003년 6월의 컴플라이언스 검사 개요에서 은행의 정책 및 절차의 역할을 다음과 같이 정의한다.

컴플라이언스 정책과 절차는 일반적으로 문서로 표현되어야 하며, 금융기관의 비즈니스와 규제 환경이 변함에 따라 검토 및 업데이트되어야 한다. 정책은 목적 및 목표와 이를 달성할 적절한 절차를 포함해야 한다. 일반적으로 절차가 어느 정도로 상세하고 구체적이어야 하는지는 다뤄질 이슈 또는 거래의 복잡성에 따라 달라진다.

의료업 미국 보건후생성 감찰관실의 제약 회사 컴플라이언스 프로그램 지침은 다음과 같이 요구한다.

예를 들어 컴플라이언스 프로그램 준수를 경영진과 직원 평가시 평가 요소의 하나로 포함시킴으로써 컴플라이언스에 대한 회사의 의지를 표명하고, 가격 책정, 연방 의료 프로그램에 대한 구상 청구 정보, 세일즈 및 마케팅 관행 등과 같은 사기 및 오용 가능성이 있는 특수한 분야를 다루는 성문 정책, 절차, 요강과 성문 윤리 강령 제정 및 배포.

컴플라이언스 정책 및 절차 제정

컴플라이언스 정책을 제정만 해놓으면 이 정책이 준수될 것이라고 가정하는 것은 구태의연한 생각이다. 효과적인 컴플라이언스 정책이 표명된 목표를 달성하려면, 정책이 주의깊게 개발되고, 고안되며, 소통되어야 한다. 이 프로세스에는 많은 중요한 단계와 이슈가 수반된다.

컴플라이언스 정책 개발시 어떤 기준이 고려되어야 하는가? 앞에서 말한 바와 조화되려면, 조직의 컴플라이언스 정책 입안자는 정책 시행 대상자에 대해 잘 알아야 한다. 다음과 같은 핵심 요인들이 이에 포함된다.

- 정책 시행 대상자의 특성
- 조직의 구조와 의사 결정 방식
- 영향을 받는 개인 및 조직이 규정을 준수하도록 동기를 부여할 가능성이 있는 인센티브
- 컴플라이언스에 대한 장애

조직의 컴플라이언스 정책은 진공 상태에서는 결코 효과적으로 개발될 수 없다. 정책 입안자는 정책의 맥락과 목표 시장을 이해해야 한다.

정책 정립시 조직의 핵심 부문들 예를 들어 법무, 인사, 감사, 내부통제, 재무통제, IT 부서 및 비즈니스 관리자이 정책의 제정과 실행에 관여해야 한다. 이들에 대한 효과적인 조정이 없으면 정책은 성공하지 못할 것이다. 윌리엄 런도프William Rundoff는 2006년 5/6월호 「ABA 은행 컴플라이언스」에 게재한 글에서 조정에 대한 이러한 필요를 다음과 같이 강조했다.

컴플라이언스 활동의 복잡성으로 인해 여러 개인과 부서가 관여할 필요가 있다… 따라서 여러 부서 간의 중복 가능성이 상존한다. 값비싼 대가를 치르는 실수와 오류가 발생할 수 있으며, 바로 그 이유 때문에 모두가 자신의 책임을 예리하고 정확하게 인식해야 한다. 컴플라이언스 관리는 진정한 협동 작업이며, 혼동할 여유가 없다.

효과적인 컴플라이언스 정책은 조직의 핵심 부서 및 개인과의 상의와 조정을 필요로 할 뿐 아니라, 이에 못지않게 고위 경영진 및 이사회의 수용과 승인이 중요하다. 정책 초안은 조직의 고위 경영진과 영향을 받는

비즈니스 부서들, 그리고 제안된 컴플라이언스 정책의 범위 및 영향에 따라 궁극적으로는 이사회로부터 검토 및 승인을 받아야 한다.

정책은 전 직원을 대상으로 하는지 또는 예를 들어 대금 청구, 구매, 또는 채용 등 조직의 특정 부문을 대상으로 하는지를 명확히 해야 한다.

정책은 역할과 책임을 명확히 해야 한다. 예를 들어 조직이 약물 테스트 프로그램을 실행하기로 결정할 경우 이 프로그램의 감독, 수집 프로세스, 테스트와 결과 검토, 직원에 대한 통보 등에 대해 누가 책임질지 정해야 한다. 정책에 각각의 단계에 대한 책임이 명확히 규정되어야 한다.

정책은 쉬운 용어로 작성되어야 한다. 전문 용어, 어려운 법률 용어, 애매모호한 용어를 피하고, 가능하면 참고 자료를 명시하라. 무엇이 필요한지, 무엇이 기대되는지에 관해 경영진이나 직원 편에서 오해가 없어야 한다. 조직에 자국어를 사용하지 않는 직원이 많을 경우 정책을 적절한 언어로 번역하라.

정책에 예외가 있을 경우 런도프의 말을 빌리자면, 예외가 "파악되고, 유형별로 구분되어져서 관련 경영진과 이사회내 위원회에 보고되어야 한다."

다른 조직의 정책을 이름만 바꿔서 사용해도 무방한가? 컴플라이언스 정책은 다른 곳으로부터 빌려 올 것이 아니라, 해당 조직에 맞게 작성되어야 한다. 조직의 정책과 절차는 해당 조직의 실제 정책과 관행을 반영해야 한다. 일반적인 정책 가이드를 사용하거나 다른 조직의 정책과 관행을 빌려 쓰고 싶은 유혹을 받겠지만 이는 위험한 발상이다. 조직은 규제 기관에 대해서 자신의 실제 정책과 관행에 대해 책임을 진다는 점을 기억하라. 실제 정책과 관행이 성문 정책과 다를 경우 조직은 이 차이를 설명하기 어려울 것이다.

누가 정책을 발표해야 하는가? 누가 정책을 발표할지에 관한 결정은 정책의 성격과 범위 그리고 조직의 구조예를 들어 분권화된 조직인가, 중앙 집중적 조직인가에 좌우될 것이다. 이에는 몇 가지 대안이 있다.

- 정책이 조직 전체에 광범위하게 전략적으로 적용될 경우 조직의 최고위 임원이 발표해야 한다.
- 정책이 광범위하게 전략적으로 적용되지만 현지의local 비즈니스 또는 법률상 필요에 맞춰 조정될 필요가 있는 경우 흔히 현지의 비즈니스 관리자가 원 정책의 짝이 되는 정책을 발표한다.
- 정책이 좁은 기술적인 면을 다룰 경우 컴플라이언스 프로그램이나 컴플라이언스 책임을 지고 있는 다른 부서예를 들어 감사, 재무통제 또는 인사 부서에서 발표해도 무방하다.

조직이 정책을 배포하고자 할 때 알아야 할 다른 이슈들이 있는가? 조직이 정책을 일반 문서와 웹 기반 문서로 발표할 때, 양자의 일관성을 유지해야 한다. 두 문서 사이에 차이가 있는 부분이 흔하기 때문이다.

조직이 직원에게 정책과 절차 문서에 서명하도록 요구할 경우 서명된 문서를 쉽게 찾아내고 검색할 수 있게 해야 한다. 조직이 정책을 전자 방식으로 배포하고자 할 경우 전자우편을 사용하여 직원들에게 정책을 수령했음을 인정하고 '동의' 또는 '거절' 버튼을 눌러 정책에서 정하는 요건들을 준수하는 데 동의하도록 요구하라.

효과적인 컴플라이언스 정책의 특징은 무엇인가? 효과적인 컴플라이언스 정책은 다섯 개의 기본적인 기준을 충족시킨다.

- 조직의 고위 경영진의 관여와 지지
- 조직의 목표, 사명, 가치와의 일관성
- 조직의 필요 및 우선순위와의 연관성
- 명확히 정의된 역할과 책임
- 효과적인 시행 계획

컴플라이언스 정책 및 절차 시행

잘 작성되고, 사려 깊으며, 철저하고, 포괄적인 정책 및 절차는 조직의 컴플라이언스 프로그램의 중요한 요소다. 그러나 정책 및 절차가 적절하게 시행되지 않는다면 소용이 없다. 캐나다 직장 건강 및 안전 센터 Canadian Centre for Occupational Health and Safety의 OHS 정책 작성 가이드2000는 이 점을 다음과 같이 간결하게 지적했다.

아무리 잘 작성된 정책도 이를 조직 전체에 실행하려는 계획이 없다면 공허한 말에 지나지 않는다. 정책은 다음과 같은 경우에만 효력을 발휘할 수 있다.

- 책임이 명확하게 정의되고 부여된다.
- 책임성에 관한 방법이 수립된다.
- 적절한 절차와 프로그램이 시행된다.

- 적정한 재정 자원과 기타 자원이 공급된다.
- 정책 목표 수행 책임이 직장 안에서 명확하게 소통되고 이해된다.

기존 컴플라이언스 정책 검토

신규 정책 제정이 중요한 것과 마찬가지로 조직은 기존 정책과 절차를 정기적으로 검토해서 현행 법률, 규정 및 조직의 기준을 계속 준수하도록 해야 한다. E&Y의 회사의 규제 컴플라이언스 관행에 의하면 조사 대상 회사의 58퍼센트는 정책 검토를 '필요할 경우/특별한 경우'에 실시했고, 27퍼센트는 매년 실시했으며, 8퍼센트는 연 2회 이상 실시했다. 기존 정책 검토시에 아래와 같은 사항을 고려해야 한다.

- 기존 정책에서 언급된 부서의 의무와 책임은 조직의 실제를 반영하는가? 조직이 변하고 사람들이 이동하며 새로운 자리가 생기고 기능들이 다른 분야로 옮겨 간다. 이러한 변화들이 조직의 정책 및 절차에 반영되어야 한다.
- 정책이 현재의 이사회와 고위 경영진의 견해를 반영하는가? 그렇지 않을 경우 조직의 고위 정책 결정자들의 견해가 반영되도록 정책을 업데이트해야 한다.
- 조직의 정책이 현행 법률과 규정을 반영하는가? 조직의 정책 및 절차가 마지막으로 법률 검토를 받은 것은 언제였는가?
- 조직의 정책은 현재 조직이 사용하는 새로운 기술과 시스템을 반영하는가? 조직의 정책은 개인 정보 보호, 이메일 사용, 인터넷 또는 인트라넷 프로토콜, 노트북 컴퓨터에 관한 이슈를 다루고 있는가?

소통

소통은 효과적인 컴플라이언스 기능의 특징이다. 컴플라이언스 관련 정보의 신속하고 방해 받지 않는 대내외 흐름이 조직에 매우 중요하다. 정부 규제 기관도 컴플라이언스 기능에서 소통의 역할을 인식하고 있다. 캔자스시 연방 준비 은행은 은행에 대한 효과적인 컴플라이언스 프로그램 유지 가이드에서 "효과적인 소통은 거의 모든 비즈니스의 성공에 중요한 부분이다. 컴플라이언스라고 예외는 아니다"라고 말했다. 소통은 정책 또는 전자 데이터에 나와 있는 말 이상이다. 소통은 문화와 조직의 풍토를 반영한다.

소통 전략

조직과 컴플라이언스 부서에서 컴플라이언스 관련 정보의 대내외 흐름을 증진시킬 수 있는 방법은 많다. 효과적인 컴플라이언스 부서는 게시판 게시, 최신 웹 기반 기술 등 많은 원천들을 통해 정보를 주고받을 수 있다는 것을 안다. 조직들이 사용하는 방법 몇 가지를 아래에 보여준다.

교육 및 오리엔테이션 고용 첫날의 교육이든, 정기적 업데이트이든 또는 직원회의를 통한 교육이든 간에 교육은 직원들이 컴플라이언스 핵심 정책 및 절차에 관해 알 수 있게 하는 훌륭한 방법이다.

정책 및 절차 매뉴얼 많은 조직에서 정책 및 절차 매뉴얼은 컴플라이언스와 관련된 사안에 대한 정보의 주요 원천이었으며, 앞으로도 그럴 것이다. 수록된 정보가 최신 정보이며, 쉽게 접근할 수 있고, 이용하기 쉬운 형태로 되어 있을 경우 매뉴얼은 효과적인 도구가 될 수 있다.

가이드 정책 및 절차 매뉴얼에 대한 부가물로서 조직은 특정 컴플라이언스 영역에서 직원의 행동을 다루기 위한 실무 '가이드'를 작성하기도 한다. 예를 들어 제약 업계에서는 미국의 해외 부패 방지법하에서 허용되는 해외 지급 또는 하위 해외 공무원들을 어떻게 다룰 지와 같은 특정 관행을 다루는 가이드를 종종 발견할 수 있다.

소식지 인쇄물 형태이든 전자 형태이든 간에 조직의 소식지는 컴플라이언스와 관련된 정보를 보급하는 효과적인 도구가 될 수 있다. 인디아나 대학교 체육부의 소식지는 코치 채용 정보, 연방 설비에 관련이 있는 뉴스와 진행 사항들을 강조하는 환경 게시판인 미국 환경보호청의 'FedFacs'와 같은 이슈에 대한 기사를 특집으로 다룬다. 소식지를 이용해서 컴플라이언스 관련 사안에 대한 정보와 동향, 최근 규제 동향, 새로운 시스템과 기술 프로그램, 교육 기회 등을 설명할 수 있다.

웹사이트인터넷과 인트라넷 지난 10년 동안 조직의 웹사이트는 컴플라이언스 관련 사안에 관한 정보를 전달하기 위해 사용되는 핵심 소통 장치가 되었다. 조직은 인터넷 웹사이트를 이용하여 자사의 행동 기준, 윤리 정책과 비즈니스 관행들을 더 많이 게시하고 있다.

조직은 점점 더 인트라넷 웹사이트를 이용하여 윤리 및 컴플라이언스 관련 정보를 직원들과 소통하고 있다. 인트라넷 사이트는 IT 기술과 결합되어 사용되면 텍스트예를 들어 조직의 윤리 강령 등를 제공할 수 있을 뿐만 아니라 이 강령의 요소들을 보다 더 자세히 설명하는 회사의 특정 정책 및 관행과 연결할 수도 있다. 회사는 인트라넷 설비를 이용하여 윤리 이슈 이해, 직원의 이해 상충 관리, 또는 직원 교육 등에 사용할 컴플라이언스 및 윤리 관련 텍스트 또는 비디오 형태의 자료들을 제공한다.

공공 부문 조직에게는 인트라넷을 이용한 규제와 컴플라이언스 사안 전달이 중요한 법률 및 규정에 관한 정보를 소통하고 필요시 이를 업데이트하는 효과적이고 효율적인 도구가 되었다.

컨퍼런스 기술 세 가지 컨퍼런스 기술오디오, 비디오, 웹은 조직이 많은 사람에게 신속하고 저렴하게 도달할 수 있게 해 준다. 특히 컴플라이언스 소통 수단의 하나로서의 웹 컨퍼런스가 점점 더 확산되고 있다. 일부 웹 컨퍼런스 벤더들은 고객들에게 컨퍼런스 회의를 자동으로 저장하고 이를 문서화하여 향후 컴플라이언스 목적에 사용할 수 있도록 보관 시스템에 옮겨 주기도 한다.

비디오/웹 캐스팅 조직은 인트라넷 설비를 사용하여 윤리 및 컴플라이언스에 관한 내용을 방송하고 교육 프로그램을 제공한다.

핫라인 프로그램 직원에게 이슈, 우려 사항과 문제들을 소통할 수 있게 해주는 핫라인 제도는 효과적인 컴플라이언스 프로그램의 핵심 구성 요소중 하나다.

퇴직 인터뷰 조직에게 흔히 간과되는 정보의 원천 중 하나는 퇴직 인터뷰다. 컴플라이언스 부서가 조직의 인사 부서와 협력할 경우 퇴직 인터뷰는 조직의 관행에 대한, 특히 그 관행이 조직에게 해가 될 수 있는 비윤리적이거나 불법적인 활동과 관련이 있을 경우 이에 대한 유익한 정보의 원천이 될 수 있다.

고객 민원 FDIC는 다음과 같이 말한다. "민원은 특정 기능 또는 부서에서 컴플라이언스 취약성을 나타내는 것일 수도 있다. 따라서 컴플라이언스 책임자는 민원에 대해 알고 민원이 적시에 해결되게 해야 한다. 컴플라이언스 책임자는 민원의 이유를 파악하고, 회사의 비즈니스 관행이 적절히 개선되도록 조치를 취해야 한다."

교육

교육은 이제 더 이상 하면 좋은 것 수준이 아니라 현대 컴플라이언스 프로그램의 필수 구성 요소 중 하나다. 설문 조사 결과들은 컴플라이언스 및 윤리 교육 프로그램이 많은 조직에서 표준 관행이 되었음을 보여 주고 있다. 컨퍼런스 위원회의 2006년 보고서 「일반적인 관행: 윤리 및 컴플라이언스 벤치마킹 조사」는 '윤리 교육 프로그램을 갖고 있는 회사의 70퍼센트는 직원들의 최소 91퍼센트를 교육 대상으로 하고 있음'을 발견했다. "이 수치는 연방 양형 가이드라인이 발표되기 전인 1987년 조사 결과와 대비되는데, 당시에는 윤리 교육을 조금이라도 제공하는 회사는 조사 대상의 44퍼센트에 지나지 않았다."

연방 기업 양형 가이드라인하에서 기관들은 고위 경영진과 이사회를 포함한 직원들에게 교육 프로그램을 시행하도록 요구된다.

컴플라이언스 교육 범위는 크게 확대되었다. 이에는 전통적으로 강사가 주도하는 교실 수업, 세미나 및 컨퍼런스, 일대일 교육, 특정 조직에 따라 개별적으로 맞춰진 웹 기반 교육 프로그램, 정부가 지원하는 교육 아카데미, 산업별 교육 기관과 컴플라이언스 관련 주제에 특화된 대학의 교육 코스 등이 있다.

교육 필요 및 의무 평가

조직은 교육 훈련 프로그램 도입의 전제 조건으로서 핵심적인 컴플라이언스 교육 필요와 리스크에 관한 근본적인 질문들을 다뤄야 한다.

― 교육 훈련 프로그램이 조직의 핵심 컴플라이언스 리스크를 적정하게 다루는가?

효과적인 교육 훈련 프로그램은 조직의 중대한 컴플라이언스 필요와 리스크를 다룬다. 조직은 리스크 평가와 교육 활동을 조화시키는가, 조직에 중대한 감사상의 문제가 있는가, 직원과 책임자의 이직률이 높은가, 새로운 프로젝트 라인이나 서비스가 추가되었는가, 또는 새로운 지역으로 확장하였는가? 이러한 모든 변화들은 조직의 교육 필요와 우선순위에 영향을 준다.

― 컴플라이언스 교육 프로그램을 요구하는 법률 또는 규정이 있는가?

조직의 위치와 소속 산업에 따라서는 컴플라이언스 관련 교육을 제공할 법규상의 의무가 있을 수도 있다. 예를 들어 캘리포니아, 메인, 코네티컷 주의 기업은 감독자 참석 하에 두 시간의 성희롱 방지 교육을 실시하도록 요구하고 있다구체적인 요구 사항은 주마다 다르다. 위험 물질에 관한 규정 분야에서는 OSHA산업안전보건청가 고용주에게 업무 신규 부여 때와 새로운 신체적 또는 건강상 위험이 해당 분야에 추가될 때 직원들에게 유해 화학물질에 관한 교육을 제공하도록 요구한다.

규제 기관의 검사에 조직의 교육 프로그램 검토가 포함되는 경우가 많다. 예를 들어 미국 OCC통화 감독청는 특별히 은행비밀법을 다루는 은행의 교육 프로그램을 검토한다. 이와 유사하게 미국 FDA식품의약청는 검사 프로그램의 일환으로 회사의 교육을 평가한다.

ㅡ 조직의 현행 컴플라이언스 관련 지침은 조직의 컴플라이언스 필요를 충족시키기 위해 얼마나 효과적으로 지식을 전달하고 있는가?

컴플라이언스 교육 프로그램은 조직의 컴플라이언스 리스크 요건을 다루는 전문적인 지침을 제공할 수 있어야 한다. 이 지침은 구체적인 지식을 전달해 줄 뿐만 아니라, 학습과 이해를 장려하는 방식으로 정보를 전달할 수 있어야 한다는 점도 이에 못지않게 중요하다.

ㅡ 조직의 컴플라이언스 교육 프로그램은 직원, 자원자, 기타 관련인에게 어떻게 효과적으로 다가갈 것인가?

여러 곳에 분포되어 있거나 전 세계적으로 24시간 내내 운영되는 대규모 조직에 대한 주요 도전 과제 중 하나는 컴플라이언스 정보와 교육을 적시에, 그리고 접근하기 쉽게 제공하는 것이다.

— 해당 조직에는 어떤 교습 방법예를 들어 온라인 학습(e-learning), 강사 주도 프로그램, 소그룹 학습, 또는 개별 지도이 가장 효과가 좋겠는가?

이 질문에 대한 답은 직원의 수와 지리적 분포, 필요한 교육의 수준과 유형, 활용할 수 있는 자원과 설비, 이전 교육 활동에 대한 평가, 그리고 교육의 긴급성예를 들어 새로운 법률 또는 규정 등 많은 요인에 의해 좌우될 것이다.

– 조직의 교육 훈련을 위한 자원은 어떠한가?

현대의 조직들은 빠듯한 예산과 제한된 자원만을 지니고 있기 때문에 교육 훈련에 활용할 수 있는 자원을 끊임없이 평가할 필요가 있다. 교육에 사용할 수 있는 자금과 직원들의 시간이 제한되어 있을 수도 있다는 점을 인식한다면, 조직은 교육 훈련 의무를 다룰 때 현실적이면서도 창의적일 필요가 있다. 예를 들어 조직은 즉각적인 교육이 필요한 리스크가 높은 영역에 집중할 수도 있고, '규모의 경제' 의 이점을 취하기 위해 다른 유사한 조직과 공동으로 교육 훈련을 실시할 수도 있으며, 심화 과정 교육을 제공하는 기관과 제휴할 수도 있다.

— 교육 프로그램 의무에 조직의 규모가 고려되었는가?

2004년 개정 연방 기업 양형 가이드라인에 대한 논평에서 이 가이드라인에 대한 자문 그룹은 교육 의무에 대해 다소 분별력이 있는 접근 방법을 취했다. 이 그룹은 이렇게 말했다.

우리 자문 그룹은 조직들이 직원 규모, 조직의 운영과 활동 분야에 비춰 볼 때 우려가 되는 비리 행위의 유형, 교육 대상자의 직무상 책임 등과 같은 요인을 감안하여 적절한 컴플라이언스 교육과 정보 배포 방식을 결정할 유연성을 지녀야 한다고 믿는다.

교육 훈련 프로그램의 핵심 요소

효과적인 교육 훈련 프로그램에는 몇 가지 중요한 구성 요소와 고려 사항이 있다.

행정 관리

- 누가 교육 프로그램의 구상, 디자인, 제작과 전달 책임을 맡을 것인가?

컴플라이언스 부서, 교육 담당 부서, 비즈니스 부서, 법무부서, 또는 기타 부서 등 조직의 어느 부서에서 윤리 및 컴플라이언스 교육 프로그램에 대해 책임을 지는지 결정해야 한다. 교육 프로그램이 여러 부서가 협력해야 할 사안일 경우 각 부서는 어떤 책임을 질 것인가?

- 누가 교육 프로그램 비용을 부담할 것인가?

이는 언제나 민감한 이슈다. 교육 프로그램이 누구의 예산으로 지급될 지는 영원한 문젯거리다. 2007년 의료업 컴플라이언스 책임자 프로필은 조사 대상 기관의 67퍼센트는 교육 예산 항목이 없음을 발견했다[33] 퍼센트는 교육 예산이 있었다. 교육 예산 항목이 없었던 67퍼센트 중 66퍼센트는 부서 예산으로 컴플라이언스 교육 비용을 지급했다.

─ 조직이 직원의 교육에 대해 수당을 지급해야 하는가? 조직이 교육 관련 교통 숙박비와 식사 비용을 정산해 줄 것인가?

교육이 업무 시간 외에 실시될 경우 조직은 특정 상황에서의 교육에 대한 수당 지급을 다루는 연방 또는 주 법이 있는지 인사 부서 또는 고용 관련 변호사에게 확인해야 한다. 또한 교육이 사외에서 실시될 경우 조직은 직원에게 교육 참석과 관련된 교통 숙박비와 식비를 정산해 줄지도 결정할 필요가 있다.

디자인

─ 누가 교육을 받을 것인가?

고위 경영진과 이사회 위원을 포함한 모든 직원은 적정한 교육을 받고 자신의 직무를 규율하는 감독 규정상의 의무를 이해해야 한다. 연방 기업 양형 가이드라인섹션 8B2.1(b)(4)은 몇 가지 지침을 제공한다. 이 가이드라인은 "이사회 위원, 고위급 인사, 상당한 권한을 지닌 인사, 직원, 그리고 해당될 경우 조직의 대리인에게 컴플라이언스 교육이 제공되어야 한다"고 명시하고 있다.

조직의 사명을 지원하는 참모staff 기능 수행 직원에 대한 규제 관련 교육을 간과하지 않도록 주의해야 한다. 인사, 재무통제, 내부통제 및 정보기술 담당자들은 자신의 분야에 관한 컴플라이언스와 규제상의 의무뿐만 아니라, 조직의 운영을 규율하는 보다 넓은 규제상 및 컴플라이언스상 맥락을 이해할 필요가 있다. 예를 들어 인사 부서의 주의를 끌게 된 이슈가 특정 이슈예를 들어 비용 계정 보고 위반에 대한 징계 조치에 한정된 것으로 보일 수도 있지만 인사 업무 담당자가 이 사건을 이해하고 보고하도록 적정한 교육을 받지 않은 경우 보다 광범한 컴플라이언스상의 결과예를 들어 해외 부패 방지법 위반를 초래할 수도 있다.

— 직원은 자신의 주된 책임 수행에 지장을 주지 않으면서 얼마나 많은 시간을 교육 훈련에 투자할 수 있는가?
이는 비즈니스 관리자가 조직의 교육 담당자나 컴플라이언스 책임자와 협력하여 결정해야 할 사안이다. 그러나 조사 결과에 기초해 볼 때 많은 조직에서 이는 큰 문제가 되지는 않는다. 2007년 의료업 컴플라이언스 책임자 프로필에 따르면 직원의 51퍼센트는 해마다 컴플라이언스 업데이트 교육에 1~3시간을 할애하며, 12퍼센트는 3~6시간을 할애하고, 3퍼센트는 6시간 이상을 할애했다. 재미있는 사항 중 하나는 33퍼센트는 컴플라이언스 교육에 1년에 1시간도 할애하지 않았다는 사실이다.

— 교육 훈련 프로그램을 모든 관리자와 감독 책임자의 의무 사항으로 할 것인가?
많은 조직들및 일부 주 법들은 경영진과 감독 책임자들에게 고용 및 노동 문제예를 들어 평등 고용 기회, 성희롱, 장애 미국인법, 가사 휴가 및 의료 휴가법, 노동자 보수, 윤리 및 자신의 업무 기능에 대한 규제 사항 업데이트에 정기적인 교육을 받도록 요구한다.

— 조직의 컴플라이언스 교육 프로그램이 오리엔테이션 교육의 일부로 포함되게 할 것인가? 이를 지속적 컴플라이언스 교육 프로그램으로 할 것인가? 양자를 모두 사용할 것인가?

많은 조직들이 컴플라이언스와 윤리 교육을 직원 오리엔테이션 기간 중 및 고용 기간 중에 정기적으로 제공한다.

오리엔테이션 교육 신입 직원, 다른 부서 또는 국가로부터의 전입자, 또는 자원자에 대한 오리엔테이션은 흔히 해당 조직에 적용되는 몇 가지 핵심 법률 및 규정, 조직의 컴플라이언스 프로그램 개요, 조직에서의 윤리 및 올곧음에 대한 논의에 중점을 둔다. 오리엔테이션은 소그룹을 대상으로 개별적으로, 또는 이 둘을 조합하여 제공될 수 있다. 예를 들어 뉴잉글랜드 소재 대형 지역의료 센터에서는 모든 신입 직원에게 오리엔테이션 프로세스의 일환으로 반시간 분량의 컴플라이언스 브리핑을 실시한다. 조직은 입사 후 30일 또는 60일 이내와 같은 오리엔테이션 교육 시행 시한을 정해야 한다.

지속적 교육 프로그램 6개월 또는 1년 주기 컴플라이언스 교육 프로그램은 조직이 직원 및 자원자들에게 컴플라이언스와 관련된 주제에 관한 주요 내용을 상기하고 업데이트하는 기회를 제공한다. 2007년 의료업 컴플라이언스 책임자 설문 조사는 86퍼센트의 조직이 연례 컴플라이언스 업데이트 교육을 제공한다고 보고했다.

— 조직의 이사회와 고위 경영진에 대한 교육 요건은 어떠한가?

이사회와 고위 경영진은 컴플라이언스에서 광범위하고 주도적인 역할을 수행한다. 앞에서 언급한 바와 같이 연방 기업 양형 가이드라인은 특별히 이사와 고위 경영진이 컴플라이언스 교육을 받도록 요구하고 있다. 이 가이드라인의 요구에도 불구하고 이사회 위원에 대한 교육은 신통찮다. 컨퍼런스 보드의 조사에 의하면 이사회 위원의 58퍼센트가 FSGO에 따른 컴플라이언스 교육을 받았다. 교육을 제공한 기관 중에서도 교육의 길이는 매우 짧았다. 31퍼센트는 연간 1시간도 안 되는 교육을 받았고, 38퍼센트는 연간 1~2시간의 교육을 받았다. 8퍼센트만 연간 5시간이 넘는 컴플라이언스 교육을 받았다고 보고했다.

— 조직의 컴플라이언스 담당 인력에 대한 교육은 어떠한가?

구두장이의 자녀는 맨발로 다닌다는 속담과는 달리 컴플라이언스 책임자들은 소홀히 취급되면 안 된다. 그들이 법률 및 규정, 업계 동향, 자율 규제 기관의 동향 및 동 업계 조직의 모범관행을 업데이트하기 위해 정기적으로 교육을 받는 것이 중요하다.

— 누가 교육을 수행할 것인가?

조직이 교육 프로그램에 대해 자질이 있는 강사를 보유하는 것이 매우 중요하다. 미숙하고 자질이 없는 강사는 중요한 컴플라이언스 정보 전달에서 득보다 해를 끼치는 경우가 많다. '강사 훈련' 프로그램은 저렴한 비용으로 정보의 흐름을 촉진한다는 점에서 나름의 장점이 있지만 이 방법을 사용하는 조직은 비효과적인 강의에 대한 리스크를 무릅쓰게 된다.

커리큘럼

— 교육 프로그램은 어떤 주제를 다룰 것인가, 일반적인 이슈를 다룰 것인가 아니면 특정 과정을 다룰 것인가?

모든 교육 프로그램은 어떤 유형의 교육이 필요한가라는 근본적인 질문과 씨름한다. 어느 신용협동조합 임원은 「신용협동조합 매거진」 2006년 5월호에서 이렇게 말했다. "우리는 모든 사람이 모든 것을 알아야 한다고 생각해서 모든 사람에게 동일한 교육을 제공했습니다. 하지만 그것은 실수였습니다. 지금은 직원들이 자신의 업무 분야에 더 능숙해질 수 있도록 보다 특화된 교육을 제공합니다."

일반적으로 컴플라이언스 관련 커리큘럼은 4개의 기본 범주로 나눌수 있다.

- '일반' 과정: 직무에 관계없이 모든 직원에게 영향을 주는 법률과 규정에 중점을 둔다. 예를 들어 전자우편 사용, 성희롱, 직장내 괴롭힘, 정보 보안, 또는 내부자 거래 등이 이에 속한다
- '감독 규정 전문' 과정: 산업별 핵심 규정에 중점을 둔다. 예를 들어 조직의 모든 직원이 알아야 할 식품의약청FDA, 산업안전보건청OSHA, 국방부, 환경청, 국세청의 규정들이 이에 속한다. 이 과정들은 해당 산업의 규정과 연방 또는 주의 규정들을 준수하지 않을 경우 그 결과에 대해 더 잘 이해하게 해준다.
- '검사 전문' 과정: 특정 규제 기관의 검사 관행에 중점을 둔다. 이 과정들은 중점 규제 대상, 규제 기관의 역할과 권한, 규제 기관의 문의에 대한 대처 방법과 기타 이와 유사한 사안들을 밝혀 준다.
- 윤리 강령 및 윤리 교육: 비즈니스 행동 기준과 이해 상충, 선물, 뇌물, 재무적 올곧음integrity과 같은 윤리적 이해 상충 상황에 중점을 둔다.

앞에서 인용했던 컨퍼런스 보드의 조사에 의하면 "2005년의 가장 보편적인 3가지 공식적인 필수 교육 주제는 고용법과 관련된 주제들로서 성희롱71퍼센트, 직장내 괴롭힘60퍼센트과 윤리적 판매59퍼센트였다. 정보 보호와 보안은 또 다른 관심 주제였다. 이 조사는 49퍼센트의 회사들이 '비밀정보/정보 보안' 분야에 공식적인 필수 교육 프로그램을 갖고 있음"을 발견했다.

— 조직은 자신의 교육 대상자를 얼마나 잘 아는가?

교육은 대상자의 구체적인 필요와 특성에 맞게 실시되어야 한다. 「FDA 집행 매뉴얼2005년 2월」은 어느 제약업체 컴플라이언스 컨퍼런스에서 참가자 중 한 사람이 "컴플라이언스 교육은 강사들이 '뜬구름 잡는' 얘기를 하기 때문에 세일즈맨에게는 인기가 없습니다"라고 한 말을 인용하며 컴플라이언스 교육은 초점이 잡힐 필요가 있다고 말했다.

컴플라이언스 교육 자료는 직원의 필요와 요구에 부합해야 한다. 교육은 직원들에게 어떤 영향을 주며, 그들의 업무에 어떻게 적용될 수 있는지에 중점을 두어야 한다. 교육은 관련이 없는 정보를 피해야 한다. 효과적인 컴플라이언스 교육은 단순히 특정 법률이나 규정을 암기하는 문제가 아니다. 교육은 법률이나 규정을 직원의 업무와 관련시켜야 한다. 좋은 경험과 나쁜 경험, 벌금과 범칙금 납부 등 사례 연구는 매우 유용한 교육 도구다.

교육 전문가이자 은행 컴플라이언스 책임자인 메그 찌르바Meg Sczyrba는 2006년 7월 18일자 「ABA 뱅커스 뉴스」에서 이렇게 말했다. "우리가 하고 있는 일은 규정보다는 업무 프로세스를 통해 훈련시키는 것입니다.

저는 규정으로 규정 교육을 할 경우 그들에게 반드시 필요하지 않을 수도 있는 많은 세부사항들의 늪에 빠져 옴짝달싹 못하게 할 수도 있다고 생각합니다."

컴플라이언스 관련 교육 프로그램은 이 주제가 때로는 고리타분하고 따분할 수도 있다는 현실을 인식하고 사람들의 주의를 끌도록 노력해야 한다. 찌르바가 다음과 같이 말한 것처럼 말이다. "컴플라이언스는 다소 좋지 않은 평을 듣습니다. 컴플라이언스는 다소 건조한 측면이 있습니다. 저는 이것을 인정해야 하고… 컴플라이언스에 대해 사람들의 주의를 끌려면 컴플라이언스에 대해 교육할 때 다른 주제와 비교해서 더 열심히 대비해야 한다는 것을 이해해야 한다고 생각합니다."

교육 기법

컴플라이언스 관련 교육 훈련 프로그램을 전달하기 위해 조직이 사용할 수 있는 방법은 많다. 실제로 조직은 집합 교육, 비디오 및 온라인 학습 형태를 혼합하여 사용한다. 「2007년 의료업 컴플라이언스 프로필」에 의하면 가장 보편적인 컴플라이언스 교육 방법은 다음과 같다.

- 컴퓨터 기반 또는 웹 기반 교육71퍼센트가 사용함
- 컴플라이언스 책임자가 강사로 참여하는 강의68퍼센트가 사용함
- 컴플라이언스 책임자가 아닌 사람이 강사로 참여하는 강의47퍼센트가 사용함
- 비디오 교육32퍼센트가 사용

강의 강의 형태로 정보를 제공하는 전통적인 기법은 지금도 널리 사용되고 있다. 계획된 집합 교육 시간에 사용하든 직원회의 시간에 사용하든, 능숙하게 전달된 좋은 강의는 컴플라이언스의 중요성을 논의하고, 특정 컴플라이언스 이슈들을 검토하며, 컴플라이언스 리스크를 다루기 위한 조언과 지침을 제공하는 좋은 기회이다. 이 방법에는 장단점이 있다. 긍정적인 면으로 강의는 컴플라이언스 이슈들을 논의 및 검토하고, 논의 중에 있을 수 있는 컴플라이언스 이슈에 관한 정보를 끌어내며, 교육 및 주제에 대해 즉석에서 피드백을 받을 수 있다. 그러나 대규모 또는 분산된 조직에서는 개인별 교육이 교통 숙박상으로나 재정적으로 가능하지 않을 수도 있다는 단점이 있다. 직원의 시간 할애, 강의 장소 마련 및 강의 교재 작성은 힘들고, 비용과 시간이 많이 소요될 수 있다.

비디오 비디오 사용은 컴플라이언스 교육에서 주요 요소가 되었다. 비디오는 실제적인 시나리오, 쌍방향 퀴즈, 전문가의 조언, 조직의 정책 및 절차와 웹사이트 등과 같은 참고 자료 연결 등 다양한 교육 기회를 제공한다. 예를 들어 비즈니스 윤리 및 행위에 관한 방위산업 이너셔티브 DII는 '방위 계약자에 관련된 윤리 및 컴플라이언스 이슈들에 관한 논의와 토론을 장려하기 위해' 사례 연구와 비디오를 결합한 '윤리 교육 사례' 라 불리는 비디오 프로그램을 제공한다. 글로벌 미디어 조직 베델스만은 컴플라이언스 교육에 비디오와 쌍방향 학습을 사용하는 재미있는 교재를 개발했다 Box 6.1을 보라.

온라인 학습E-Learning 인터넷의 성장과 비례하여 지난 10년간 온라인 학습이 크게 성장했다. 온라인 학습은 조직에 많은 중요한 이점을 제공한다.

- 개별적인 강사를 불필요하게 해 준다.
- 직원들이 편리할 때에 학습 교재에 접근할 수 있게 해주기 때문에 교육 과정 계획 수립이 상당히 쉬워지게 한다.
- 다양한 지역에 소재하고 있는 많은 직원들에게 일관된 메시지와 교육 커리큘럼을 신속하게 전달할 수 있게 해 준다. 이를 통해 교육의 표준화에 도움을 준다.
- 직원들에게 자신의 속도에 맞춰 교재를 학습하고, 필요하면 이를 복습할 수 있게 해 준다.
- 조직에게 직원이 얼마나 효과적으로 학습을 마쳤는지 평가할 수 있게 해 준다.

Box 6.1 베델스만 가정불화 윤리 게임

윤리 및 컴플라이언스 이슈에 관한 직원 교육을 위한 새롭고 교육적이며, 흥미를 끄는 기법 개발은 영원한 과제다. 세계적인 미디어 기관인 베델스만은 자사의 히트 게임 프로 가정불화Family Feud를 이용하여 이를 혁신적인 윤리 게임으로 만들었다. 이 회사의 윤리 및 컴플라이언스 책임자 안드레아 보니메블랑Andrea BoniemeBlanc에 의해 개발된 '가정불화 윤리 게임'은 팀들이 회사의 비즈니스 윤리 강령과 연계된 많은 윤리 문제에 대해 답하는 방식으로 경쟁을 벌인다. 이 게임을 시청하는 직원 또한 쌍방향 학습 프로그램을 통해 이에 참여할 수 있다. 이 게임에는 4가지 에피소드가 있다.

- 괴롭힘 금지 에피소드
- 차별 금지 에피소드
- 전자 소통 수단 사용 에피소드
- 작업장 건강, 안전 및 보안 에피소드

온라인 학습 사용시 고려 사항

온라인 학습 형식의 이용은 여러 가지 중요한 이점을 제공해 주지만 조직은 특정 요소들을 고려해야 한다.

강의 디자인 기본적으로 고려해야 할 사항은 이 강의 프로그램이 기술을 어떻게 효과적으로 학습 경험 안으로 접목하여 컴플라이언스 교육을 촉진시킬 것인가 하는 점이다. 온라인 학습에는 다양한 형식이 있으며, 많은 사례, 스타일 및 디자인을 인터넷상에서 구할 수 있다. 예를 들어 이 프로그램은 그래픽과 애니메이션을 얼마나 효과적으로 사용하는가? 상호 작용 수준은 어떠한가?

기술 온라인 학습 프로그램을 전달하는 기술의 품질 및 효과성은 어떠한가? 이 프로그램에 모든 직원들이 접근할 수 있는가?

커리큘럼 및 강의 누가 자료를 준비할 것인가? 벤더에 의해 이미 작성된 '틀에 박힌' 자료를 사용할 것인가, 아니면 조직의 필요와 요구에 맞출 것인가? 후자일 경우, 이를 조직이 자체적으로 할 수 있는가, 아니면 컨설팅 서비스를 필요로 하는가? 어느 경우이든 자료는 직원의 필요와 법률 및 규정의 요구에 부합해야 한다.

보안 조직이 온라인 학습을 위해 외부 벤더를 이용할 경우 사용자 정보, 방화벽 보호와 적정한 서버 기반 등과 같은 적정한 보안 장치가 갖춰져야 한다.

온라인 학습시 주의 사항 온라인 학습에 관해 몇 가지 주의해야 할 사항이 있다.

- 온라인 학습은 휴대할 수 있고 읽기 쉬운 인쇄 문서예를 들어 강의 매뉴얼 등를 대체하지 않는다. 각각은 학습 프로세스에서 자신의 가치와 효용이 있다.
- 온라인 학습이 집합 교육 프로그램과 강의를 불필요한 것으로 만들지 않는다. 강사의 통찰력 있는 내용 설명은 강의가 제공하는 귀중한 요소다.
- 온라인 학습은 건전한 강의상의 디자인을 필요로 한다. 웹 기반 프로그램의 그래픽, 애니메이션 및 상호 작용적 특성이 재미있고 호소력이 있을 수는 있지만 학습의 기본을 잊어서는 안 된다. 이 자료가 측정할 수 있는 학습 목표를 가지고 있는가, 이 자료의 내용으로 이 목표를 달성할 수 있는가?

문서화테스팅 및 기록 관리

조직의 온라인 학습 프로그램은 직원의 교육 기록을 관리하고 학습의 효과성을 평가할 수 있도록 디자인되어야 한다. 이 프로그램은 교육을 종료한 사람들의 학습 기록을 산출할 수 있어야 한다. 이를 관리하기 위해 조직들은 흔히 학습 관리 시스템을 사용한다.

학습 관리 시스템 온라인 학습이 성장하자 지난 몇 년 동안 학습 관리 시스템Learning management system; LMS이 출현했다. LMS는 어떤 직원이 교육에 참가할 필요가 있는지 결정하고, 개별 직원들의 기술 및 지식수준을 측정하며, 직원들의 교육 횟수 및 시간을 기록 관리하고, 관리자들에게 소속 직원들의 교육 활동을 통보해 주는 등 다양한 온라인 학습 구성 요소들을 관리하는 정교한 소프트웨어 프로그램이다.

LMS는 규제 기관의 교육 요건 충족에 널리 적용될 수 있다. 예를 들어 미국 식품의약청에 의해 관리되는 우수 제조 관리 기준good manufacturing practices; GMP 규정은 흔히 LMS를 이용하여 특정 컴플라이언스 분야의 직원 교육을 문서화하고 이의 기록을 관리한다.

외부 교육 프로그램

많은 대학교, 독립 교육 기관 및 전문 협회들이 컴플라이언스 관련 교육을 제공한다. 제약업, 금융 서비스업, 의료업 등 이들 기관의 교육 기회는 매우 많다.

요약

조직의 컴플라이언스 부서에서 효과적인 컴플라이언스 정책을 개발하여 이를 소통하고 직원들에게 이들 정책의 중요성을 교육시켜야 할 필요가 있음은 과소평가될 수 없다. 이들 프로그램은 컴플라이언스 윤리 및 가치에 대한 조직의 의지의 진수眞髓와 정신을 전달한다. 그러나 적정한 통찰력과 계획 없이 그러한 일에 착수하면 실패하게 되어 있다. 믿을 수 없을 정도로 막대한 소통 능력을 지닌 이 시대에 교육 대상자를 이해하고 이용 가능한 자원을 활용하는 컴플라이언스 프로그램은 조직에 귀중한 서비스를 제공해 줄 수 있다.

231

⑦

핫라인, 내부 고발자, 조사

컴플라이언스는 조직의 영혼으로 들어가는 창문이라고 말한 현인은 내부 고발, 핫라인, 조사를 염두에 두고 있었음이 분명하다. 조직의 구성원, 자원자, 대리인 및 일반 대중이 윤리 또는 법률 위반 사안을 보복에 대한 두려움 없이 조직의 최고위층에 알릴 수 있고, 그럴 용의가 있다는 것은 효과적인 조직 문화 및 컴플라이언스 프로그램이 있음을 시사하는 강력한 증거가 된다.

이에 못지않게 중요한 요소로서 비리 혐의에 대한 조직의 컴플라이언스 프로그램과 고위 경영진의 신속하고 단호한 대응은 윤리적이고 법규를 준수하는 행동에 대한 조직의 의지를 반영한다. 이번 장은 핫라인, 내부 고발자, 조사라는 이슈들을 살펴본다.

내부 고발 프로그램

　내부 고발이라는 말은 무엇을 의미하는가? 흔히 사용되는 정의가 「반더빌트 다국적법 저널Vanderbilt Journal of Transnational Law」 2002년 3월호에 게재된 테리 모어헤드 도킨Terry Morehead Dworkin의 연구에 인용되었다. 내부 고발은 "사람 또는 조직에 영향을 줄 수도 있는 고용주 통제하의 불법적, 비도덕적 또는 비합법적 관행에 대해 조직의 전직혹은현직 구성원이 공개하는 것"이다. 윤리 자원 센터Ethics Resource Center; ERC의 스튜어트 길만Stuart Gilman은 2002년에 연방 기업 양형 가이드라인에 대한 자문 그룹의 증언에서 이러한 공개의 필요를 역설했다. 길만은 이 증언에서 조직의 내부 고발 프로그램의 중요성에 대해 다음과 같이 말했다.

　많은 조직에게 효과적인 윤리 및 컴플라이언스 프로그램의 필수 요소 중 하나는 직원들에게 관찰된 비리에 대해 보고하고, 윤리 우려를 적절히 제기하도록 장려하는 시스템을 창설하는 것입니다. 직원들은 때로는 그러한 조치를 취하려 하지 않는다는 것이 잘 알려져 있습니다. 내부 고발에 관한 연구는 윤리 우려를 제기하지 않거나 비리를 보고하지 않는 가장 큰 두 가지 이유는 다음과 같음을 보여주었습니다. 그것은 (1) 제보해봐야 아무 조치도 취해지지 않으리라는 생각 (2) 보복에 대한 두려움입니다. 이러한 이유는 익명 보고 라인과 같은 공식적인 장치뿐만 아니라 조직 문화와도 관련이 있습니다.

　직원들은 아직도 불법적이거나 비윤리적인 행위를 보고하기를 꺼린다는 2005년 윤리 자원 센터의 보고서도 길만의 증언을 지지한다. 2007

년 6월 4일자 「에씩스월드EthicsWorld」에 의하면 3,015명을 대상으로 한 전국 기업 윤리 조사는 직장에서 비리를 관찰한 직원의 55퍼센트는 그러한 사고를 보고할 의향이 있음을 보여주었다. 그러나 이 수치는 2003년의 65퍼센트보다 하락한 것이다. 비리를 보고하지 않은 가장 큰 이유는 보복에 대한 두려움46퍼센트, 자신의 신원이 알려질 거라는 두려움39퍼센트, 누군가 다른 사람이 이 상황을 보고할 거라는 생각24퍼센트이었다. 고위 경영진77퍼센트과 중간 관리자67퍼센트는 하위 직원48퍼센트보다 비리를 보고할 가능성이 높았다.

배경

내부 고발 프로그램이라는 개념은 새로운 것이 아니다. 개인이 보복에 대한 두려움 없이 조직의 비리 사건을 보고할 수 있어야 한다는 요구는 평등고용기회법, 전국노동관계법노동조합 관련 활동, 연방광산건강 및 안전법 등 많은 법률에 규정되어 있다.

연방 기업 양형 가이드라인 반더빌트 연구는 "내부 고발을 지지하는 공공 정책이 성숙해짐에 따라 법률에서 전적으로 조직 외부의 보고만을 강조하던 데서 벗어나 내부 고발을 장려하는 방향으로 전환되어 왔음"을 발견했다. 이처럼 내부 고발을 지원하고 장려하는 추세는 1991년 연방 기업 양형 가이드라인에 반영되었는데, 이 가이드라인은 조직의 내부 고발 프로그램 성장에 큰 영향을 주었다. 반더빌트 연구는 이 가이드라인이 '조직이 내부 고발 프로그램을 설치한 가장 중요한 직접적인 원인'이라는 결론을 내렸다.

2004년 개정 연방 기업 양형 가이드라인은 이의 중요성을 재강조했다. 이 개정 가이드라인에 따르면 조직은 "익명성 또는 비밀성을 보장해 줄 수 있는 장치에 의해 직원 및 대리인들이 보복에 대한 두려움 없이 잠재적 또는 실제 범죄 행위에 대해 보고하거나 안내를 받을 수 있게 해주는 시스템을 갖추고 이를 공표"해야 한다.

허위청구법 내부 고발에 대한 또 다른 촉매는 연방 정부가 내부 고발 보호를 비정부 부문 직원들에게까지 확대한 1989년 개정 미국 허위청구법False Claims Act; FCA이었다. FCA는 개인이 정부가 사기당했다고 믿을 경우 그들에게 미국 정부를 대신해서 정부 계약자들에게 소송을 제기할 수 있도록 허용한다. 반더빌트 연구가 보고한 바와 같이 이 법은 큰 영향을 끼쳤다.

막대한 내부 고발자 포상, 벌금 및 연방 정부에 지급된 회수액과 FCA 내부 고발의 극적인 증가로 많은 조직들, 특히 방위산업 및 의료업 분야의 조직들은 자체 경찰 활동을 벌이게 되었다. FCA에서는 사기적으로 연방 자금을 청구한 자에 대해 FCA 청구 소송을 제기하여 승소한 내부 고발자는 회수 금액의 30퍼센트까지 수령한다. 사기 규모, 3배의 배상, 허위 청구건 당 최고 1만 달러의 벌금으로 인해 성공적인 FCA 내부 고발자의 평균 수령액은 1백만 달러가 넘는다.

2002년 사베인-옥슬리법 2002년 사베인-옥슬리법에서는 내부 고발자 보호가 처음으로 상장 기업의 모든 직원에게 확대되었다. 이 법의 3개 조항이 내부 고발자를 다룬다.

- 사베인-옥슬리법 섹션 301(4)에 따라 조직의 감사위원회는 아래와 같은 절차를 수립해야 한다.
  - 조직의 회계, 내부 회계 통제, 감사에 대한 불만 또는 우려 접수
  - 의문스러운 회계 또는 감사 사안과 관련된 우려 사항에 대해 직원들이 제출한 비밀, 익명 정보 처리
- 섹션 806은 상장 회사 직원에 대해 내부 고발자 보호를 제공한다. 직원들이 주주에 대한 사기와 관련된 연방 법률 위반에 관해 정보를 제공하기 위해 수행한 합법적 행동으로 인해, 회사가 고용 관계에서 내부 고발자를 '해고, 좌천 또는 정직시키거나 위협하거나 괴롭히거나 기타 다른 방법으로 차별하는' 것은 불법이다. 이 섹션에 위반한 대우를 받았다고 믿는 사람은 노동부 장관에게 민원을 제기하거나 연방 지방 법원에 소송을 제기하여 이에 대해 배상을 받을 수 있다.
- 섹션 11.07은 법 집행 기관의 공무원에게 연방 법률 위반 또는 위반 가능성이 있는 사안에 대해 사실 정보를 제공하는 사람에 대해 알면서 해로운 행동을 취하는 것을 불법으로 규정한다. 이 법은 내부 고발자에 대한 보복에 대해 최고 10년 징역이라는 형사 처벌을 부과한다.

핫라인 프로그램 확산

정부의 내부 고발법이 도처에서 제정됨에 따라, 조직의 핫라인 프로그램들도 널리 확산되었다. 2006년 컨퍼런스 보드의 컴플라이언스 프로

그램 연구는 조사 대상 회사의 91퍼센트가 '익명 보고 시스템'을 보유하고 있음을 발견했는데 이는 1998년에 수행한 유사한 조사에서 52퍼센트를 기록한 것보다 상승한 수치이다. 컨퍼런스 보드의 연구에서 특히 두드러진 점은 많은 회사에게 주요 동기가 되었던 사베인-옥슬리법의 적용을 받지 않으면서도 내부 고발 프로그램을 설치한 조직의 숫자였다. 이 연구는 사베인-옥슬리법의 적용을 받지 않는 조직의 78퍼센트가 익명 보고 시스템을 설치했다고 보고했다. 연방 기업 양형 가이드라인의 내부 고발자 규정이 사베인-옥슬리법보다 더 광범위한 조직에 적용된다는 점이 이에 대한 한 가지 설명이 될 수 있을 것이다.

내부 고발 프로그램 설치하기

핫라인 장치와 이에 수반하는 정보 수령과 조사 절차 등 내부 고발 프로그램 설치는 주의 깊은 계획을 필요로 한다. 이번 섹션에서는 핫라인 장치를 포함하여 효과적인 내부 고발 프로그램을 설치하기 위한 전략, 기법 및 핵심 요소들을 살펴본다. 효과적인 내부 고발과 핫라인 프로그램은 조직이 자신의 거버넌스 관행을 평가하기 위해 사용할 수 있는 매우 귀중한 도구가 될 수 있다.

컨설팅 회사 에씩스포인트EthicsPoint는 「그것은 당신 부친의 핫라인이 아니다」라는 2005년 보고서에서 이에 대해 아래와 같이 언급했다.

오늘날 많은 조직이 법률에서 규정된 최소 수준보다 더 강력한 프로그램으로 만들기 위해 자신의 핫라인 시스템과 이를 둘러싼 프로세스를 강화했다. 그들은 핫라인 보고 시스템을 통해 입수할 수 있는 데이터가 조직 문화의 건강에 대한 지표로 사용될 수 있음을 깨닫고 내부 고발 핫라인을 자신의 문화적 기반을 강화하는 촉매로 사용하고 있다.

조직의 풍토

ERC의 전국 기업 윤리 조사에서 증명된 바와 같이 조직들이 직원, 대리인, 공급업자 등이 보복에 대한 두려움 없이 비리 혐의에 대해 보고할 수 있는 윤리 풍토를 만드는 것이 중요하다내부 고발 사건에서 어느 회사가 취한 행동에 대한 사례를 보여주는 Box 7.1을 보라. 조직 및 조직의 CEO가 윤리적 행동과 충성심을 지원하는 풍토를 만들고 이를 유지하는 것이 필수적이다. 내부 고발자에게는 해당 정보를 발설하는 결정이 결코 쉽지 않다. 길만의 증언에서 알 수 있듯이 제보자의 신원이 밝혀질 경우 동료와 상사의 보복거친 보복과 미묘한 보복 및 '말썽을 일으키는 사람'으로 낙인찍힐 가능성 등 보복에 대한 두려움으로 인해 사람들이 제보를 결정하는 것은 매우 어렵다.

Box 7.1 내부 고발자와 해양 오염물질 투기

2007년에 발생한 한 사례는 내부 고발과 관련된 영향력과 잠재적 비용을 보여준다. 2007년 3월 22일 「어소시에이티드 프레스Associated Press」는 다음과 같이 보도했다. "연방 법원은 세계 최대 상장 원유 탱커 회사에 속하는 회사 소유 선박의 고의적인 해양 오염 사례에서 12명의 내부 고발 승무원들에게 37백만 달러의 보상금을 지급하기로 결정했다. 이 금액은 유사 사례 중 최대 규모였다… 검사들은 이 내부 고발자들이 조직적인 오염물질 투기에 분개했다고 말했다. 어떤 정비공은 오염을 촉진시키는 우회 파이프를 만들지 않으면 해고하겠다는 위협을 받았다고 한다. 그는 이에 대응하여 원유 배출 일자에 관한 비밀 기록을 작성했다."

정책 수립

직원들에게 윤리와 법률 위반을 조직에 보고하도록 장려하기 위해서는 고위 경영진과 이사회가 아래와 같은 내용을 담은 명확하고 분명한 정책을 수립하는 것이 대단히 중요하다.

- 문제가 적절하게 다뤄질 수 있도록 하기 위해 사람들에게 그러한 정보를 조직의 내부 프로세스를 통해 보고하도록 장려한다.
- 조직 비리에 대한 혐의를 보고하는 사람들을 보호한다.
- 조직내에 조직 비리 혐의 보고를 위한 다양한 접촉 창구를 제공한다.

정책 소통하기

조직의 내부 고발 정책이 목표를 달성하려면 이 정책이 이사회, CEO, 그리고 고위 경영진 등 최고위 경영진에 의해 발표되어야 한다. 조직의 고위 경영진은 이 정책을 지지하고, 윤리와 올곧음에 대한 강력한 의지, 조직 또는 개인의 비리에 대한 합법적인 보고에 귀를 기울이고 이에 대해 행동을 취할 용의가 있음을 보여줘야 한다. 또한 중요성을 강조하기 위해서는 이 정책이 조직의 인사, 법무 또는 컴플라이언스 부서에 의해 발표되어서는 안 된다. 더불어 중요성을 강화하기 위해서는, 직급을 막론하고 조직 내의 모든 관리자에 의해 소통되고 지지되어야 한다.

조직은 포스터, 소식지, 인트라넷, 직원 교육 등 다양한 소통 수단을 사용하여 직원들에게 이 정책을 상기시키고, 사고 보고를 위한 다양한 접촉 창구를 알려줘야 한다.

접촉 창구

효과적인 내부 고발 정책은 정보와 우려 사항을 보고하기 위한 프로세스와 통로를 명확히 밝혀야 한다사람들은 해당 이슈에 대해 상사에게 말하기를 불편해 하는데 상사가 해당 이슈의 관련자일 경우에는 더욱 그러하다. 이 프로세스는 그러한 보고에 대한 특정 지휘 체계를 보여주거나, 조직에서 지원을 받기 위해 접촉할 수 있는 사람 또는 부서를 밝혀 줄 수 있다. 아래에 열거하는 부서 또는 사람들이 접촉 창구에 포함될 수 있다.

- 컴플라이언스 책임자
- 감사 부서 직원
- 법무부서 직원
- 옴부즈맨
- 품질 관리 부서
- 고위 비즈니스 관리자
- 관련 분야 최고 책임자

- 인사 부서
- 고위 경영진 또는 이사회

효과적인 내부 고발 프로그램에서 핫라인 장치는 하나의 정보원천에 지나지 않는다는 것을 기억할 필요가 있다. 다른 다양한 정보원천으로는 퇴직 인터뷰, 조직의 옴부즈맨, 내부 및 외부 감사 부서의 검토, 조직의 외부 규제 기관에 보내진 보고서 등이 있다. 이에 못지않게 중요한 점으로 조직이 관리자와 책임자에게 회사 또는 개인의 비리에 관한 보고를 받을 경우 적절한 부서예를 들어 컴플라이언스, 감사, 법무 또는 보안 부서에 통보하도록 교육시키는 것이 중요하다.

핫라인 운영

핫라인 장치는 조직의 내부 고발 프로그램의 중요한 보고 요소 중 하나가 되었다. 핫라인 프로그램을 운영하는 기관에게는 다양한 고려사항이 요구된다.

핫라인 관리 조직이 핫라인 프로그램을 직접 관리해야 할지, 외부 벤더에게 외주를 줘야 할지에 관한 이슈가 자주 발생한다. 조직은 다음 사항을 결정할 필요가 있다.

- 조직이 이 기능을 내부적으로 관리할 자원직원, 시간, 전문성 및 자금을 보유하고 있는가
- 잠재 계약자의 신뢰성과 효과성

컨퍼런스 보드의 연구에 의하면 회사들의 44퍼센트는 핫라인 기능을 제3자에게 외주주었고, 31퍼센트는 문의를 내부적으로 다루었으며, 25퍼센트는 양자를 결합하여 사용했다.

핫라인 서비스 계약 체결 핫라인 프로그램을 외주주기로 결정한 경우 적절한 벤더를 선택하기 위해서는 다음과 같은 사항들을 고려해야 한다.

- 이 서비스의 비용은 어떠한가? 비용은 조직의 직원 수에 기초한 것인가, 아니면 다른 요인에 근거한 것인가? 수수료를 포함하여 조직이 부담해야 할 총비용은 얼마인가?
- 이 서비스의 품질은 어떠한가? 이 벤더의 업무능력은 어떠한가? 이 벤더의 다른 고객들은 누구인가? 이 조직의 경영진과 서비스 인력의 배경, 전문성과 경험은 어떠한가?
- 이 벤더의 운영 프로토콜은 어떠한가? 이 벤더는 당신 조직의 필요와 요구를 충족시키기 위해 자사의 운영 절차를 조정할 용의가 있는가?
- 어떤 소통 기법이 이용되는가전화, 전자우편? 서비스의 가용성은 어떠한가시간 및 지리적 위치? 이 벤더는 다양한 언어를 다룰 수 있는가?
- 수령한 정보의 비밀이 어떻게 유지되는가? 모든 전화 또는 문의 기록이 어떻게 유지되는가? 벤더의 기록 유지 정책과 역량은 어떠한가?
- 이 벤더의 서비스 인력에게 어떤 교육이 제공되는가?
- 이 벤더는 수령한 전화를 고객에게 얼마나 자주 보고하는가? 이 벤

더는 어떤 방법을 사용해서 긴급하거나 즉각적인 주의를 요하는 최우선 전화를 고객 조직에게 알리는가?

핫라인 활용 핫라인에 대한 전화의 예상 빈도와 유형은 핫라인 프로그램 설치에서 중요한 한 가지 요인이다.

- 이용도에 대한 추정은 가지각색이다. 일반적으로 핫라인에 대한 보고의 양은 별로 많지 않다. 컨퍼런스 보드의 조사에 의하면 조사 대상 회사의 63퍼센트에서는 익명 핫라인에 대한 보고가 연간 50건 미만이었다. 동일한 조사에서 어느 조직에서는 직원 1,000명당 5건의 보고가 있었고, 다른 조직에서는 이용률이 2퍼센트에서 7퍼센트 사이일 것으로 추정했다. 또 다른 조직에서는 직원 1,000명당 평균 월 1회의 보고가 들어온다고 했다.

- 다양한 조직의 컴플라이언스 책임자들에 의해 보편적으로 사용되는 경험 법칙은 조직의 핫라인에 걸려오는 전화의 대부분은 인사와 관련된 사안이라는 점이다. 500개 회사에 제기된 2십만 건의 핫라인 보고를 조사한 2006년 「기업 거버넌스와 컴플라이언스 핫라인 벤치마킹 보고서」에서도 이 견해를 확인했다. 이 보고서는 보고된 사안의 51퍼센트는 임금 또는 근무 시간에 대한 불만, 상사의 행동, 업무 환경, 성과 평가 등 '인사 관리' 이슈와 관련되었음을 발견했다. 그 다음으로 빈번한 전화 유형은 회사 정책 또는 직업상의 윤리 기준 위반이었는데 이는 16퍼센트를 차지했다. 그리고 사기 사건은 11퍼센트를 차지했다.

주무부서 조직은 어느 부서가 핫라인 운영과 감독에 대해 일차적인 책임을 질지 결정해야 한다. 대부분의 조직에서는 컴플라이언스 부서가 이 책임을 진다. 다른 조직에서는 재무통제, 감사 또는 보안 부서에서 일차적인 책임을 지는 조직들도 있다. 주무부서는 조사를 위해 핫라인 보고서를 적절한 부서에 배포하고, 보고를 추적 관리하며, 이슈를 고위 경영진 또는 이사회에 보고하고, 필요시 조언을 구하는 적절한 내부 절차를 수립해야 한다.

핫라인 프로그램의 주요 특질

조직이 핫라인 프로그램을 자체적으로 관리하기로 결정하든 또는 외주주기로 결정하든, 핫라인 시스템이 효과적이려면 이 프로그램에 다음과 같은 몇 가지 중요한 특질들이 갖춰져야 한다.

비밀성 및 익명성 핫라인 시스템은 제보자에게 비밀성과 익명성을 제공할 수 있어야 한다. 제보자들은 제공하는 정보의 비밀이 유지되고, 신원이 보호될 것이라고 확신해야 한다. 직원들은 자신이 몰래 해당 이슈를 보고했다는 것을 상사가 알게 될 경우의 보복과 이에 따라 발생할 수 있는 결과를 두려워한다. 「기업 거버넌스와 컴플라이언스 핫라인 벤치마킹 보고서」는 사고를 보고한 사람들의 54퍼센트가 이름이 알려지기를 원하지 않음을 발견했다. 이 프로그램은 또한 익명의 제보자에게 후에 보다 많은 정보를 가지고 다시 전화하거나 해당 이슈를 이해하는 데 도움이 될 수 있는 질문에 답할 수 있도록 해 줘야 한다.

여러 접촉 창구 효과적인 핫라인 프로그램은 무료 전화 번호, 팩스 번호 또는 우편 사서함 등 위반 사항 보고를 위한 다양한 방법을 제공한다. 웹 기반 보고 또는 _{비록 전자우편이 다른 소통 방법보다 덜 안전하기는 하지만} 전자우편 이용 관행이 점차 증가하고 있다.

가용성 효과적인 핫라인 프로그램은 하루에 24시간, 연중무휴年中無休로 이용할 수 있다. 또한 다양한 인종으로부터 걸려오는 전화를 다루기 위해 다양한 언어와 번역 역량을 갖추고 있다.

시스템 보안 핫라인 장치를 통해 수령한 정보의 민감성에 비추어 볼 때, 조직이 모든 데이터와 기록을 암호화하여 보호하는 방법을 확립하는 것이 매우 중요하다.

문의 처리 효과적인 컴플라이언스 프로그램은 정보를 제공하는 사람을 이해하고 그들과 이야기할 수 있는 노련하고 박식한 직원을 보유한다. 담당 직원은 큰 압력을 받고 있거나 불안해 할 수도 있는 제보자와 관련된 긴장되거나 복잡한 상황을 관리하는 동시에 이 사안을 처리하기 위해 필요한 모든 핵심 정보들을 확보할 수 있어야 한다.

옴부즈맨

조직의 옴부즈맨들은 법률 또는 윤리 위반에 관한 이슈 등 조직의 행동에 관한 정보를 보고하는 중요하고도 점점 증가하는 방편이다. 이 용어는 '대리인' 또는 '대표자'를 의미하는 스웨덴 말에서 유래했으며 조직 안에서 독립적으로 직원들의 우려 사항을 비밀리에 듣고, 이를 추적 관리하는 사람을 일컫는 데 사용되게 되었다. 옴부즈맨은 일반적으로 조직의 고위 경영진에게 보고한다. 옴부즈맨은 독립적으로 업무를 수행할 것으로 기대된다. 아를르네 레드몬드Arlene Redmond와 랜디 윌리엄스Randy Williams가 「리스크 관리」 2004년 9월호에서 말한 바와 같이 "직원들이 이를 통해 문제를 보고할 수 있는 비공식 통로 역할을 하는 옴부즈맨 프로그램은 조기에, 보복에 대한 두려움 없이 문제를 제기할 수 있는 안전한 장소를 제공하기 위해 중립성, 독립성, 비격식성, 그리고 무조건적 비밀성을 제공한다."

회사의 옴부즈맨 프로그램에 관해 몇 가지 재미있는 예가 있다.

- BP는 전 미국 지방 법원 판사 스탠리 스포킨Stanley Sporkin을 자사의 미국 옴부즈맨으로 고용했다. 그는 2명의 부하와 함께, 직원들의 우려 사항을 듣기 위해 24시간 콜 센터를 운영한다. 2006년 9월 5일자 「월 스트리트 저널」은 이 옴부즈맨이 2005년에 직원들에게 보낸 서한에서 이렇게 말했다고 보도했다. "제 임무는 현재 존재하는 문제뿐만 아니라, 장래에 문제가 될 수도 있는 사안들에 대해 사실을 확인하고 해결책을 찾아내기 위해 필요하면 무엇이든 하는 것입니다."

- 아메리칸 익스프레스의 옴부즈맨 프로그램은 자사의 연간 2천 건의 사안 중 20퍼센트는 사베인-옥슬리법 이슈 및 평등고용기회법 이슈 등 잠재적 법률 이슈라고 보고했다. 이 회사의 옴부즈맨은 「HR 포커스」2005년 10월호에서 "다른 방식으로는 드러나지 않았을 사안들이

드러났다"고 말했다.

- GE는 전 세계에 700명의 옴부즈맨 네트워크를 보유하고 있다. 이 회사는 2006년 「컴플라이언스와 거버넌스」 보고서에서 이 프로그램이 2006년에 1,500건이 넘는 '올곧음 우려'를 접수했다고 보고했다. 이슈들은 공정한 고용 관행_{이는 단일 범주로는 최대의 유형이었음}, 이해 상충, 건강 및 안전 이슈에서부터 좀도둑에 이르기까지 매우 다양했다.

옴부즈맨 프로그램 사용이 증가되는 추세를 반영하여 미국 변호사 협회는 2004년에 이 기능의 법적 권한을 명확히 하는 옴부즈맨의 설치 및 운영 기준을 발표했다.

정보 관리

정보의 원천_{예를 들어 핫라인, 옴부즈맨, 또는 외부 보고서 등}이야 어찌되었든 효과적인 내부 고발 프로그램은 정보의 적절한 처리와 배포에 대한 틀을 수립해야 한다.

배포 결정

내부 고발자와 핫라인 프로그램을 관리할 사람과 협력하는 입안자는 조직 내의 정보 흐름에 관한 중요한 결정을 내려야 한다.

- 조직 내에서 누가 최초로 보고 받을 것인가?

- 사본을 수신할 사람이 있을 경우 누가 정보의 사본 수신처가 될 것인가?

- 어떤 보고서를 최우선으로 처리할 것인가?

- 보고서는 조사를 위해 얼마나 신속하게 적절한 부서에 배포될 것인가?

이러한 요건을 관리하는 방식은 조직마다 다르다. 보고서의 성격에 따라 지역의 비즈니스 부문에서 관리하도록 넘겨질 수도 있고, 회사 전체에 영향을 줄 경우 회사 차원에서 다루어 질 수도 있다. 예를 들어 인력과 관련된 사안에 대한 보고서들은 자동으로 인사 부서에 넘겨지되, 인사 부서에게 조사 상황과 이후의 처리 결과를 내부 고발 관리자에게 회신하도록 요구할 수도 있다.

조정 기구

조직이 정보 수령을 효과적으로 감독하기 위해 채택하는 한 가지 방법은 법무, 컴플라이언스, 인사, 보안, 감사 부서 등 핵심부서의 대표들로 조정 기구를 설치하는 것이다. 이들은 접수한 정보를 검토하고 적절한 조치를 결정할 수 있다. 예를 들어 보고된 사건이 법률 또는 정책 위반에 해당하는가? 조사를 정당화할 만큼 충분한 정보가 있는가? 그럴 경우 누가 조사를 수행해야 하는가?

조사와 사후 관리

조직은 모든 혐의를 신속하고 철저하게 조사하는 정책과 관행을 확립해야 한다조사에 대해서는 뒤에서 논의한다. 아무런 조치도 취하지 않을 경우 조직의 윤리 컴플라이언스 정책의 진정성에 대한 냉소를 조장하고, 불만에 대해 신속히 대응하지 않음으로써 태만에 대한 법적 책임이 발생하게 될 수도 있다. 「기업 거버넌스와 컴플라이언스 핫라인 벤치마킹 보고서」에 의하면 보고의 65퍼센트는 조사할 근거가 있었고, 47퍼센트에 대해서는 일정 형태의 시정 조치가 취해졌다. 이 조사에서 한 가지 재미있는 사실은 익명 제보가 실명 제보보다 조사 후 시정 조치 비율이 다소 높았다는 점이다.

문의 추적 관리

내부 고발과 핫라인 프로그램에 걸려오는 전화의 양과 유형은 조직의 행동에 대한 귀중한 정보의 원천이다. 조직은 핫라인 이용을 일상적으로 분석하여 비즈니스 부문, 지역, 책임자 또는 상품이나 서비스 유형별로 어떤 추세가 있는지 살펴봄으로써 조직의 내부통제가 붕괴되었는지 또는 추가 교육이나 조직의 정책 및 관행에 대한 재평가가 필요한지 파악해야 한다.

조직의 핫라인 사용또는 미사용은 많은 것을 말해 줄 수 있다. 로버트 쿠세로Robert Kusserow는 「의료업 컴플라이언스 저널2007년 3/4월호」 기고에서 이렇게 주의를 주었다. "컴플라이언스 책임자로서 당신은 모든 것이 문제가 없었기 때문에 전화가 한 번도 울린 적이 없는 메이태그Maytag 사의 수리공처럼 생각하는가? 조심하라. 핫라인 전화가 걸려오지 않는 것은 정반대일 수 있다. 심각한 문제가 있는데도 당신에게 알리려 하지 않을 뿐이다." 조직들은 직원이 핫라인의 존재와 목적을 알도록 인식시키기 위

해, 그리고 핫라인 프로그램이 이에 대한 기대와 성과 기준에 부합하는
실적을 내도록 하기 위해 이의 교육과 소통 프로그램을 정기적으로 조사
해야 한다.

다국적 기업

내부 고발 프로그램은 다국적 조직에게는 특별한 도전 과제를 안겨준
다. 특정 국가, 특히 서유럽에서는 법률적 또는 문화적 장애물이 조직의
핫라인 프로그램을 효과적으로 사용하지 못하게 한다. 예를 들어 독일과
프랑스는 이유는 다르지만 내부 고발 핫라인 사용을 제한한다.

관련 이슈들

내부 고발과 핫라인 프로그램을 관리하다 보면 흔히 조직이 어렵거나
난처한 상황에 처하게 되는 경우가 있다.

익명 불만 핫라인 프로그램 관리에서 한 가지 어려운 점은 익명이 유
지되기를 바라는 사람을 다루는 것이다. 익명 제보자는 두 가지 이유로
어려움을 가져다준다. 조직이 비리 혐의를 입증하기 위해 필요한 추가
정보를 구할 수 없고, 조직이 조사 현황이나 결과에 대해 제보자에게 알
려 줄 수 없다.

악의적 불만 핫라인과 내부 고발 프로그램이 조직에서 긍정적으로 활

용될 수도 있지만, 동기가 좋지 않은 사람들에게 악용될 수도 있다. 예를 들어 내부 고발자가 상사나 동료를 모함하여 괴롭히거나 보복하기 위해 핫라인을 사용한 것으로 드러날 경우 이 상황을 어떻게 처리해야 하는가?

조직의 정책은 악의적이거나 무분별하거나 명백히 허위 주장을 하는 직원은 최고 면직까지 심각한 징계를 받을 수 있으며 민사 소송을 당할 수도 있다는 점을 명시적으로 경고해야 한다.

내부 고발자 관리 내부 고발자 관리는 조직에게 민감한 사안 중 하나다. 조직들은 내부 고발자에게 제공되는 법적 보호를 염두에 둔다면 휴직시키거나, 이전과 동일 직무 또는 부서에 계속 유지또는 복귀시키는 것이 가장 적절한 조치인지 또는 다른 부서의 동일 직위로 옮겨야 하는지에 대해 인사부서나 법무부서와 협의하는 등의 대안을 고려해야 한다.

이사회에 대한 보고 사베인-옥슬리법과 뉴욕증권거래소 규정에 따르면, 이사회의 감사위원회는 회계, 내부통제 또는 감사 사안에 대한 불만 접수 절차를 수립해야 한다. 실제로 이사회와 감사위원회는 회계나 감사 이슈 이외에도 다양한 이슈에 대한 접촉 창구 역할을 할 수 있다. 이사회가 그러한 보고를 받을 경우 이사회는 각각의 사안이 적절하게 다루어지도록 해야 한다. 이에는 몇 가지 대안이 있다.

• 해당 사안을 조직의 법무 또는 컴플라이언스 부서에 조사하도록 통

보하고, 조사 결과를 이사회에 회신하도록 요구한다.

- 스스로 해당 사안을 조사하기로 결정한다. 이사회가 이 대안을 선택할 경우, 기업 거버넌스 전문가 빌 클레인만Bill Kleinman의 충고에 주의해야 한다. 「디렉터십Directorship」 2003년 11월호에 게재한 글에서 클레인만은 이렇게 말한다. 이사회는 "이 이슈를 조사하고 변호사를 채용할 권한이 있는 독립적인 이사들로 위원회를 구성해야 한다. 해당 혐의에 의해 영향을 받을 수도 있는 이사들은 위원회에 참여해서는 안 된다." 클레인만은 위원회에 이렇게 권고한다. "신속하게 대응하라. 숙련된 조사관을 고용하여 조사를 수행하라… 이 사안을 알고 있는 모든 직원과 대리인을 인터뷰하도록 요구하라… 위원회가 알아낸 사실 관계와 제안 사항을 이사회에 보고하라… 내부 고발자 및 조사 참여자에 대한 보복을 방지할 수 있는 조치를 취하라."

조사 수행

조직은 보고된 비리에 대해 신속하고 효과적으로 조사할 법적, 윤리적 의무가 있다. 정보가 내부의 통로를 통해 입수되었건 외부에서 입수되었건 간에 효과적인 컴플라이언스 프로그램은 잠재적인 비리 보고에 적절하게 대응하는 정책과 관행을 확립해야 한다. 신속하고, 단호하며, 효과적으로 대응하지 않을 경우 조직에 막대한 피해를 가져올 수 있다. 이에 대해 존 N. 조셉John N. Joseph은 「의료업 컴플라이언스 저널2006년 11/12월호」에서 이렇게 말했다.

정부가 국고國庫를 지키고 공공의 복리를 보호하고자 하므로 의료 기관들은 자신의 비즈니스 관행의 비행에 대한 불만이나 주장에 대해 민감하게 대응해야 한다. 허위청구법, 공익소송, 기업 올곧음 협약corporate integrity agreement; CIA, 연방 의료 프로그램 배제와 같은 말들을 언급하는 것만으로도 비리에 대한 주장이 무시될 수 없다는 점을 충분히 납득시킬 수 있다. 그러한 문제들을 무시하는 것은 '전 재산을 걸고 도박하기'나 마찬가지일 수도 있다.

조사 프로세스

조직은 비리에 대한 주장이 제기되면 진실 여부, 정도, 영향을 파악하고 이 상황을 시정하기 위해 어떤 해결책이 적절한지 결정할 필요가 있다. 조직 및 조직의 컴플라이언스 부서는 내부 또는 외부 변호사와 협의하여 신속하게 이러한 조치를 취해야 한다.

핵심 질문들 다음과 같은 몇 가지 이슈들을 고려할 필요가 있다.

- 의심되는 사건의 성격상 특별 조사를 할 필요가 있는가?
- 법률 이슈가 있는가? 주장이 사실인가?
- 누가 조사를 수행해야 하는가내부적으로 해야 하는가, 외부적으로 해야 하는가? Box 7.2를 보라.
- 외부적으로 조사할 경우 내부에서 누가 이를 감독해야 하는가?
- 무엇을 조사의 목표로 해야 하는가? 특히 조직의 고위 경영진과 관련되어 있을 경우 사실 관계를 명확히 하고 중립적인 인사가 조사를 수행해야 한다.

- 조사 결과에 대해 조직 내에서 누구에게 보고해야 하는가?

- 조직은 규제 기관과 법집행당국 등 외부 당사자와 언제, 어떻게 접촉해야 하는가?

Box 7.2 내부 조사와 외부 조사

조직은 사건의 성격과 범위에 따라 내부에서 조사할지, 아니면 외부에서 조사를 수행할지 결정해야 한다. 외부 조사관을 이용하면 핵심 이해관계자규제 기관, 언론 매체 및 고객에 대한 독립성 입증, 사실과 상황에 대한 객관적 검토, 해당 상황 조사가 '공정'하다는 인식 등 몇 가지 장점이 있다. 그러나 외부 조사관 이용은 몇 가지 단점도 있다. 예를 들어 조사에 대한 통제가 약화되고 내부 자원 이용에 비해 비용이 많이 든다.

조사관 선정

법률이나 윤리 관련 정책 또는 관행을 위반했을 수도 있다는 보고가 접수되면 이 내용이 적절한 담당자에게 전달되는 것이 매우 중요하다. 이슈의 범위, 규모, 조직 구조에 따라 컴플라이언스 법무, 재무통제, 감사, 인사 또는 보안부서가 이를 담당할 수 있다. 조직의 어느 부서에서 조사에 대한 궁극적인 책임을 질지에 대한 의사 결정은 아래와 같은 여러 요인에 좌우될 것이다.

- **조직의 자원** 조직과 직원들이 효과적인 조사를 수행할 경험과 전문성을 갖고 있는가?

- **보고된 위반의 범위와 성격** 이 사안이 한 비즈니스 부문에만 국한되었는가, 아니면 여러 부문과 관련이 있는가? 이 사건의 관련자는 누구이며, 사건의 성격은 무엇인가?
- 이 사건이 규제 기관, 대중 매체 또는 외부 변호사에게 통보되었는가?

조사관의 독립성과 자격 요건 조사 수행자는 조사 대상자로부터 독립적이어야 한다. 이에 대해 전국 예방법 센터는 이렇게 말한다.

> 독립적인 조사는 조사 인력이 조사 대상자의 영향에서 자유로운 사람 또는 그룹의 통제 아래 있을 것을 요구한다. 고위급 인사가 부적절한 행동을 한 것으로 주장되고 피의자의 역할에 비춰볼 때 진정한 독립성이 불가능할 경우에는 최고 컴플라이언스 책임자가 외부에 조사를 위임할 수 있는 권한을 가져야 한다. 효과적인 컴플라이언스 프로그램에 필요한 요소인 독립성 확보를 위해서는 때로는 이러한 유형의 외부 위탁이 필요하다.

조사관은 독립적일 뿐 아니라 조직의 정책 및 조사와 관련된 법률 분야에 정통한 인물로서 공정하고, 치우치지 않으며, 존경받는 인물이어야 한다.

조사 수행

조사 수행 책임을 부여받은 책임자에게는 효과적인 수행을 위해 적정한 자원과 권한이 주어져야 한다. 또한 조사를 지원하기 위해서는 내부 또는 외부 전문가를 사용할 수 있어야 하며, 모든 관련 인물과 기록, 시스템, 기술상 지원, 행정상 지원 또는 필요할 경우 다른 서비스나 장비에 접근할 수 있어야 한다.

내부 조사 시행시 아래와 같은 사항에 주의해야 한다.

- 허가 받지 않은 정보 공개를 방지하기 위해 조사의 모든 측면보고서, 인터뷰, 수집된 문서의 비밀이 유지되어야 한다.
- 조사와 관련되지 않은 사람들에게는 조사의 어떠한 측면에 대해서도 토론하거나 추측하지 않도록 주의를 줘야 한다.
- 조사는 객관적으로 수행되어야 한다.
- 직원들은 조사의 모든 측면에 대해 완전하게 협조해야 한다협조하지 않을 경우 징계를 받을 수도 있다.
- 서류 파괴는 즉시 중단되어야 하며, 조사관이 요청한 모든 기록은 입수할 수 있어야 한다.
- 혐의의 심각성 정도에 따라서는 조사 결과가 나올 때까지 직원을 정직시킬 필요가 있을 수 있다.
- 조사 기간 동안 정부 기관과 의사소통할 경우 이를 문서로 작성해서 조사 파일의 일부로 보관하여야 한다.

변호사-고객/업무상 산출물 특권 조사 과정상 제기될 수 있는 이슈 중 하나는 조직에 불리하게 작용할 수도 있는 유죄 증거를 발견한 경우다. 조사의 성격과 관련 사건의 유형에 따라서는 조직은 변호사-고객 또는 업무상 산출물 특권의 보호를 받기 위해 변호사가 조사를 감독하게 할 수도 있다. 변호사–고객 또는 업무상 산출물 특권을 확립해 두면 조직은 향후에 이를 이용할 수도 있고, 이 특권을 사용하지 않고 정부에 공개할 수도 있다. 조직이 이 특권을 유지하기 위해서는 변호사와 협의해서 조사 노트, 조서, 기타 내부 문서들과 관련된 적절한 절차를 확립해야 한다.

조사 결과 보고

조직은 조사가 끝나면 조사 결과에 관해 무엇을, 누구에게 밝힐지 결정해야 한다.

제보자 앞에서 언급한 바와 같이 제보자에게 조사 상태와 결과에 대해 알려주려는 노력을 기울여야 한다. 전국 예방법 센터는 이 상황에 대한 어느 조직의 접근법을 소개했다. "제보자가 익명으로 남아 있기를 원하면서도 해당 사안의 상태를 알기 원할 경우, 그녀에게는 가상의 이름 또는 ID 숫자가 부여되어 미리 정한 때에 다시 전화하도록 요청된다."

이사회 사안의 범위와 성격에 따라서는 최고 컴플라이언스 책임자 또는 최고 법무 책임자가 조사 결과와 이에 대한 해결책 또는 필요 조치에 대해 이사회나 감사위원회에 보고할 수도 있다.

외부 기관들 조직은 조사를 수행과 관련된 보고 의무가 있는지에 대해 알고 있어야 한다. 조직은 관련 정부 기관에 적시에 보고하기 위해서 최고 법무 책임자 및 감독상의 보고 의무를 지고 있는 부서의 전문가와 협력해야 한다. 비리 협의와 조사 결과에 대한 자진 신고 이슈는 특별한 관심거리다. 정보 공개의 정도나 프로세스에 관한 모든 결정은 변호사, 고위 경영진, 이사회_{필요할 경우}와 협의를 거쳐야 한다.

조사 결과 사후 관리

연방 기업 양형 가이드라인은 다음과 같이 규정한다. "범죄 행위가 발견된 경우, 그러한 비행이 재발하지 않도록 하기 위해 필요한 조직상, 절차상의 변경을 가해야 한다." 조직은 해당 상황 재발을 방지하기 위해서 이 사건에 이르게 했던 사실 관계와 상황을 검토하여 이를 통해 교훈을 배우고 시정조치를 시행해야 한다. 예를 들면 다음과 같은 사항들이 다뤄져야 한다.

- 문제에 이르게 한 것은 조직적인 실패였는가? 부적정한 직원 감독, 내부통제 실패, 감사 절차상의 취약성, 교육 부족 또는 뒤떨어진 시스템이나 기술이 이 사건을 초래하였는가? 컴플라이언스 부서는 직무를 효과적으로 수행했는가?
- 이 사건이 문화 또는 윤리 이슈였는가? 어떤 비용을 치르더라도 성공해야 한다는 압력이 윤리적이고 합법적인 행동에 부여된 가치보다 훨씬 더 컸는가? 이사회와 고위 경영진은 윤리 기조 설정에 어떤 역할을 했는가?

요약

효과적인 내부 고발, 핫라인 프로그램이나 이를 통해 접수된 비리 혐의 조사는 법률이나 감독 규정의 요구를 뛰어넘는다. 이들은 윤리적 가치나 합법적 행동에 대한 조직의 헌신정도에 대한 상징적이고 지속적인 척도가 된다.

컨퍼런스 보드 간행물 「경영진의 조치Executive Action」 2004년 8월호에 게재한 글에서 호워드 앤더슨Howard Anderson과 에드윈 스티어Edwin Stier는 이렇게 말했다. "조직이 신뢰의 위기에 어떻게 대응하는가가 어떤 윤리 강령보다 그 조직의 가치를 훨씬 더 설득력 있게 정의해 줄 것이다. 엔론사의 대응은 스캔들에 대한 대명사가 된 반면, 존슨 앤 존슨사의 타이레놀 위기 대응은 20년이 지난 오늘날에도 그 이름에 신뢰를 더해 주고 있다." 평판, 신뢰, 가치, 신뢰성이 존경받는 조직이 되게 한다. 이것은 조직이 내부 고발이나 조사 프로그램을 관리할 때 기억해야 할 요소들이다.

❽

정보 기술:
도전 과제와 컴플라이언스를 위한 도구

우리는 정보 수집, 보관, 전달 수단이 끊임없이 변하고 있는 시대에 살고 있다. 이러한 전개는 조직의 컴플라이언스에 심대한 영향을 끼쳤다. 컴플라이언스와 정보 기술Information Technology; IT은 많은 면에서 필요나 편의상 자연스럽게 결합된다. 이 관계는 두 가지 관점에서 살펴볼 수 있다.

- 조직의 컴플라이언스 기능 지원에 IT가 담당하는 역할
- IT가 보유하는 조직의 데이터를 관리하고 보호할 의무

보안 컴플라이언스 위원회Security Compliance Council는 「다양한 감독 규정상의 보안 컴플라이언스 관리를 위한 분투」라는 보고서에서 이렇게 말했다. "IT의 중요성과 개인 기록의 디지털 형식 전환 증가로 프라이버시나

정보 보안이 중요한 이슈가 되었다."

연방 규제 기관의 규정

방대한 연방 규정에 비추어 볼 때 데이터, 프라이버시, 기록에 관한 미국의 모든 법을 망라하기는 불가능하다. 1996년 건강보험 이동성 및 책임법Health Insurance Portability and Accountability Act; HIPAA, 금융 서비스 산업의 그램-리치-블라일리Gramm-Leach-Bliley; GLB법 등 정보 보안과 기술을 규율하는 규정 범위는 매우 넓다. 사베인-옥슬리법은 정보와 기술에 관련된 연방 규정을 광범하게 적용하는 하나의 예다.

내부통제와 거버넌스에 초점을 맞추는 사베인-옥슬리법은 정보 기술에 심대한 영향을 주었다. 조직의 재무 보고서및 그 기초를 이루는 내부통제의 정확성과 완전성에 대한 CEO와 CFO의 분기 인증을 요구하는 섹션 302와 재무 보고서에 대한 조직의 내부통제에 관한 연례 보고를 요구하는 섹션 404는 조직이 리스크와 우려 사항을 다룰 때 정보 기술의 역할을 평가하도록 박차를 가했다. 예를 들어 조직의 데이터나 시스템에 대한 허가되지 않은 접근이나 손상을 방지하기 위해 어떤 IT 보안 수단이 갖춰져 있는가?

컴퓨터 전문가 크리스 카프데빌라Chris Capdevila는 사베인-옥슬리법이 정보 기술과 거버넌스에 미친 영향을 강조했다. 「분기 비즈니스 동향」 2006년 3월에서 그는 이렇게 말했다. "사베인-옥슬리법은 오늘날 Y2K가 미국 기업들의 전사 자원 관리Enterprise resource planning; ERP 시스템에 대한 대규모의 평가, 재설계, 재배치를 야기한 것과 동일한 영향을 주고 있다.

이 법은 보안, 무결성, 효율성 분야에서의 비즈니스 프로세스를 재평가하는 촉매가 되었다."

주 규제 기관의 규정

2003년 7월에 캘리포니아 주는 캘리포니아 데이터 보호법 SB1386을 통과시켰다. 이 법은 정부 기관, 기업, 개인 사업자 등 민감한 개인 정보를 보관하는 조직들에게 정보가 허가없이 접근되었거나 접근되었을 수도 있을 경우 이를 캘리포니아 거주자들에게 통보하도록 요구한다. 이 법이 통과된 이후 뉴욕, 플로리다, 유타, 위스콘신 등 30개가 넘는 주들이 데이터 보호와 프라이버시를 규율하는 법을 통과시켰다. 이처럼 많은 주 법들을 주목한 법무법인 쿨리, 갓워드, 크로니시Cooley, Godward, Kronish는 「쿨리 뉴스」 2007년 2월 28일자에서 이처럼 다양한 주의 규정이 조직에게 부과하는 컴플라이언스의 시사점에 대해 이렇게 언급했다. "개인 정보를 유지하는 회사의 고객은 여러 주에 소재하고 있기 때문에, '잡동사니 법들' 처럼 다양한 규정들로 인해 컴플라이언스가 힘겨운 도전 과제가 된다."

국제 규정

미국의 규정 외에 외국에서 영위되는 모든 조직들에게 영향을 주는 국제적 법률과 규정의 양이 늘어나고 있다. 이중 가장 중요한 법적 조치 두 가지는 다음과 같다.

- 유럽 연합의 개인 정보 프라이버시에 관한 데이터 보호 훈령. 이 훈령이 미국과 같이 데이터 보안 기준이 적정하지 않은 것으로 간주되는 국가에 소재하는 EU 시민에 관한 개인 정보 공유에 가하는 제한은 특히 주목할 만하다.
- 캐나다에서는 개인 정보 보호 및 전자 문서법이 민간 부문 조직의 수중에 있는 개인 정보를 보호하며, 상업 활동 과정의 정보 수집, 이용, 공개에 대한 가이드라인을 제공한다.

기술 표준

위에서 언급한 법률과 규정은 국제 표준 수립 기관들이 공표한 기준, 평가 프로세스, 리스크 관리 도구들을 자주 언급한다.

ISO 17799

국제 표준 기구ISO와 국제 전기기술 위원회International Electrotechnical Commission; IEC는 전자 파일, 기록, 종이 서류 등의 정보 보안 관리를 위한 모범관행 권고안을 수립했다.

정보 기술 통제 목표COBIT

COBITControl Objective for Information Technology는 1996년에 정보 시스템, 감사 및 통제 협회Information Systems, Audit and Control Association; ISACA와 IT 거버넌스 협회에 의해 제정되었다. 부분적으로는 트레드웨이 후원 기관 위원회COSO의 통제 프레임워크에 기반을 둔 COBIT는 IT에 대한 리스크 관리와 통

제를 위한 포괄적인 구조를 제공한다. COBIT는 COSO 통제 프레임워크와 마찬가지로 IT 프로세스 관리에 대한 표준적인 프레임워크다.

다수 규정의 도전 과제

IT와 보안에 대한 규제 준수 의무가 긍정적인 영향을 주기는 했지만 IT와 보안을 규율하는 방대한 법률과 규정은 조직들에게 중대한 컴플라이언스 도전과제가 되었다. 예를 들어 국제적으로 건강관리 서비스를 제공하는 미국의 상장 회사는 최소한 정보 기술을 규율하는 HIPAA, 사베인-옥슬리법, SEC, EU의 규정들을 준수해야 한다. 이처럼 많은 규정들은 규제 준수에 대한 몇 가지 중요한 이슈들을 제기한다.

- 각각의 법률, 규정 또는 컴플라이언스 의무들은 기록 관리, 데이터 보안, 프라이버시와 같은 분야에서 다른 컴플라이언스 의무들과 중복되거나 상충될 수 있는 일련의 새로운 요건들을 가져온다.
- 조직들은 흔히 각각의 새로운 규정이나 컴플라이언스 의무들을 별개의 프로젝트로 다룬다. 그 결과 서로 다른 정보 기술과 보안 컴플라이언스 의무들이 총체적으로 다루어지기 보다는 각각 따로 노는 경향이 심해지고 있다.
- 더구나 별도의 법률이나 규정의 개별적인 감사와 통제 요구가 유사한 컴플라이언스 의무 규정들과 겹칠 수도 있다.

이러한 규제상의 의무들을 통합하고 비용 면에서 효과적인 방법으로 다루는 것이 조직들의 당면과제다. 보안 컴플라이언스 위원회에서 2005년에 300개가 넘은 회사를 대상으로 실시한 설문 조사 결과, 복수의 규정들이 조직에게 상당한 부담이 되고 있음이 드러났다. 예를 들어 조직의 75퍼센트는 두 개 이상의 규정및 그에 상응하는 감사을 준수해야 했고, 43퍼센트는 3개 이상의 규정을 준수해야 했다. 이 규정들을 충족시키기 위해 막대한 자원이 투입된다. 이 보고서는 '조직들은 복수의 규정들의 보안 컴플라이언스를 만족시키기 위한 활동에 평균적으로 IT 자원의 34퍼센트를 사용하고 있음'을 발견했다. 이러한 규제상의 도전 과제에 대응하여, 많은 조직들이 이 이슈를 다루기 위해 '거버넌스, 리스크, 컴플라이언스GRC'라는 개념에 중점을 두고 있다 Box 8.1을 보라.

Box 8.1 거버넌스, 리스크, 컴플라이언스

지난 몇 년 동안 컨설팅 회사와 소프트웨어 회사들이 'GRC'를 조직의 다양한 규제 컴플라이언스 수요를 다루는 효과적인 접근법 또는 프레임워크라고 칭송해 왔다. 정보 기술을 사용하여 다양하고 때로는 단편적인 컴플라이언스 관련 활동과 정보 시스템을 통일된 '전사적' 프레임워크 안으로 연결한다. 이 개념에 흥미로운 가능성이 있기는 하지만 GRC가 컴플라이언스 관리의 중심점이나 귀중한 기술적 도구가 될지 판단하기에는 아직 이르다.

다차원적인 컴플라이언스 프레임워크 짜기

조직의 컴플라이언스 의무및 정보 기술과 관련된 컴플라이언스 이슈를 다루기 위해 정보 기술을 사용할 때에는 리스크 평가, 내부통제, 소통과 교육, 정책과 절차, 기술의 적절한 사용, 정보 기술과 규제상의 컴플라이언스 이슈를 다루기 위한 이사회와 고위 경영진의 책무 등 전략적, 전술적 요소를 결합할 필요가 있다.

거버넌스

효과적인 컴플라이언스 프레임워크는 정보 기술의 적절한 역할과 이의 사용에 대한 결정에 이사회와 고위 경영진이 적극적이고 열성적으로 관여하는 데에서부터 시작한다. 내부감사협회Institute of Internal Auditors; IIA는 2000년에 전 회장 윌리엄 클린턴에 의해 주도된 프로젝트의 일환으로 이 이슈를 조사했다. 이 프로젝트는 정보 보안과 관련된 중요한 사항들을 조사했다. IIA는 「정보 보안 거버넌스: 이사들이 알아야 할 필요가 있는 사항」이라는 보고서에서 특별히 이사회의 법적, 규제상 감독 의무및 적절히 행동하지 않을 경우의 책임에 대해 말한다.

법률 요건 또는 다른 가이드라인을 충족하기 위해 컴플라이언스, 점검, 모니터링, 감독 기능에 대한 표준이 전반적인 보안 아키텍쳐안에 반영되어야 한다. 이사들이 이러한 조치를 취하지 않을 경우 책임을 질 수도 있다.

조직들은 올바른 질문을 하고 조직의 정책이나 관행의 효과성을 평가하는 적극적이고 독립적인 이사회를 필요로 한다. 아래 사항들은 이사회의 의무이자 책임이다.

- 조직이 정보 보안 리스크를 식별하고 이를 다루며, 규제상의 의무들을 준수하기 위한 적절한 자원을 확보하게 한다.
- 조직이 이러한 리스크와 의무를 관리하기 위한 적절한 구조와 통제를 확립하게 한다.
- 이러한 의무를 관리할 적절한 개인이나 부서에 역할 및 책임을 할당한다.

컴플라이언스 책임

조직들은 이사회와 고위 경영진의 리더십 아래 시스템과 기술, 정책과 절차, 내부통제와 리스크 평가, 교육, 소통 등 정보 보안의 여러 측면들을 다루기 위한 포괄적이고 통합된 컴플라이언스 프로그램을 개발해야 한다.

정보 기술과 보안에 대한 역할과 책임은 흔히 예를 들어 정보 보안, 감사, 내부통제, 각 비즈니스 라인, 리스크 관리 등 조직의 여러 부서로 나눠진다. 비록 정보기술 부서가 규제 리스크와 의무에 중점을 두기 위해 흔히 특정인을 '컴플라이언스' 전문가또는 이와 유사한 용어로 지정하기는 하지만 일반적으로 정보 보안 기능은 조직의 컴플라이언스 기능에 속하지 않는다.

컴플라이언스 부서와 정보기술 부서는 서로 협력하기 위해 다양한 전략을 개발했다. 예를 들어 은행업을 영위하는 와코비아 코프Wachovia Corp의 최고 컴플라이언스 책임자는 2003년 11월 25일자 SearchCIO.com에 기고한 글에서 자기 부서와 이 회사의 IT부서의 관계를 아래와 같이 설명했다.

우리 모델의 작동 방식은 컴플라이언스 책임은 일상적으로 컴플라이언스를 확보하도록 시스템, 통제, 절차를 갖출 책임이 있는 비즈니스 부서나 정보 기술 분야에 놓여 있다는 것이다. 내가 담당하는 부서의 책임은 감독에 관한 것으로, 이는 잘 소통되고 인식을 제고하게 하는 효과적인 정책이 갖춰지게 하는 것이다.

조직의 구조가 어떻게 조직되건, 조직의 컴플라이언스와 정보 기술 부서에는 아래의 사항들이 매우 중요하다.

- 핵심 컴플라리언스 리스크와 취약성을 파악한다조직들이 고려해야 할 상세한 질문과 이슈에 대해서는 Box 8.2를 보라.
- 리스크와 취약성을 시의적절하게 관리한다.
- 컴플라이언스 리스크와 취약성을 효과적으로 다루기 위한 적정한 시스템과 내부 또는 외부 기술 역량을 보유한다.

Box 8.2 핵심 질문 13가지

효과적인 정보 기술 컴플라이언스 프레임워크의 필요조건 중 하나는 조직의 리스크 익스포저, 취약성, 그리고 잠재적 문제가 있을 경우 이를 탐지하고 시정하기 위한 통제 정책과 관행을 종합적으로 이해하는 것이다. 조직들이 자문自問해야 할 13개 핵심 질문들을 아래에 제시한다.

- 조직의 데이터와 기록 시스템을 규율하는 핵심적인 법률과 규정은 무엇

인가?

- 조직의 기술과 관행은 연방과 주의 법률이나 규정, 산업 표준과 일치하는가?

- 조직은 자신의 정보 시스템에서 정보 상실 또는 허가받지 않은 접근을 초래할 수 있는 내부와 외부의 특정 위협을 파악하기 위한 리스크 평가를 수행했는가?

- 조직은 시스템과 기술의 개발이나 유지에 대한 지침을 제공해 주는 종합적인 정책이나 절차를 개발했는가?

- 조직은 핵심 리스크 영역에서 기술이나 내부통제를 얼마나 효과적으로 통합했는가?

- 조직의 컴플라이언스 프로그램은 핵심적인 컴플라이언스 리스크를 파악하고 통제하기 위하여 어떤 기술을 채택했는가?

- 조직의 프라이버시상 또는 보안상 핵심적인 취약점은 무엇인가? 조직의 정책과 관행은 리스크나 요건을 다루기에 적절한가?

- 조직은 자신의 정보 기술 부문이 규정을 준수하는지에 대해 얼마나 자주 감사를 실시하는가?

- 정보 또는 보안 리스크에 특히 취약한 특정 부서나 개인이 있는가?

- 조직의 기록 유지 정책과 관행은 어떠한가?

- 컴플라이언스 부서와 정보보안 부서는 자신들의 활동을 어떻게 조정하는가? 예를 들어 컴플라이언스 부서가 조직의 시스템 및 프로그램 개발이나 변경에 관여하는가?

- 중대한 시스템 또는 프로그램 변경은 전면적인 수용 테스트universal acceptance test를 거치는가?

- 조직의 컴플라이언스, 법무, 감사 부서가 전자적 요소를 띠고 있는 신상
  품이나 시스템 도입에 관여하는가?

프라이버시와 정보 보안

지난 수년간 우리는 많은 정보 보안 위반 사례를 경험했다. 예를 들어
노트북 컴퓨터 절도로 수십만 명의 데이터 프라이버시가 침해되었다.
2006년에 Ernst & Young 사의 한 직원이 자신의 노트북 PC를 도난당했
다. 이 PC에는 243,000명의 Hotels.com 고객들의 암호화되지 않은 신
용 카드와 직불 카드 정보가 저장되어 있었다. 같은 해에 미국의 퇴역 군
인부는 2,650만 명의 미국 퇴역 군인의 민감한 정보가 보관된 노트북과
외부 저장 장치가 도난당했다고 보고했다.

정보 보안 프로그램과 정책

법률적, 규제상, 그리고 업계의 컴플라이언스 의무의 범위그리고 이의 위반
과 관련된 중대한 리스크에 비추어 볼 때 조직의 컴플라이언스 부서는 포괄적인
정보 보안 프로그램을 갖춰야 한다. 여기에는 아래에서 논의되는 핵심
이슈들이 포함되어야 한다.

조직의 구조 효과적인 프로그램은 조직이 정보 기술 보안과 규제상의
컴플라이언스 의무 충족을 위한 권한이나 책임을 지니는 부서나 담당자
를 명시해야 한다.

리스크 평가 연방 기업 양형 가이드라인, 사베인-옥슬리법, 그리고 많은 규제상의 의무를 감안할 때 조직들은 효과적인 정보 기술 리스크 평가 프로세스를 시행할 필요가 있다. 조직들은 ISACA나 유사한 기관에 의해 개발된 표준을 프레임워크로 사용해서 아래와 같은 사항을 시행해야 한다.

- 컴플라이언스, IT, 법무, 감사, 인사, 내부통제, 그리고 재무 부서를 대표하는 팀을 소집한다.
- 조직의 기록, 소통, 정보 관리와 내부통제 시스템의 주요 취약성 및 약점들을 찾아낸다.
- 미비점이 발견될 경우 이를 시정하기 위한 적절한 조치를 취한다.

물리적 보안 시스템과 정보에 대한 물리적 접근 제한, 침입자 탐지, 경계 제어perimeter control, 화재로부터의 보호 등이 포함된다. 또한 직원, 학생, 자원자, 임시 직원, 컨설턴트, 계약자 등 조직의 시스템과 정보에 접근할 수 있고 따라서 잠재적인 리스크의 원천이 될 수 있는 모든 사람에 대해 적절한 신원 조회도 포함된다.

데이터 관리 및 분류 조직은 자신의 전자 정보를 점검해서 필요한 보호 수준을 결정해야 한다. 조직은 데이터 분류 시스템을 이용해서 비밀 정보 또는 중요 정보에 대한 허가받지 않은 접근을 방지하기 위해 필요로 하는 보안 수준을 평가할 수 있다.

기밀성과 프라이버시

조직은 데이터의 기밀성과 프라이버시를 보호하기 위한 프로그램을 개발해야 한다. 2006년 7/8월호 「정보 시스템 보안」에 게재한 글에서 정보 보안과 프라이버시 전문가 레베카 헤럴드Rebecca Herold는 이렇게 말했다. "효과적인 프라이버시 거버넌스 프로그램은 고객을 더 행복하게 할 뿐만 아니라 규제 위반, 소송, 평판 악화, 정부의 조사에 대한 익스포저를 줄여 줄 수도 있다."

기록 관리와 유지

조직들은 컴플라이언스 리스크를 최소화하기 위해서 종이 문서이든 전자우편 등 전자 정보이든 이들 기록의 관리 및 유지 프로그램을 수립해야 한다. 기록 관리 권위자 진 리Jin Lee는 「문서 관리 리뷰」 2005년 6월호에서 기록 관리와 유지 프로그램 제정에 관해 다음과 같이 언급했다. "회사가 자신의 기록 유지 관행에 직간접으로 영향을 줄 수도 있는 연방, 주 또는 산업별 규정을 따라잡기만 하는 것도 어렵다… 규제 기관은 장부와 기록에 관한 감독 규정을 엄격하게 집행하고 있다."

조직들은 현행 기록 관리 정책과 관행, 예상되는 요건에 관해 많은 이슈들을 고려해야 한다. 예를 들어 어떤 정보가 보관될 필요가 있는가, 조직은 현재 어떤 데이터를 수집하고 있는가, 이 정보를 누가 '소유' 하고 있는가, 이 정보에 어떻게 접근되는가, 이 정보가 현재 어디에 저장되는가예를 들어 전화기, PDA, 블랙베리, 이동식 저장 장치, 음성 메시지 기기, 또는 노트북 컴퓨터, 누가 이들 데이터에 접근할 필요가 있는가, 유지와 저장에 대한 감독 규정상의 요건은 무엇인가, 조직의 삭제된 파일과 백업 테이프는 어디에 보관되는가, 이들 기록이 쉽게 검색될 수 있는가?

아마도 가장 훌륭한 조언은 폴 프렌치Paul French가 「오늘날의 법률 관행」 2004년 1월호에서 다음과 같이 한 말일 것이다. "회사의 전자 데이터 유지 역사는 상대적으로 짧은데 이전의 회사의 기본적인 정책은 아주 간단했다. 즉, 의심스러우면 삭제하라는 것이었다… 이는 현명한 방법이 아니다. 모든 전자 데이터를 유지하는 것도 현명하거나 비용 면에서 효율적이지 않다. '무엇을 파괴할 것인가'에서 '어떤 전자 문서를 보관할 것인가'로 강조점을 옮기는 것이 책임있는 접근방법 중 하나다."

전자우편과 문자 메시지

전자우편은 가장 보편적인 조직의 소통 형태 중 하나가 되었다. 폴 첸Paul Chen은 2006년 4월 1일자 「EDPACS」에서 이렇게 언급했다. "현재 업무상 중요한 데이터의 60퍼센트가 전자우편에 들어 있기 때문에 회사가 보유하고 있는 데이터의 가장 중요한 저장소가 전자우편일 수도 있다." 조직의 전자우편 시스템과 기록 보호 및 관리에 관해 많은 논문들이 발표되었다. 조직이 다음과 같은 전자우편 정책을 개발하는 것이 매우 중요하다.

- 사적 용도의 조직 전자우편 사용에 관한 정책
- 전자우편 보관에 관한 가이드라인 수립직원 등이 개인적인 보관소를 만들 수 있는 가? 그러한 보관소는 언제까지 유지될 수 있는가? 해당 정보가 어디에 저장되어야 하는가?
- 전자우편이 저장될 형식 설정
- 직원 퇴직시 조직의 전자우편 시스템 접근을 신속히 종료시키는 정책

비즈니스 연속성과 백업 정책

규제 기관은 점점 더 조직IT 시스템을 포함이 날씨, 테러리스트의 공격, 또는 컴퓨터 공격 등 비상사태 발생 시 어떻게 기능할 지를 밝히는 비즈니스 연속성 계획이나 절차를 갖추도록 요구하고 있다. 조직의 백업 서버는 어디에 있는가? 비상사태 발생 시 누가 중요한 정보에 접근할 수 있는가? 직원들이 사용할 수 있는 오프사이트 설비가 있는가? 격지에서 데이터 및 시스템에 접근할 수 있는가?

내부통제

조직들은 암호 관리, 네트워크, 인터넷 접근 통제, 보안 로그, 신원 확인 장치, 데이터 암호화 등 자신의 내부통제를 평가해야 한다. IT 또는 기타 부서는 자신이 개발하고 유지하는 시스템이나 상품에 컴플라이언스 관련 요건들을 반영하였는가? 누가 조직의 상품과 시스템에 적절한 통제 장치가 있으며, 그러한 통제 장치들이 의도한 바대로 기능을 수행하고 있는지에 대한 테스트와 이행 책임을 지는가?

신속한 상황 대처

조직들은 보안 위반이 의심스러울 경우 신속한 평가 절차를 개발해서 시행하고 이에 대해 직원들을 교육시켜야 한다. 이에는 다음과 같은 사항들이 포함된다.

- 범죄 행위 혐의에 대해 법집행기관에 신고한다.
- 영향을 받은 당사자들에게 통지한다.

• 보안 위반의 부정적 영향을 최소화하기 위해 이해 관계자들에게 적절히 공시한다.

제3자 관계와 외주

조직들이 자신의 정보를 저장, 가공 또는 전달하는 모든 제3자들과의 관계를 검토하는 것이 매우 중요하다. 신중한 조직이라면 그러한 서비스 제공자들에게 역량과 경험에 관한 기본 정보를 요청할 것이다. 정보 기술의 경우 조직들은 특별히 잠재적 벤더들의 보안 조치를 다루어야 한다. 예를 들어 벤더가 파일, 전자우편과 문서들을 암호화하는가, 벤더가 정교한 방화벽과 침입 탐지 시스템을 보유하고 있는가, 벤더의 백업 역량은 어떠한가, 벤더의 내부통제와 활동들은 미국 공인 회계사 협회에서 제정한 감사 표준서Statement on Auditing Standards; SAS 70에 따라 감사를 받았는가?

컴플라이언스 테크놀로지 도구

1960년대에 가수 미트 로우프Meat Loaf는 '대시보드 빛에 의한 낙원 Paradise by the Dashboard Light'이라는 곡을 히트시켰다. 30년 뒤에 컴플라이언스 책임자들은 컴플라이언스 테크놀로지 대시보드의 빛과 덕목을 추구하고 있다. 컴플라이언스 대시보드, 자동화된 정책 관리 시스템 등 테크놀로지 도구의 성장으로 컴플라이언스 프로그램이 별개의 컴플라이언스 관련 정보들을 수집, 해석, 측정, 배포할 수 있게 되었다. Ernst&Young의

「기업의 규제 컴플라이언스 관행 보고서」는 조사 대상 회사의 대다수는 컴플라이언스 이슈와 관리 현황 추적 관리67퍼센트, 컴플라이언스 통제 모니터링62퍼센트, 감독 당국에 대한 보고 처리60퍼센트 기술을 사용하고 있음을 발견했다.

자신의 컴플라이언스 의무를 충족하기 위해 다양한 기술들을 효과적이고 효율적으로 사용하는 것이 조직들의 당면 과제다. 낸시 크리던Nancy Creedon과 론 말러Ron Malur는 딜로이트 사를 위해 쓴 '작업의 결합'A Working Marriage이라는 제목의 글에서 이렇게 말했다. "전 세계의 모든 컴플라이언스 이슈들을 관리할 수 있는 묘책이나 하나의 테크놀로지 플랫폼은 없다. 특정 규정을 다루는 시스템들이 많은데 여러 개의 관련 없는 소프트웨어 패키지를 이용하여 규제상의 컴플라이언스를 다루는 것이 유혹적이기는 하지만, 이는 근시안적이다."

테크놀로지 구성 요소

효과적인 컴플라이언스 플랫폼을 추구하려면 테크놀로지 활용과 컴플라이언스에 대한 총체적이고 다차원적인 접근법을 채택해야 한다. 중요한 컴플라이언스 정보를 조직의 의사 결정자들에게 가급적 신속하게 전달하는 것이 그 목표여야 한다. 컴플라이언스 포탈, 비즈니스 인텔리전스 시스템 등 이용할 수 있는 기술은 매우 많다. 자신의 컴플라이언스 요구를 충족하는 데 가장 적절한 기술을 선택하는 것이 조직의 목표다.

컴플라이언스 대시보드 가장 널리 논의되는 소프트웨어 도구인 컴플라이언스 대시보드는 컴플라이언스 부서 등의 직원들에게 실시간으로 특정 활동들_{오퍼레이션, 재무, 또는 시장 상황}의 리스크를 모니터할 수 있게 해준다. 조직의 핵심적인 통제 장치에 심어진 대시보드 시스템은 조직이 모니터할 수 있는 지표_{metrics}를 제공해 준다.

2005년 10월 25일자 「월 스트리트 앤드 테크놀로지」와의 인터뷰에서 다이와 증권 최고 정보 책임자 스티븐 맥카비_{Stephen McCabe}는 컴플라이언스 대시보드의 매력에 대해 이렇게 설명했다.

컴퓨터 대시보드는 컴플라이언스 직원이 50명이 아니라 겨우 2명에 불과한 우리 회사와 같은 중간 규모에 특히 도움이 됩니다… 우리에게 이 대시보드는 사용자가 어느 시점에서든 회사의 컴플라이언스 현황을 보다 쉽게 볼 수 있는 원 스톱 쇼핑과 비슷합니다.

컴플라이언스 대시보드의 잠재력에 대해 많은 조직들이 주의할 점도 있다. 예를 들어 이 시스템에 들어오는 데이터의 질은 어떠한가? 데이터가 믿을 만한가? 시판되는 대시보드 상품이 다양하다 보니, 컴퓨터 전문가 마이클 라스무센_{Michael Rasmussen}이 ITCi와의 인터뷰에서 설명한 바와 같이 "정보 배열, 데이터 통합 보고서 및 시스템 아키텍처 표준에 대한 단일한 표준이 없다."

예외 보고_{'적신호'} 예외 보고 소프트웨어는 조직에게 미리 정해진 상태를 벗어나는 중요한 결과 또는 사건들을 자동으로 찾아내고 모니터하는 방법을 제공한다. 조직들은 이 시스템을 통해 일상적이거나 예상된 활동들과 부합하지 않는, 잠재적으로 중대하거나 문제가 될 수 있는 사건들을 쉽게 찾아낼 수 있다. 예외 보고는 전자우편, PDA, 전화 및 기타 수단을 통해 전달될 수 있다. 규제 기관은 일반적으로 조직의 예외 보고 사용을 가치 있는 것으로 여기지만 어느 규제 담당자는 주의할 점을 발표하기도 했다. SEC의 컴플라이언스 조사 및 검사국 수석 변호사 존 월쉬 John Walsh는 2006년 4월의 연설에서 이렇게 경고했다.

회사들은 자신의 감독과 컴플라이언스 시스템의 기본 요소로 점점 더 전자 예외 보고서에 의존하고 있습니다. 이는 좋은 현상입니다. 이 보고서들은 가치가 있으며 매우 긍정적인 역할을 할 수 있습니다. 그럼에도 이를 주의 깊게 사용해야 합니다. 이 보고서들의 파라미터를 너무 높게 설정하면 중요한 적신호를 놓칠 수 있습니다. 예를 들어 투자 기간을 모니터하는 전자 보고서가 있는데, 50세 미만의 투자자만 투자 기간이 있다고 가정할 경우, 연장자들과 관련된 많은 적신호들을 놓칠 수 있습니다.

교육, 소통

효과적인 컴플라이언스 프레임워크의 중요한 구성 요소 중 하나는 정보 기술, 프라이버시, 보안, 기록 유지에 관한 조직의 정책과 관행을 알고 있는 직원들이다. 앞에서 논의한 바와 같이 조직의 인트라넷 소통 프로그램은 직원뿐만 아니라 관리자와 감독자들에게 큰 도움이 될 수 있다.

- 정보, 보안 정책, 관행에 관한 질문에 답한다.
- 이용 가능한 교육 프로그램에 대해 알아본다.
- 조직의 정보 보안 또는 컴플라이언스 부서에 대한 접근 등과 같이 특정 사안을 다루도록 도와주는 부서에 접근하도록 해 준다.
- 직원들에게 정보 보안과 컴플라이언스에 관한 최신 내용을 업데이트해 준다.

요약

테크놀로지를 조직의 컴플라이언스 프로그램 안으로 통합하려는 추구는 중요하기는 하지만, 테크놀로지가 효과적인 컴플라이언스 프로그램의 전반적인 목표를 없애거나 감소시켜서는 안 된다. 테크놀로지는 목적을 위한 수단이다. 2007년 1월 18일자 「은행 시스템과 테크놀로지」에 대한 기고에서 컴퓨터 전문가 스티브 쉴라만Steve Schlaman은 컴플라이언스 프로세스에서 테크놀로지의 적절한 가치와 역할에 대해 다음과 같이 논평했다. "테크놀로지는 컴플라이언스를 도와줄 뿐 정의해주지는 않는다. 테크놀로지는 컴플라이언스를 입증하고, 활동 부담을 덜어주거나, 프로세스를 촉진하는 데 사용되어야 한다."

⑨

컴플라이언스와 감독:
리스크, 모니터링, 감사와 규제 당국

　규제 준수와 리스크는 불가분하게 연결되어 있다. 브리젯 허터Bridget Hutter와 마이클 포와Michael Powar가 『리스크 관리와 기업 규제2000년』에서 언급한 바와 같이 "규제는 현대 사회에서 리스크가 관리되는 하나의 방법이다." 조직의 모든 측면에서 리스크나 행동 규제에서 정부나 정부 기관의 역할이 극적으로 증대되어 왔는데 이는 중대하고 복잡한 조직의 컴플라이언스 의무들을 가져왔다.

　앤드류 헤인즈Andrew Haynes는 「은행 규제 저널2005년 2월」에서 컴플라이언스 리스크 관리에서 컴플라이언스 책임자와 프로그램이 직면한 도전 과제를 설명했다. 그는 이렇게 말했다. "조직의 컴플라이언스 리스크 관리 및 경감은 컴플라이언스 관리자들이 직면한 최대의 도전 과제일 것이다. 컴플라이언스 리스크는 직원 비리, 외부 충격 또는 체계적 리스크systemic risk의 결과일 수 있다."

컴플라이언스 리스크

컴플라이언스 리스크란 무엇인가? 이 리스크는 다른 형태의 리스크들과 어떻게 다른가? 아마도 포르노에 대한 포터 스튜워트Potter Stewart 대법관의 명언"포르노인지 아닌지, 보면 알게 될 것이다"이 컴플라이언스 리스크의 정의에도 적용될 것이다. 이 용어에는 보편적인 정의가 없다Box 9.1은 이에 대한 몇 가지 정의를 보여준다. 공통적인 견해는 컴플라이언스 리스크가 법률, 규정, 규칙, 내부 행동 표준과 정책을 준수하지 않음으로써 손실제재, 소송, 또는 평판 손상을 입을 리스크와 관련이 있다고 본다.

Box 9.1 컴플라이언스 리스크의 정의

은행 감독에 관한 바젤 위원회는 컴플라이언스 리스크를 "은행이 은행 활동에 적용되는 법률, 규정, 규칙, 관련 자율 규제 기관 표준 및 윤리 강령이를 총칭하여 '컴플라이언스 법률, 규칙 및 표준'이라 한다을 준수하지 않은 결과 겪게 될 수도 있는 법적 또는 규제상의 제재, 중대한 재무적 손실 또는 평판 손상 리스크"라 정의한다.

「유틸리티 포트나이틀리Utilities Fortnightly」 2006년 9월호에 대한 기고문에서 제임스 바우어스James Bowers와 데이빗 두트David Doot는 이에 대해 다소 다른 견해를 보였는데 그들은 컴플라이언스 리스크를 "법률, 규정, 내부 정책과 절차, 윤리 표준, 고객의 기대를 준수하지 못함으로써 조직의 전략,

---

오퍼레이션, 재무상태와 평판에 가해지는 위협"으로 보았다.

마이클 켈시Michael Kelsey와 마이클 매토시안Michael Matossian은 「ABA 은행 컴
플라이언스」 2006년 6월호 기고문에서 컴플라이언스 리스크에 대해 다음
과 같이 정의했다. "관련 법률과 규정, 내부 표준과 정책, 고객, 직원, 지
역 사회 공동체 등 핵심 이해 관계자들의 기대에 대한 체계적이고 예기치
않은, 또는 단발적인 위반 결과 발생할 수 있는 불리한 영향으로서 이로
인해 재무적 손실, 평판 손상, 규제 기관의 제재, 또는 심한 경우 면허 상
실, 인수 합병 거절을 초래할 수도 있다."

규제 조항

조직이 컴플라이언스 리스크를 컴플라이언스 프로그램의 핵심 요소
중 하나로 다룰 필요가 있음은 정부 기관과 표준 수립 기관의 다양한 규
제 조항에서 볼 수 있다.

연방 기업 양형 가이드라인

조직의 효과적인 컴플라이언스 윤리 프로그램의 기초 중 하나는 자신
의 컴플라이언스 리스크를 문서화하고 우선순위를 정할 필요가 있다는
점이다. 이는 일회성 행사로 여겨질 것이 아니라 조직의 컴플라이언스
프로그램의 본질적인 구성 요소로 간주되어야 한다. 2004년 개정 연방
기업 양형 가이드라인FSGO을 검토하면서 자문 그룹은 이렇게 말했다.
"컴플라이언스 노력이 적절하게 초점을 맞추고 효과적이기 위해서는 컴
플라이언스 프로그램의 개발, 테스트 및 시행의 모든 단계에서 리스크가

평가될 필요가 있다."

그 결과 2004년 개정 FSGO는 조직에게 "지속적인 리스크 평가를 수행하고… 이에 의해 파악된 법률 위반 리스크를 감소시키도록" 요구한다. 리스크 평가 프로세스에는 다음과 같은 4가지 목적이 있다.

- 법규 위반과 관련된 리스크의 범위와 성격을 파악한다.
- 이러한 리스크에 대한 조직의 익스포저를 평가한다.
- 조직이 리스크를 다루기 위해 자원을 어떻게 할당하는지 조사한다.
- 법규 위반 예방 및 탐지 노력이 현재 조직의 활동에 부합하는지 결정한다.

체계적인 리스크 평가 노력이 조직의 컴플라이언스 프로그램을 평가하고, 필요할 경우 그 요소를 재구성함으로써 아래와 같은 사항에 도움이 되도록 하는 것이 FSGO의 목적이다.

- 결함이 있을 경우 이를 교정한다.
- 법률 위반으로 귀결될 수도 있는 상황을 다루기 위해 교육 프로그램 등과 같은 새로운 요소를 부가한다.

그러나 FSGO는 조직들이 어떤 수단을 통해 이 의무를 이행해야 하는지에 대해서는 명시하지 않는다. 이에 대해 자문 그룹은 권고에서 이렇게 말했다. "제안된 가이드라인과 주석 규정은 FSGO를 준수하기 위해 리스크가 어떻게 평가되어야 하는지 명시하지 않는다. 각 기관들은 자신의 향후 활동에서 발생할 수 있는 불법적인 관행 유형에 대해 제대로 이해하기 위해 자신의 운영 환경, 법률 환경, 업계의 역사를 조사할 필요가 있을 것이다."

연방 규제 기관

미국 환경보호청, 연방 준비 시스템 등 미국의 정부 규제 기관들은 점차 컴플라이언스 리스크 평가를 컴플라이언스 프로그램의 핵심 요소 중 하나로 보고 이를 자신들의 검사 프로세스 중 하나의 프로세스로 채택해 이에 초점을 맞추고 있다.

예를 들어 은행이나 증권 감독 기관들은 점차 특정 규제 조항에 대한 엄격한 고수에서 벗어나 조직이 컴플라이언스 리스크를 파악하고 관리하는 수단에 대한 일반적인 평가에 보다 주의를 집중하고 있다. SEC 컴플라이언스 검사 및 조사국은 자신의 '리스크 중점 검사'에서 이렇게 설명했다.

검사관들은 여러 회사들 중에서 표본을 추출하여 그들의 리스크 상태와 이에 대응하는 컴플라이언스 통제를 검토한다. 이러한 접근법은 우리 직원들이 특정 리스크에 대해 보다 포괄적인 관점을 가지고 해당 리스크의 중대성을 평가하며, 개별 회사의 컴플라이언스 실적을 동 업계의 타사들과 비교하여 평가하고 규제상의 해법을 권고할 수 있게 해준다.

표준 수립 기관

2004년 9월에 COSO는 『전사 리스크 관리-통합 프레임워크Enterprise Risk Management-Integrated Framework; ERM』 지침을 발표했다. ERM 프레임워크는 내부통제에 관한 COSO의 이전 지침에 기초해서 리스크 관리 요소를 확대했다.

전사 리스크 관리

COSO의 ERM 프레임워크는 내부통제 프레임워크와 마찬가지로 조직에게 리스크 관리에 대한 포괄적이고, 통합적이며, 일관적인 접근법을 제공한다. COSO의 접근법은 알려지지 않은 리스크들로부터 조직을 보호하려는 것이다. ERM 프레임워크는 조직에게 리스크 성향risk appetite 을 정하고, 이 성향에 비추어 자신의 활동과 의사 결정을 측정하며, 그 결과를 소통하도록 요구한다.

이 프레임워크는 리스크 관리 프로세스가 갖춰져 있으며 제대로 기능을 발휘하고 있는지 조사한다. 또한 조직의 이사회와 감사위원회는 적절한 리스크 관리 프로세스가 갖춰져 있으며, 이 프로세스가 적정하고 효과적인지 결정하는 감독 역할을 수행한다. ERM 프레임워크는 별개 부문에 있는 리스크를 보는 것이 아니라 협소한 관점으로는 명백하지 않을 수도 있는 조직 전체적인 취약성을 파악하여 관리하도록 한다. 이를 위해 이 프레임워크는 조직에게 개별적인 리스크이를 흔히 '격납고(silo)' 라 한다 측정에서 벗어나 전체적인 '리스크 지형risk landscape'을 평가하여 통합적, 총체적으로 다루도록 권장한다.

거버넌스와 컴플라이언스 리스크

효과적인 리스크 관리의 중요한 요소 중 하나는 이사회와 고위 경영진이 리스크를 인식하는 문화risk-aware culture 증진 및 지원에 관여하는 것이다. 리스크와 관련된 행동의 가치와 기대를 설정하고, 컴플라이언스 리스크를 포함한 리스크를 효과적으로 파악하고 모니터할 프로그램을 확립하는 것은 이사회와 고위 경영진의 책임이다. 마크 안손Mark Anson과 신디 마Cindy Ma는 「코퍼레이트 보드」The Corporate Board, 2003년 9/10월호에서 리스크 관리 프로세스에서 이사회의 중요한 역할에 대해 다음과 같이 언급했다. "효과적인 이사회는 반복되는 리스크 및 신규 리스크를 파악하여 다루는 체계적인 노력을 기울이도록 요구한다. 이들은 정보를 제공받은 상태에서 의사 결정informed decision making을 내리는 데 필요한 정보를 구하고, 자신의 감독 의무를 열정적이고, 일관적이며, 전문성 있게 이행한다."

이를 위해 이사회에게는 컴플라이언스 리스크와 관련한 중요한 책임과 의무가 주어진다.

감독과 모니터링

효과적인 이사회는 컴플라이언스 및 리스크 이슈에 대해 적극적인 자세를 취한다. 그러한 이사회는 부상하고 있는 이슈들과 조직의 컴플라이언스 프로그램이 이러한 이슈들을 다룸에 있어서 효과적인지 여부에 대해 정기적으로 보고받는다. 이사회는 중대한 리스크 상황이 발생했거나 통제가 붕괴된 경우 신속하게 행동할 필요가 있다. 이사회는 조직의 새로운 전략이나 신상품 제공시 잠재적인 문제가 있는지 파악하기 위해 컴플라이언스 프로그램이 관여하도록 한다.

컴플라이언스 리스크 프로그램 구축

이사회는 조직이 컴플라이언스 리스크를 체계적으로 식별하고 모니터하며 이를 다루기 위한 적절한 구조를 확립하고 충분한 자원을 배정하도록 해야 한다. 이 기능의 관리는 직원에게 위임될 수 있지만, 조직이 효과적인 컴플라이언스 리스크 프로그램을 갖추게 하는 것은 궁극적으로 이사회의 책임이다. 앞에서 언급한 요소 외에도 조직의 컴플라이언스 리스크 프로그램은 리스크 오너십ownership도 다뤄야 한다.

리스크 오너십

조직의 정책은 컴플라이언스 리스크 관리에서 각 직원의 역할과 책임을 명확히 정해야 한다. 모든 직원이 컴플라이언스 의무에 관한 자신의 일반적 책임과 특수한 책임을 인지하도록 해야 한다. 또한 각각의 특정 컴플라이언스 리스크에 오너owner가 있어야 한다.

- 모든 리스크 오너들은 리스크를 관리할 수 있는 적절한 수준의 권한과 자원을 보유해야 한다.
- 모든 리스크 오너들은 자신이 지정된 오너임을 알고 있어야 한다. 누군가가 자신은 알지도 못했는데 특정 리스크에 대한 오너라는 사실을 깨닫게 되는 것보다 더 놀라운 일은 없다.

소통과 교육

소통과 교육 프로그램을 개발해서 조직의 리스크 정책, 리스크 성향, 리스크 감내도risk tolerance, 조직 및 개인과 부서가 직면한 특정 컴플라이언스 요건을 명확히 알려 줘야 한다.

컴플라이언스 리스크 평가 프로세스

어떤 리스크를 취하고 또는 피하고, 수용한 리스크를 어떻게 경감하고 모니터할 것인지를 아는 것은 컴플라이언스 리스크 프로세스의 목표 중 하나다. 이는 다음 사항에 대해 구조적으로 접근할 수 있게 해 준다.

- 조직의 핵심적인 컴플라이언스 리스크와 취약성 파악
- 리스크와 취약성에 대한 우선순위 결정
- 이들을 다루기 위한 자원 할당
- 리스크를 경감하기 위해 존재하는 통제 파악
- 정책, 프로그램, 시스템, 리스크를 다루는 사람의 변경 또는 증원 계획 수립

컴플라이언스 리스크 평가 수행

컴플라이언스 리스크 평가는 조직 관리의 중요한 특징 중 하나가 되고 있다. 컨퍼런스 보드의 「일반적인 행동 연구」는 조사 대상 회사의 70퍼센트가 자신의 컴플라이언스 리스크에 대해 '주기적인 리스크 평가'를 수행하고 있음을 발견했다FSGO의 요구에 비춰 볼 때 놀라운 일이 아니다.

컴플라이언스 리스크 평가가 조직의 컴플라이언스 프로그램의 표준적인 특징 중 하나가 되었지만 양식이나 적용상의 통일성은 없다. 조직 전체 차원에서 컴플라이언스 리스크를 평가하는 기관이 있는가 하면, 특정 비즈니스 부문이나 기능에 초점을 맞추는 조직도 있다. 컴플라이언스 리스크 평가 빈도도 각기 다르다. 조직은 FSGO와 기타 규제 조항을 염두에 두고 다양한 방식으로 리스크를 평가할 수 있다. 연례, 반기, 분기 또는 월례 검토 프로세스와 결합하여 리스크를 평가하거나, 신상품 개발, 신사업 착수, 또는 조직에 영향을 줄 수 있는 규제상황 전개와 같은 특정 상황에 의해 '필요한 경우' 평가할 수도 있다.

조직들은 컴플라이언스 책임자 또는 CRO의 지도하에 다양한 접근법을 사용하여 컴플라이언스 리스크 평가를 수행하고 있다. 몇 가지 예를 들면 조직의 다양한 부문의 대표자들로 구성된 리스크 위원회나 팀 창설, 독립적인 컨설턴트 사용, 조직의 부문들을 대상으로 한 설문지 사용 방법 등이 있다.

Box 9.2에서 경고하는 바와 같이 조직 구조상의 괴리에 기인하는 잠재적 컴플라이언스 리스크를 간과하지 않는 것이 중요하다. 컨퍼런스 보드와 윤리 컴플라이언스 책임자 협회Ethics & Compliance Officers Association; ECOA에 의해 수행된 조사에 의하면, 대부분의 리스크 평가는 내부적으로 수행되며, 컨설턴트나 변호사가 관여하는 경우도 흔하다. 사실 ECOA는 리스크 평가 응답자의 40퍼센트는 변호사–고객 특권에 해당한다고 보고했다.

컴플라이언스 리스크를 평가할 때 잠재적인 문제를 피하기 위해서는 감독의 허점이나 중복을 없애기 위해 리스크와 관련된 부서예를 들어 내부 감사, 리스크, 재무, 컴플라이언스의 역할과 책임을 명확히 정하는 것이 중요하다.

예를 들어 조직의 컴플라이언스 프로그램은 오퍼레이션과 관련된 세법은 포함하지 않을 수 있다. 이 경우 세무부서의 전문가가 자체 리스크 평가에서 이를 다뤄야 한다.

리스크 요인 파악

틸링해스트 타워스 페린Tillinghast-Towers Perrrin은 2000년에 작성한 논문 「전사 리스크 관리」에서 이렇게 말했다. "첫 번째 단계에서 비즈니스 목표 달성에 영향을 줄 수 있는 모든 리스크 요인들을 잡아내기 위해 넓은 그물이 쳐진다. 리스크 요인의 원천은 재무, 조직, 정치/규제 또는 우연 등 여러 가지가 있다. 각 요인의 핵심적인 특징은 그 요인이 조직의 목표 달성을 방해할 수 있다는 점이다."

리스크 정보를 파악하는 두 개의 주요 원천은 다음과 같다.

• CEO, 최고 법률 책임자, 최고 정보 보안 책임자, 최고 감사인, 최고 재무 책임자, 인사 담당 이사 등 조직의 핵심 인사들과의 인터뷰 이 인터뷰의 목적은 조직의 목표, 이들 목표를 달성하는 과정에서 조직이 당면하는 리스크, 조직의 작동 방식, 조직의 컴플라이언스 및 통제 구조와 시스템 개선 가능성에 대해 다양하고 솔직한 의견을 구하는 것이다. 조직은

또한 고유한 리스크와 예상되는 리스크에 대한 추가적인 통찰력을 얻기 위해 외부 파트너예를 들어 보험사, 고객, 그리고 업계 협회에 대한 인터뷰를 고려할 수도 있다.

투자 자문 협회는 2006년에 「리스크 평가 수행」이라는 회보 기사에서 리스크를 식별할 때 새로운 관점에서 생각하라고 조언했다. "규제 기관이 이미 적시한 리스크 영역을 찾아내기는 쉽다… 그러나 회사들은 고객의 자산과 회사의 생존 가능성에 중대한 영향을 줄 수 있는 새로운 리스크 영역도 평가해야 한다."

• **내부와 외부 문서 검토** 이에는 검사와 규제 관련 보고서, 자체 평가, 전략적 비즈니스 계획, 현행 오퍼레이팅 정책과 절차 매뉴얼, 규제 기관 또는 감독 기관의 법규 집행 조치, 테크놀로지와 시스템 활용, 내부통제, 직원 변동예를 들어 이직, 퇴직, 역량과 경험 부족 등 등이 포함된다. 리스크 평가 수행시 조직들은 SEC 관리의 조언에 주의해야 한다Box 9.3을 보라.

Box 9.3 규제 기관의 조언

① SEC의 존 월쉬John Walsh는 2006년에 개최된 컴플라이언스 책임자 모임에서 강연하면서 아래와 같이 조언했다.

리스크 평가 프로세스를 검사할 때 우리는 두 가지 주제가 반복되는 것을 볼 수 있습니다.

첫째, 여러분 중 다수가 점검표checklist를 사용하고 있습니다. 좋은 점검표가 큰 도움이 된다는 사실에는 의문의 여지가 없습니다. 그러나 점검표는 시작에 불과하다는 것을 기억하십시오. 여러분들이 수행해야 할 보다 중요한 평가 중 하나는 회사가 인력, 비즈니스 모델, 구조 또는 제휴로 인한 독특한 리스크 익스포저를 보유하고 있는가 여부입니다. 이러한 익스포저를 동료와 널리 공유하지 않는다면 이 익스포저가 점검표에 표시되지 않을 수도 있습니다.

둘째, 여러분 중 일부는 리스크 평가가 끝나면 리스크 점검표와 컴플라이언스 정책과 절차 목록을 갖게 될 것입니다. 이 둘을 명확하게 연결시키지 않은 채 말이죠. 우리 위원회는 여러분의 정책과 절차는 여러분이 파악한 리스크를 다루도록 설계되어야 한다고 말했음을 기억하십시오.

리스크의 맥락

조직의 고유한 컴플라이언스 리스크를 이해하기 위해서는 조직이 그 안에서 운영되고 있는 보다 넓은 맥락과 환경에 대한 조사가 매우 중요하다. 예를 들어 외부적으로는 규제 환경이 조직의 리스크 관리에 중대한 영향을 줄 것이다. 규제가 강한 산업에 속해 있거나 시대적으로 정부와 자율 규제 기관의 감독이 엄격하거나 회사 또는 산업에 '리스크 사건'_{주요 기업의 파산 또는 업계에 만연한 부패 등}이 일어난 후에 조직이 추가적인 리스크를 취할 경우 면허나 대중의 평판을 위태롭게 할 수 있다면, 리스크 성향은 현저히 감소할 것이다.

조직의 내부 구조와 오퍼레이션도 컴플라이언스 리스크에 중대한 영향을 줄 것이다.

조직 구조 조직 구조 및 의사 결정 방식에 대한 이해가 중요하다. 이들은 조직이 자신의 컴플라이언스 리스크를 어떻게 다루는지 이해하는 데 핵심적인 요인들이다. 예를 들어 의사 결정이 분산되었는가, 아니면 중요한 모든 정책과 프로그램에 대한 결정이 본부 차원에서 승인되는가? 법률 또는 규제상의 이슈가 발생할 경우 누가 이 이슈에 대한 책임을 지는가? 분산화된 환경에서는 조직의 다양한 직급의 관리자들이 이러한 이슈들을 다룰 수 있는 자원, 지식, 전문성을 보유하고 있는가? 어떤 유형의 이슈들이 상부에서 다루도록 상부에 제기되며, 언제 제기되는가? 규제 기관 또는 핵심 이해 관계자들을 누가 다루는가?

리스크 성향 조직이 목표를 추구하면서 어느 정도의 리스크를 수용할 용의가 있는가? 시장 점유율과 이익을 추구하기 위하여 받아들여질 수 있는 법률이나 윤리의 경계까지 '밀어 붙이는' 것을 자랑스럽게 여기는 조직이 있는가 하면, 리스크와 공격적인 행동의 용인容認 수준이 낮은 조직도 있다. 각각의 철학적 접근법은 조직의 정책과 관행에 중대한 영향을 미친다.

조직의 컴플라이언스 리스크

종합적인 컴플라이언스 리스크 평가는 환경상의 맥락에 대한 이해 외에도, 조직의 오퍼레이션과 관리 관행의 특수한 측면들을 조사한다. 컴플라이언스 리스크의 범위가 넓을 수도 있지만 가장 중요한 리스크는 다음과 같다.

전략 리스크 조직은 역동적인 환경에서 기능을 수행한다. 현대 조직에서는 신상품이나 서비스에서부터 조직 개편, 인수, 비용 억제 전략에 이르기까지 변화가 고유한 특성이다. 조직들은 자신의 전략 목표에 영향을 줄 수 있는 많은 리스크에 주의를 기울이고 이를 이해할 필요가 있다. 궁극적으로 조직의 오퍼레이션, 상품, 서비스의 형태를 정하는 것은 이러한 전략 목표들이다. 조직이 웹 기반 상품, 특정 시장 부문, 또는 특정 지역에 초점을 맞출 것인가? 각각의 선택은 일련의 컴플라이언스 관련 이슈들과 조직에 대한 도전 과제를 제기한다.

이와 유사하게 조직이 전략적 인수를 계획하고 있는가? 그럴 경우 인수하는 조직은 새로운 기관을 성공적으로 관리하거나 인수 대상 조직의 오퍼레이션을 기존 조직에 통합할 자원, 기량, 문화, 경험, 전문성을 보유하고 있는가? 인수하는 회사가 피인수 회사와 관련된 평판상 또는 컴플라이언스상 리스크를 승계하는가?

법률 및 규제 리스크 컴플라이언스 책임의 중추는 조직들이 끊임없이 다루고 평가해야 하는 법률 및 규제상의 의무와 리스크다.

— 누가 이러한 기능을 감독할 책임이 있는가?

조직은 리스크 관리 책임을 명확히 정하고, 최고 법률 책임자와 최고 컴플라이언스 책임자 사이의 '경계'와 '역할'을 정의해야 한다. 이 두 부서 외에 내부 감사, 재무, 인사, 보건, 안전부서 등 다른 리스크 관리 기능을 수행하는 부서들의 컴플라이언스 리스크 책임은 무엇인가? 이러한 것들만큼이나 중요한 요소로서 컴플라이언스 감독에서 관리자와 감독자의 역할이 매우 중요하다는 점이 명확히 이해되어야 한다. 이러한 리스크를 효과적으로 관리하지 못하게 방해하는 감독상의 허점이 있는 경우 이를 찾아낼 수 있어야 한다.

— 예상되는 법률과 감독 규정 변화의 영향을 얼마나 효과적으로 평가하고 이에 대비하는가?

효과적인 컴플라이언스 프로그램은 변화를 예상하고, 법률 또는 규정 변화를 다루는 새로운 프로세스를 시의적절하고, 질서 정연하며, 효과적으로 수립하기 위해 법률, 테크놀로지, 소통, 교육, 비즈니스 부서의 관리자 등 조직의 핵심적인 타 부서와 협력한다.

— 조직의 정책과 절차가 최신 법규 등을 제대로 반영하고, 적당한 수준의 상세함을 갖추고 있으며, 당해 조직에 적합한가?

조직의 컴플라이언스 관련 정책과 절차는 현행 법규를 반영해야 한다. 모든 정책과 절차는 변호사의 검토를 받아 법적 적정성을 확보해야 한다. 조직은 자신의 모든 정책 선언문이 매뉴얼에 있든 핸드북에 있든 또는 웹사이트에 있든 간에 서로 일치하도록 해야 한다.

— 조직이 법률 리스크와 규제 리스크를 어떻게 모니터하고 예상하는가? 어떤 통제가 갖춰져 있는가?

조직이 법률 리스크와 규제 리스크를 지속적으로 모니터하는 것이 매우 중요하다. 조직은 사베인-옥슬리법하에서 중대한 리스크 이슈들을 이사회와 고위 경영진에게 신속하게 알릴 의무가 있다. 이러한 리스크를 경감하고 모니터하기 위한 효과적인 내부통제 프로그램을 구축했는가?

이 프로그램에 대한 책임이 누구에게 있으며, 구축된 통제는 얼마나 효과적인가? 법률 리스크와 규제 리스크 모니터링에서 내부 감사의 역할은 무엇인가? 신상품과 시스템에 대해 컴플라이언스와 관련된 이슈가 있는지 충분한 검토와 승인을 받는가?

— 조직이 직원들을 어떻게 훈련시키고 소통하는가?

효과적인 컴플라이언스 프로그램에는 직원, 자원자 등에게 법규의 변경과 이러한 변화가 조직과 개인의 직무에 어떤 의미가 있는지 알려 주는 적극적인 프로그램이 포함된다. 이에 대해 누가 책임을 지는가? 컴플라이언스 정보 배포에 어떤 기법이 사용되는가? 교육과 정보의 수령자는 누구인가? 관리자와 직원이 리스크와 컴플라이언스 이슈들을 간파하도록 교육받고 있으며, 그러한 문제를 어디에 보고해야 하는지 알고 있는가?

— 조직은 핵심 정보를 어떻게 그리고 어디에서 입수, 유지, 보고하는가?

효과적인 내부통제 또는 감사 프로그램 구축이 중요하지만 조직이 리스크를 경감하기 위해 이러한 프로그램 등을 통해 산출된 정보를 어떻게 사용하는지도 이에 못지않게 중요하다. 컴플라이언스를 모니터하기 위해 비즈니스 부문에서 생성된 데이터의 질은 어떠한가? 조직에서 누가 보고서를 검토하고 배포하는가? 이사회와 고위 경영진에게 정보를 보고하는 시스템이 있는가?

— 조직의 테크놀로지와 시스템은 이러한 요건을 얼마나 효과적으로

관리하고 모니터하는가?

잠재적인 법률 리스크와 규제 리스크의 방대한 범위에 비추어 볼 때 조직은 자신의 오퍼레이션을 모니터하고 리스크 이슈들을 파악하고 보고하기 위한 적절한 시스템과 테크놀로지를 보유하고 있는가? 연방 준비 위원회의 마크 올슨_{Mark Olsen} 이사는 핵심 리스크 데이터를 입수함에 있어서 조직의 정보 시스템의 중요성에 대해 다음과 같이 언급했다.

복잡한 대형 은행 조직들은 대개 경영진에게 거래 단위에서의 법규 준수와 관련된 적시 보고서를 제공하는 정보 시스템의 지원을 받는다. 검사관들은 이러한 보고서가 일반적으로 모니터링과 테스트 활동, 실제 또는 잠재적인 컴플라이언스의 중대한 결함 또는 위반, 그리고 신규 또는 변경된 컴플라이언스 요건들을 다루는지를 볼 것이다. 또한 그들은 보고서가 컴플라이언스에 대한 정보가 조직의 적절한 단계까지 소통될 수 있도록 설계되어 있는지도 평가할 것이다.

이러한 시스템들의 프로세스 절차가 법률과 규제상의 요건에 부합하도록 제대로 설계되어 있으며, 이에 대해 충분히 테스트되었는가?

— 컴플라이언스 감독 업무를 담당하는 직원들의 지식과 역량은 어떠하며, 얼마나 독립적인가?

조직은 법률 및 규제 리스크에 대한 주된 책임을 담당하는 직원_{법무, 컴플라이언스, 감사, 리스크 관리 부서 또는 비즈니스 관리자들}이 이러한 이슈들을 효과적으로 다룰 수 있는 기술, 지식, 자원, 교육 훈련을 보유하고 있다는 데 자신이 있어야 한다. 더구나 컴플라이언스 직원들이 자신이 검토하고 있는 부서에서 독립적이어서 고위 경영진과 이사회에 윤색되지 않은 있는 그대로의 평가와 여과되지 않은 보고를 제공할 수 있는가?

경영 리스크 조직의 경영 스타일과 문화는 흔히 간과되고는 있지만, 조직의 컴플라이언스 리스크를 이해하는 데 매우 중요한 요소 중 하나다. 관리자와 책임자는 컴플라이언스 리스크에서 매우 중요한 역할을 한다. 그들은 기대를 설정하며, 행동 기준을 정하고 이를 지지한다. 또한 불법적이거나 비윤리적인 행위를 눈감아 주거나 금지하는 분위기를 조성한다. 조직들이 윤리적 행동을 지지하고 비윤리적 행동을 억제하는 근무환경을 만들기 위해서는 자신의 가치와 문화를 조사할 필요가 있다.

인적 자원 리스크 조직의 인적 자원 운영은 컴플라이언스 리스크에서 흔히 간과되는 또 하나의 영역이다. 인적 자원이 적절히 관리되지 않으면 조직에 중대한 리스크를 가져올 수 있다.

－ 직원 채용과 승진에 관한 조직의 정책과 관행은 어떠한가?

조직의 채용과 승진 관행은 연방 및 주의 법률과 업계의 규정들에 부합하는가? 신규 채용에 관한 적절한 신원 조사 절차가 있는가? 이는 연방 기업 양형 가이드라인섹션 8B2.1의 핵심 요소 중 하나로서 이 조항은 다음과 같이 요구한다. "조직은 조직에서 상당한 권한을 지니는 자리에 법률을 위반했거나 법률 위반을 방지하고 탐지하기 위한 효과적인 프로그램에 부합하지 않는 행동을 한 적이 있는 사람조직이 이를 알고 있거나 신원 조사를 통

^{해 알아야 했을 사람}이 포함되지 않도록 합리적인 노력을 기울여야 한다." 이에 대해 자문 그룹은 주석에서 다음과 같이 간략하게 언급했다. "조직들이 중요한 책임을 맡은 사람들이 법률을 준수하고 회사의 정책에 따라 행동하기를 원한다는 것은 논리적이다."

— 관리자와 직원들은 괴롭힘과 성희롱에 관한 관리 및 예방 교육을 받고 있는가?

조직의 관리자와 책임자들은 직장 내 괴롭힘과 성희롱에 관한 연방 및 주의 법을 얼마나 알고 있는가? 그들은 직원과 관련된 이슈에 대해 알게 될 경우 이를 어떻게 관리해야 하는지 아는가?

— 조직은 ^{컨설턴트 또는 임시직과 같은} 제3자 고용 관계를 어떻게 관리하는가?

제3자를 부적절하게 관리할 경우 조직에 중대한 재무적, 법적 리스크를 부과할 수 있다. 조직의 관리자들은 임시직 직원들의 적절한 관리에 대해 교육을 받았는가? 조직은 부적절한 임시직 사용시의 세금 관련 리스크를 이해하는가?

— 조직의 관리자들은 직원 관리와 적절한 징계 절차에 관해 교육을 받았는가?

관리자들은 해야 할 말과 하지 말아야 할 말, 유지할 서류, 중대한 상황 발생시 언제 인사부와 접촉해야 하는지 등 직원들에 대한 징계 실행시의 올바른 단계를 이해해야 한다.

— 조직은 보상 정책과 관행을 검토하였는가?

보상 정책과 관행은 스톡옵션 일자를 소급하거나 초과 근무 수당 지급 대상 여부를 적절히 분류하지 못하는 것에서부터 직원들에게 잠재적으로 부적절한 행동에를 들어 과도하게 공격적인 판매 관행에 종사하는 데 대해 인센티브를 주는 것에 이르기까지, 조직에 중대한 잠재적 리스크를 가져올 수 있다.

문화, 가치, 윤리 가치와 문화는 조직의 틀을 형성한다.

- 조직은 사베인-옥슬리법, 뉴욕증권거래소, 또는 기타 규제 기관이나 자율 규제 기관의 규정들에 따른 윤리 강령을 제정했는가? 윤리 강령이 단순한 종이에 지나지는 않는가?
- 이사회와 고위 경영진의 행동은 가치와 윤리를 지지하는가?
- 직원들은 조직의 가치와 윤리를 얼마나 잘 알고 있는가?
- 조직은 비윤리적인 행동을 어떻게 관리하는가? 조직은 내부 고발 프로그램 또는 사건을 익명으로 보고하는 시스템을 갖추고 있는가?
- 조직은 윤리와 가치에 중점을 둔 교육 프로그램을 마련하였는가?

하도급 계약자, 컨설턴트 및 벤더 리스크 평가 시 조직의 오퍼레이션에서 제3자가 수행하는 역할을 조사해야 한다. 시스템과 테크놀로지, 인사 관리와 감사, 법률, 컴플라이언스와 관련된 서비스 등 제3자를 이용하는 것이 점점 더 보편적인 현상이 되고 있다. 그들은 조직의 오퍼레이션에 있어서 직원과 동일한 수준의 리스크를 가져다준다.

컴플라이언스 리스크 평가와 우선순위 부여

조직이 직면하는 잠재적인 컴플라이언스 리스크를 모두 파악하고 나면, 다음에 해야 할 일은 가장 큰 리스크를 가져다주는 이슈들을 분석하고 평가하는 것이다. 연방 기업 양형 가이드라인에 대한 자문 그룹은 주석에서 이렇게 말했다. "조직들은 정기적으로 파악된 리스크에 비추어 가장 큰 위협을 가하는 잠재적인 범죄 활동을 겨냥하여 컴플라이언스 및 윤리 자원을 배치하여야 한다."

컴플라이언스 리스크에 등급과 우선순위를 부여하는 목적은 다음과 같다.

- 심각한 리스크와 사소한 리스크를 구분한다.
- 각각의 리스크와 조직의 목표에 대한 이들의 중요성을 평가한다.
- 내부통제 수준과 테스트 빈도를 평가한다.
- 리스크 관리에 요구되는 자원을 결정한다.

기법 VAR_{value at Risk}나 몬테카를로 시뮬레이션과 같은 계량적 기법을 사용하는 보다 전통적인 신용, 재무, 또는 시장 리스크 평가 방법들과는 달리, 컴플라이언스 리스크 평가는 주관적인 프로세스다. 컴플라이언스 리스크를 측정하는 확고한 표준이나 기준은 없다. 이코노미스트 인텔리전스 유닛_{Economist Intelligence Unit}의 2006년 6월 보고서 「은행의 컴플라이언스: 리스크 통제 및 효과성 증대」는 은행들이 컴플라이언스 리스크를 다룰 때의 많은 도전 과제와 이와 관련하여 취하는 접근법을 언급했다.

컴플라이언스 리스크는 형체가 없는intangible 경향이 있어서 계량화하거나 몇 가지 숫자로 압축하기 어렵다. 또한 과거 데이터도 부족하기 때문에 현재 시장이나 신용 리스크 측정에 사용되는 것과 유사한 도구들도 사용할 수 없다. 그럼에도 은행들은 흔히 질적이나 양적 방법을 사용하여 컴플라이언스 리스크를 파악하는 체계적인 방법을 개발하고 있다. 이에는 설문 조사와 비즈니스 라인의 의견을 사용하여 컴플라이언스 노력에 등급을 매기고 매트릭스, 스코어 카드, 온도 지도heat map와 거품 지도bubble map, 그리고 다양한 리스크 평가 스코어를 만들어 내는 것들이 포함된다. 다른 도구들로는 대내외 벤치마킹, 감사 내역 추적 관리audit trail, 시나리오 테스트 등이 있다.[1]

조직들은 대개 두 가지 관점에서 자신의 컴플라이언스 리스크를 평가한다.

- 리스크의 '발생 가능성' 예를 들어 희귀한가, 일어날 수도 있는가, 아니면 거의 확실한가?
- 리스크의 '중요성' 예컨대, 이 리스크가 사소한가, 중요한가, 또는 재앙적인가? '중요성'이란 조직이 리스크를 관리하지 못했을 경우 법적, 규제상, 재무적 또는 평판상의 결과를 말한다.

많은 조직들이 이러한 가능성을 계량화하고 리스크의 등급 또는 서열을 만드는 방법을 개발하고자 노력해 왔다. 조직들은 객관적인 정의를 사용해서 자신의 컴플라이언스 리스크를 합리적이며 객관적인 방식으로 분류하고자 노력했다이러한 분류에는 항상 어느 정도 주관적인 해석과 의사 결정이 개입하기도 한다.

발생 가능성의 경우 조직은 각각의 컴플라이언스 리스크에 1에서 5까지의 리스크 등급을 부여할 수 있다표1을 보라. 예를 들어 조직이 고용 관행에서 불법적인 노동자를 고용할 위험이 조직에 중요한 컴플라이언스 리스크를 가하는지 조사하기를 원할 수 있다. 조직은 조직의 정책, 관행, 내부통제, 비즈니스의 성격, 고용되는 사람들의 규모와 유형에 기초해서 이러한 리스크가 발생할 가능성을, 5는 높음을 나타내고 1은 낮음을 나타내는 척도로 등급을 매길 수 있다. 1이라는 리스크 수준 달성을 목표로 하는 것이 이상적이다.

리스크의 중요성이라는 측면에 대해서도 유사한 분석이 수행된다. 위에 언급한 예를 이용하자면, 조직은 여기에서도 중요한 법적 또는 평판상의 결과가 있는 가장 높은 경우를 5로 하고, 조직에 영향이 없거나 거의 없는 경우를 1로 하는 척도를 사용해서 불법적인 노동자를 고용할 경우의 중요성을 결정할 것이다. 이런 식으로 조직은 각각의 컴플라이언스 리스크의 상대적인 중요성을 이해할 수 있으며, 이는 자원 할당과 감독계획 수립에 도움이 될 것이다.

등급	가능성	질적 묘사	양적 묘사
5	높음 (확실함)	대부분의 경우에 발생할 것으로 예상됨	금년도에 또는 빈번하게 발생할 수 있음
3	중간 (발생할 수도 있음)	이따금 발생할 수 있음	향후 3년 이내에 발생할 수 있음
1	낮음 (발생 가능성이 별로 없음)	예외적인 경우에만 발생할 수 있음	25년에 1회 꼴로 발생할 수 있음

[표 1 발생 가능성 등급 샘플]

조직이 자신의 역사, 고용 기록, 소속 산업, 정책과 관행에 기초하여 불법적인 노동자를 고용할 가능성이 높다고 판단하고, 그 결과가 조직에 중대할 것이라고 믿을 경우예를 들어 벌금, 계약 배제, 또는 대중의 평판 손상 등 해당 조직은 명백히 이 분야에 자원과 컴플라이언스 감독을 집중할 것이다.

리스크 매핑risk mapping 컴플라이언스 리스크 평가와 보고에서 조직이 빈번하게 사용하는 또 다른 기법은 '리스크 매핑' 또는 이의 변형으로서 표 2와 같은 '온도 지도heat map' 다. 본질적으로, 리스크 지도risk map는 앞에서 설명한 '발생 가능성'과 '중요성' 기준을 사용하여 각각의 리스크를 격자판 위에 표시함으로써 이들 리스크에 의해 부과되는 잠재 위험을 시각적으로 보여주는 도구이다. 리스크 매핑은 「회계 저널」 2001년 12월호의 말로 표현하면 리스크의 '발생 가능성과 중요성 사이의 관계를 보여주는 단순하면서도 강력한 방법' 이다. 짙은 회색으로 표시된우측 상단에 나타나는 중대한 리스크들은 조직의 즉각적인 주의를 요한다. 조직들은 흔

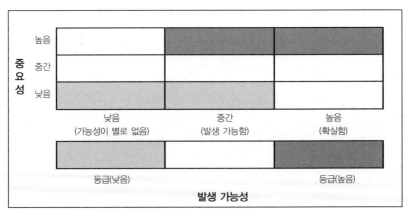

[표 2 샘플 리스크 지도 양식]

304

히 자신의 내부통제를 리스크 지도 위에 겹쳐 놓고 리스크를 어떻게 경감할 수 있는지 확인하고자 한다.

발견 사항과 권고

조직이 일단 컴플라이언스 리스크를 파악하여 우선순위 부여와 평가 과정을 거치고, 나아가 이를 리스크 지도 위에 표시하면 리스크 평가 프로세스가 끝났다고 믿기 쉽다. 하지만 이는 시작에 불과하다. 이사회와 고위 경영진은 평가 결과를 바탕으로 어떤 컴플라이언스 리스크를 다루고, 모니터하며, 관리할지 결정해야 한다. 컴플라이언스 리스크 평가를 통해 알아낸 사항들은 조직에 중대한 영향을 줄 것이다 컴플라이언스 실패 결과는 참혹할 수 있다. Box 9.4를 보라.

- 조직은 자신이 준수해야 하는 의무와 컴플라이언스 리스크를 이해하고 있는가?
- 조직이 파악된 컴플라이언스 리스크를 효과적으로 다룰 수 있는 내부 역량을 보유하고 있는가?
- 조직의 컴플라이언스 리스크가 증가하고 있는가, 감소하고 있는가?
- 조직에서 누가 이러한 리스크를 관리할 책임이 있는가?
- 리스크를 다루기 위해 어떠한 자원 투자와 경영진의 관심이 할애되어야 하는가?
- 규제 기관에 통지해야 할 정도로 컴플라이언스 리스크가 매우 크고, 조직의 평가가 매우 부정적인 사항이 있는가?

Box 9.4 컴플라이언스 실패 결과

조직이 컴플라이언스 리스크를 평가할 때 컴플라이언스 실패 결과를 유념해야 한다. 역설적이지만 실패의 가장 작은 피해는 위반과 관련된 법령상의 벌금일 수도 있다. 하지만 어느 조직이 일단 정부 관리에 의해 언급되면, 금전상의 벌칙을 무색하게 할 다른 많은 결과들이 초래될 수 있다.

- 다른 조직 인수 합병에 대한 정부 승인 획득 불가
- 평판 손상으로 미래의 매출과 수익에 영향을 줌
- 조직 운영의 모든 측면에 대한 규제 기관의 조사 증가
- 주가 하락 가능성
- 우수 직원 채용과 유지 불가

위에서 언급했던 컨퍼런스 보드와 ECOA의 리스크 평가 관행 연구들은 다음과 같은 사항을 발견했다.

- 응답자의 약 3/4이 리스크 분석 결과를 성문 보고서로 제출했다.
- 분석에서 도출한 정보를 고위 경영진에게 제공한 회사가 절반을 넘었다ECOA의 연구에서는 응답자의 27퍼센트가 리스크 평가 분석 결과를 이사회에도 보고했다. 다른 보고서 수령자로는 컴플라이언스 윤리 담당 직원, 비즈니스 부문 리더, 외부 감사인, 리스크 관리 직원들이 포함되었다.

컴플라이언스 모니터링과 감사

모니터링과 컴플라이언스 감사는 조직의 리스크 평가 프로세스에 대한 자연스러운 보완 수단으로서 리스크 평가에 뒤이어 수행된다.

모니터링

컴플라이언스 감독 활동의 핵심 기능 중 하나는 조직의 컴플라이언스 요건과 활동들을 일상적으로 모니터하고, 이러한 활동에 기초해서 필요 시 리스크 평가의 가정을 변화시키는 프로그램이다. 컴플라이언스 모니터링은 조직의 내부통제가 적절하게 작동하고 있는지 확인하고 이슈가 발생할 경우 이에 대응하는 방식을 검토하는 것과 관련된다. 컴플라이언스 모니터링은 다음과 같은 다양한 원천으로부터 정보를 수집해서 분석하는 것을 포함한다.

- 예외 보고서
- 고객 민원 추세
- 직원 핫라인 정보
- 규제 기관의 검사 보고서
- 위반에 대한 핵심 리스크 지표 임계치 초과예를 들어 규제 기관에 제기한 고객 민원 급증

예를 들어 증권회사에서는 모니터링 활동에 잠재적인 위반을 찾아내기 위한 비즈니스 거래 및 소통에 대한 감시가 포함된다. 증권업과 금융시장 협회SIFMA의 「컴플라이언스의 역할에 관한 백서」2005년 7월는 이렇게

말했다. "비즈니스 활동에 대한 모니터링은 활동 초기 단계의 부적절한 행동이나 활동을 밝혀내도록 도와줌으로써 회사의 정책과 감독 규정을 계속 준수하도록 촉진한다." 그러나 모니터링에도 리스크가 있다. 나는 일상적인 내부자 거래 모니터링 프로그램의 일환으로서 자신의 유가증권 거래가 모니터되는데 화가 난 직원을 만난 적이 있다. 그는 역설적이게도 세계에서 가장 큰 금융기관 중 하나에서 '공산주의자'의 전술을 사용하고 있다고 주장했다.

컴플라이언스 감사

조직이 직면한 주요 컴플라이언스 리스크를 찾아내고 컴플라이언스 리스크 익스포저를 최초로 평가한 다음, 통제의 효과성에 관한 데이터를 지속적으로 모니터해서 이 평가를 보충하고 난 뒤에, 조직에 대한 다음 단계의 보호 장치는 컴플라이언스 감사다. 감사는 귀중한 도구다. 연방 예금보험공사는 자신의 『컴플라이언스 검사 핸드북』에서 컴플라이언스 감사의 역할과 가치를 다음과 같이 간략하게 묘사했다.

> 컴플라이언스 감사는 조직의… 법률 및 규정 준수 그리고 내부 정책 및 절차 준수에 대한 독립적 검토다. 감사는 경영진이 지속적인 컴플라이언스를 확보하고, 컴플라이언스 리스크 상태를 파악하도록 도움을 준다. 감사는 조직의 내부 모니터링 시스템을 보완한다. 기관의 이사회는 감사의 범위와 감사 수행 빈도를 결정해야 한다.

컴플라이언스 감사의 효용 1996년판 「식품 의약 법률 저널」에 기고한 글에서 조지 버디트George Burditt는 규제 기관과의 관계와 관련하여 컴플라이언스 감사의 가치에 대해 재미있는 논평을 했다. "컴플라이언스 감사는 경영진이 도덕적, 법률적 책임을 인식하고 있으며, 회사의 정책이 생산 라인까지 적절하게 이행되게 하려는 명확한 증거가 된다."

컴플라이언스 감사와 법률 리스크 조직이 컴플라이언스 감사 수행시 직면하는 주요 딜레마는 두 가지 중요한 법률 이슈와 관련이 있다.

- 감사 과정에서 수집된 정보가 규제 기관의 조사에서 조직에 불리하게 사용되거나 민·형사 소송에서 상대방에게 '발각될' 수 있다.
- 조직은 컴플라이언스 감사에서 발견한 법률과 컴플라이언스 위반에 대해 규제 기관이나 사법 당국에 '자진 신고' 하도록 요구된다.

조직들은 컴플라이언스 감사 결과및 심지어 리스크 평가 결과까지도를 법적으로 발각되지 않도록 보호하기 위해 흔히 변호사–고객 특권 또는 업무상 산출물 원칙을 사용해 왔다. 규제 기관에 정보를 알려주기보다는 특권을 유지하기로 하는 결정은 중대한 법률상, 평판상 위험이 있는 복잡하고 민감한 이슈다.

엘리자베드 패스트M. Elizabeth Fast와 테리 토마스Terri Tomas는 현대의 규제 환경 하에서 변호사–고객 특권이라는 딜레마를 강조했다. 2005년 5/6월호 「ABA 은행 컴플라이언스」에 대한 기고문에서 그들은 이렇게 말했다.

오래된 특권을 보호하는 것이 잠재적으로 큰 피해를 가져올 수 있는 비밀을 밝히도록 설득시키는 것보다 덜 중요하다는 것이 정부의 견해다. 회사의 입장에서는 회사가 고객-변호사 특권을 포기하면 정부가 회사의 경영진을 호의적으로 대하리라는 희망하에 이를 포기하는 것이 이사회와 경영진에게 최선인지를 결정해야 한다.[2]

국세청과 환경보호청 등 정부 기관들은 자진 보고를 장려해 왔다. 규제 기관들은 조직들이 자체 경찰 활동을 벌이고 위반 내용을 보고하도록 격려하는 다양한 '자진 공개' 프로그램을 도입했다. SEC의 「씨보드 보고서Seaboard Reports」는 유가증권 법률 이슈에 대한 조직들의 '자체 경찰과 자진보고'의 정상 참작에 사용될 다양한 기준을 나열했다.

감사 시작하기

컴플라이언스 감사 프로세스를 어디에서부터 시작할 것인가? 공식 컴플라이언스 감사를 수행할 때, 조직은 다른 감사 기능내부 감사 부서 또는 외부 감사 법인이 준수하는 전문적인 업무 기준을 알고 있어야 한다. 내부 감사 협회IIA나 미국 공인 회계사 협회에 의해 발표된 기준들이 컴플라이언스 감사 계획 수립, 실행과 발견 사항의 문서화와 보고를 규율해야 한다.

계획 수립은 모든 감사 검토 프로세스의 첫 단계다. 조직들은 바로 이 단계에서 파악된 컴플라이언스 리스크를 어떻게 다룰지 결정해야 한다. 흔히 조직들은 업데이트된 컴플라이언스 리스크 평가에 기초하여 어떤 컴플라이언스 리스크 영역을 다음 해에 검토하고 어떤 영역을 그 다음해에 검토할지 묘사하는 연간 검토 계획을 작성한다.

컴플라이언스 감사 목표와 범위

앞부분에서 설명한 컴플라이언스 리스크의 광범위함에 비추어 볼 때 조직이 컴플라이언스 리스크 감사의 목표를 명확하게 정하는 것은 매우 중요하다. 조직은 이 범위에 대해 현실적인 범위를 정하고 자신의 자원과 역량에 비추어 달성할 수 있는 바가 무엇인지에 대한 현실적인 기대를 가져야 한다. 컴플라이언스 검토의 목표와 범위는 여러 기준에 근거할 수 있다.

- 리스크 평가

- 규제상의 요건

- 이전의 컴플라이언스 검토와 감사 결과

- 조직에서의 약점의 유형예를 들어 전통적으로 특정 규정, 시스템, 상품 또는 고객의 요구에

  대한 준수가 취약했던 경우

- 이전의 비리 사건

- 모니터링 결과

- 새로운 조직 인수

- 신상품, 서비스의 변화 또는 추가

- 직전 컴플라이언스 감사 이후 경과된 시간

- 고객 민원의 양과 심각성

- 직전 컴플라이언스 검토 이후 정책과 관행의 변화

- 조직의 정책, 관행, 서비스에 대한 법률의견

- 평가 검토 수행에 활용할 수 있는 자원예를 들어 한 해에는 교육에 중점을 두고 다

  음해에는 외주 관계에 중점을 둠

감사 형식Format

조직들은 리스크 평가에서의 경우와 마찬가지로 컴플라이언스 감사를 수행하기 위해 다양한 형식과 접근법을 사용한다. 이에는 자체 평가, 내부와 외부의 동료 그룹의 검토, 내부 감사, 외부 감사, 특정 프로세스에 관련된 모든 리스크에 대한 '수직적' 검토, 그리고 모든 상품과 프로세스에 걸쳐 있는 특정 리스크에 대한 '수평적' 검토 등이 있다.

감사 빈도

조직들은 컴플라이언스 감사의 빈도를 고려할 때 일반적으로 다음과 같은 요인들을 감안한다.

- 조직의 오퍼레이션과 활동의 성격
- 조직의 중대한 리스크
- 조직의 모니터링 프로세스 결과
- 이전 감사 결과
- 규제 기관의 요구

규제 기관의 특정 지침이 없는 경우 조직은 리스크 평가, 자원, 경영진의 리스크 성향과 부합하는 감사 방법과 일정을 채택해야 한다.

검토자

검토자들은 예리한 질문을 하고 상황 확인에 필요한 경험, 객관성과 지식을 보유해야 한다. 규제 기관들은 컴플라이언스 감사 검토자들의 독

312

립성과 자질에 관해 명확한 입장을 보여 왔다. 예를 들어 연방 준비 위원회는 은행비밀법 자금세탁방지 검사 매뉴얼에서 검사관들은 "은행비밀법/자금세탁방지테스트_{감사}가 독립적_{예컨대 은행의 은행비밀법/자금세탁 방지담당 컴플라이언스 직원과 관련이 없는 사람(들)에 의해 수행됨}인지, 이 테스트를 수행하는 사람이 이사회나 사외 이사만으로 구성된 하위 위원회에 직접 보고하는지 여부를 결정해야 한다."고 말한다. 또한 검사관들은 "은행이 테스트의 발견 사항과 결론을 신뢰할 수 있는지 평가하기 위해 독립적인 테스트를 수행하는 사람들의 자질을 평가해야 한다."

누가 컴플라이언스 감사를 수행할지 결정하는 것은 매우 중요하다. 몇 가지 대안이 있다.

- 컴플라이언스 부서 안에 자문과 기타 기능에 부가하여 컴플라이언스 감사 기능을 둔다.
- 별도의 컴플라이언스 감사 부서를 설치한다.
- 조직의 다른 리스크 관리 기능_{예를 들어 감사}의 감사나 테스트에 의존한다.
- 외부 컨설턴트 또는 회계법인을 활용한다_{주의할 사항은 Box 9.5를 보라.}
- 내부 직원으로 특별 프로젝트 팀을 구성하여 이를 이용한다.

결정은 궁극적으로 조직의 규모, 경험, 산업, 기타 요인들에 기초를 둬야 한다. 어쨌건, 조직의 컴플라이언스 전담 부서가 반드시 모든 컴플라이언스 감사를 수행할 필요는 없지만, 컴플라이언스 부서가 감독에 대한 일차적 책임을 져야 한다.

데이터 수집

조직의 컴플라이언스 리스크와 활동에 대한 평가를 수행할 때 검토자들이 모든 문서, 시스템과 사람들내부와 외부에 대해 방해 받지 않고 충분히 접근하는 것이 매우 중요하다.

문서 조직이 컴플라이언스 리스크를 효과적으로 관리하고 있음을 보여주는 중요한 요인 중 하나는 문서화조직 자체의 내부 목적을 위해서와 규제 기관에 제출하기 위한 용도로 활용됨이다. 감사 대상 문서의 예는 다음과 같다.

- 리스크와 통제 파악
- 이용된 테스트와 표본 추출 방법
- 감사 결과와 결론
- 시정 조치 계획
- 비즈니스 거래에 관한 정밀 조사due diligence 수행 내용

- 정책과 절차 개정 및 배포
- 직원 교육 기록교육 시간, 제공된 코스, 사용된 자료와 참석자 명단 포함
- 웹사이트

인터뷰 검토자들은 핵심 직원들과 대화하여 규제 조항에 대한 그들의 지식을 확인하고, 핵심 통제를 검토하며, 이슈와 관심 사항들을 파악해야 한다. 검토자들은 가능하면 검토 대상 거래의 '전 과정을 복기' 해야 한다정보는 어떻게 수집되었는가? 어떤 양식이 사용되었는가? 누가 데이터를 다루거나 입력했는가? 문서화 프로세스는 어떠한가?. 검토자들은 인터뷰를 고위 직원 및 중간급 직원에 한정하지 않아야 한다. 검토자들이 컴플라이언스 기능의 작동에 대해 모든 측면으로부터 솔직하고 완전한 의견을 입수하는 것이 매우 중요하다.

발견 사항과 권고사항

리스크 평가에서와 마찬가지로 컴플라이언스 감사 발견 사항과 권고 사항을 효과적으로 관리하는 것이 매우 중요하다. 조직은 중대한 리스크 나 문제들이 파악된 경우 이를 어떻게 관리할지, 그리고 누가 이 이슈를 다룰 책임을 맡게 될지 결정해야 한다. 나아가 해결 시한을 정하고 시정 조치가 적절하고 효과적일 수 있도록 시정 조치 사후 관리 절차와 승인 프로세스를 제정해야 한다. 규제 기관들은 해결되지 않았거나 빈약하게 해결된 이슈들을 일반적으로 '재발된' 이슈로 보고 이를 엄격하게 다루고 있으므로 파악된 이슈를 효과적으로 해결하는 것이 매우 중요하다.

조직은 변호사와 협의하여 중대한 발견 사항을 언제 규제 기관에 공

개할지, 어떤 정보를 제공할지, 이러한 정보를 공개할 경우 조직에 어떤 영향을 미칠 수 있는지예를 들어 견책, 벌금 또는 형사 책임를 결정해야 한다. 문제를 발견하고도 이를 적시에 시정하지 않는 조직은 중대한 법률 또는 평판상의 영향을 받게 될 것이다.

규제 기관

컴플라이언스 프로그램의 중요한 구성 요소 중 하나는 연방 및 주 규제 기관, 자율 규제 기관 등 외부 규제 기관과 효과적이고 전문성이 있는 관계를 유지하는 것이다. 규제 기관들은 불가결한 공적 역할을 수행하고 있으며, 규제 기관과 조직과의 관계는 생산적일 수 있다. 조직의 컴플라이언스 부서만 규제 기관과 관계를 맺는 것은 아니지만흔히 회사의 법률 고문 또는 사내 변호사들도 일상적인 관계를 맺을 수 있다, 조직들은 몇 가지 핵심 요소를 잘 알아야 한다.

조직의 규제 기관을 알라

규제 기관의 역할, 사명, 우려, 우선순위에 대한 이해는 매우 중요하다. 규제 기관들은 규제 대상 회사와 자신들이 봉사하는 공동체 모두의 이익을 보호하는 것이 자신의 역할이라고 생각한다. 그들은 다양한 규제 관련 이슈들에 대해 전문가로서의 조언을 제공해 줄 수 있으며, 조직에 매우 중요한 법률 시행에 영향을 줄 수도 있다. 규제 기관과의 관계 전문가 마이클 말러Michael Mahler는 2005년 3/4월호 「ABA 은행 컴플라이언스」에서 은행과 그 규제 기관과의 관계에 대해 이렇게 말했다. "규제 기관과 우리의 관계는 애인과의 관계보다는, 성미가 까다로운 시댁/처가 친

척들in-laws과의 관계에 가까울 것이다. 그러나 우리가 이러한 관계에 투자할 용의가 있다면 이러한 관계를 관리하는 것이 불쾌한 일이 될 필요는 없다."

조기에 소통하라

뭔가 잘못된 뒤에야 규제 기관과 대화를 시작하지 말고, 미리 지속적인 관계를 유지하라. 그들과 만나 조직, 관심사, 우선순위, 전략에 대해 토의하라. 컨설턴트이자 전직 주요 투자 은행의 규제 관련 변호사였던 에릭 로젠버그Eric Rosenburg는 이렇게 권고했다. "조직은 문제가 발생하기 전에 규제 기관을 알고 있어야 한다." 규제 기관이 조직의 비즈니스 관리자를 만나 서로 신뢰하고 존중하는 관계를 형성하게 하라.

개방적인 관계를 형성하라

조직 및 컴플라이언스 담당자들은 규제 기관과 개방적이고, 정중하며, 솔직한 관계를 맺어야 한다. 로젠버그는 "컴플라이언스 담당자들은 조직과 규제 기관 사이에 솔직함, 신의, 신뢰의 풍토를 조성해야 한다"고 조언했다.

오하이오 주 공공 유틸리티 위원회의 크레이그 글레이저Craig Glazer 위원은 공공 유틸리티에서 규제 기관과의 관계에서 실수를 피하기 위한 통찰력 있는 몇 가지 조언을 제공했다.

당신이 엉망으로 처리한 부분에 대해 인정하는 것은 대국적인 견지에서 신뢰를 얻을 수 있는 성공적인 전술이 될 수 있다. 정직해지기를 두

317

려워하지 마라. 규제 기관과의 관계는 좋은 결혼과도 같다. 이들은 장기적인 관계다… 잘못된 결정은 꾹 참고, 즉시 관계를 개선하기 시작하라.

규제기관의 신뢰 상실보다 조직에 해로운 것은 없다. 일단 신뢰를 상실하면 소규모의 간헐적 사고와 위반이라 하더라도 완전히 다르게 비춰진다. 과거의 이슈들이 함께 결부될 것이다. 일단 이 신뢰가 상실되고 나면, 다시 신뢰를 얻기까지는, 대개는 후임자에게까지 이어지는 장기적이고 고통스러운 과정이 될 것이다.

요약

조직들이 자신의 컴플라이언스 리스크를 이해하는 것은 매우 중요하다. 효과적인 조직은 이러한 리스크를 적극적으로 파악하고 관리하기 위한 조치를 취한다. 이슈들은 그냥 사라지지 않는다. 이들은 적절히 파악하고 관리되어야 한다. 조직의 컴플라이언스 리스크가 체계적인가, '일회성' 사건인가? 현장의 감독이 거의 없는 것이 문제인가? 조직의 관리구조에 컴플라이언스 감독상 중대한 결함이 있는가? 자신의 행동이 법률이나 조직의 정책을 대체한다고 믿고 있는 고위 경영진이 바로 리스크는 아닌가? 조직의 컴플라이언스 리스크 정책과 프로그램이 조직의 사명, 인력, 상품 또는 서비스의 변화를 반영하기 위해 업데이트되지 않아서 시대에 뒤떨어지지는 않았는가? 이슈가 될 만한 항목은 끝이 없다. 이들에 대해서는 즉시 조치를 취할 필요가 있다.

Notes

1) ⓒ Economist Intelligence Unit의 하락을 받아 게재함.
2) 2006년 12월에 미국의 법무차관 폴 맥널티(Paul McNulty)는 2003년의 톰슨 메모(1장을 보라)에 나타난 미국 법무부의 주요한 정책에 대한 변경을 발표했다. 이 변경 내용 중에는 연방 검사들은 회사의 비리 조사의 일환으로 변호사−고객 특권 및 업무상 산출물 보호 면제를 받으려면 법무부 고위 간부의 사전 승인을 받도록 요구했다.

⑩

컴플라이언스와 통제

효과적인 내부통제 시스템은 조직의 보호망에서 중요한 구성 요소가 된다. 내부통제 시스템은 조직이 일상적으로 직면하는 법률, 규제, 재무, 오퍼레이션상의 많은 리스크들을 다룬다. 조직이 법률과 감독 규정에 합치하게 직원을 고용하는가? 의료대금 청구는 보건후생성의 정책과 관행에 합치하게 이뤄지는가? 직원들이 구매 활동과 관련하여 이해 상충 소지가 있는가?

조직의 내부통제 붕괴는 심각한 결과를 가져올 수 있다. 이로 인해 벌금, 평판 손상, 비즈니스와 자금 조달 상실이 초래될 수 있으며, 심한 경우에는 징역형에 처해질 수도 있다. 하원의 감독 및 조사 실무 위원회에 대한 증언에서 미국 회계 감사원 관리 로버트 그램링Robert Gramling은 내부통제의 의미와 중요성에 대해 설득력 있게 설명했다.

내부통제를 간단히 정의하자면 조직이 사명을 효과적이고 효율적으로 완수하기 위해 자신의 활동들을 다스리는 방법이라 할 수 있습니다. 좀 더 구체적으로 말씀 드리자면, 내부통제는 조직의 사명을 완수하여 긍정적인 결과를 실현하기 위해 노력하는 과정에서 소비된 자원에 대한 책무 및 책임성에 관한 것입니다… 내부통제는 경영진이 조직의 운영을 규제하고 인도하기 위해 사용하는 각각의 시스템들의 불가결한 부분으로 인식되어야 합니다.

정부 규제

내부통제 시스템 발달과 규제 준수 이슈와의 관계는 지난 40년간 연방 법률의 발전 단계에 반영되었다. 예를 들어 1977년 해외 부패 방지법FCPA은 상장 회사에게 모든 거래와 자산을 정확하게 보고하는 내부통제 시스템을 구축하도록 요구했다. 이와 유사하게 1991년 연방 예금보험공사 개선법Federal Deposit Insurance Corporation Improvement Act; FDICIA은 저축대부조합과 기타 금융기관들의 악명 높은 파산에 대응해여 모든 금융기관의 내부통제를 강화했다. FDICIA는 조직의 최고 경영자와 최고 재무 책임자에게 내부통제의 질을 보고하도록 명령했는데 이는 입법 모델 역할을 했다.

그러나 1990년대 말과 2000년대 초의 빈번한 기업 비리로 연방 정부가 2002년 사베인-옥슬리법을 통과시켜 내부통제를 정점에 이르게 했다. 이 법은 연방 기업 양형 가이드라인, 연방 규제 기관, 자율 규제 기관들의 내부통제 요구 조항들과 함께 조직에게 내부통제 프로그램을 구축하고 문서화하는 상당한 부담을 안겨 주었다.

2002년 사베인-옥슬리법

앞에서 언급한 바와 같이 2002년 사베인-옥슬리법은 기업 거버넌스 관행을 개혁하기 위한 기념비적 입법으로 칭송_{또는 비난} 받아왔다. 내부통제 측면에서는 이 법의 두 섹션이 사베인-옥슬리법의 핵심이다.

- 섹션 302는 조직의 최고 경영자와 최고 재무 책임자에게 조직의 필수 재무 보고서를 개인적으로 검토했을 뿐 아니라, '서명하는 책임자들이 내부통제를 수립하고 유지할 책임이 있으며… 내부통제의 효과성을 평가하였고… 재무 보고서에 내부통제의 효과성에 대한 자신들의 결론을 제시하였음을' 개인적으로 인증하도록 요구한다.
- 섹션 404는 회사가 재무 보고에 대한 내부통제에 관해 연례 평가를 하도록 요구한다. 또한 이 섹션은 조직이 독립적인 감사인에게 내부통제의 효과성과 재무 보고 절차에 관한 조직의 주장을 확인하는 별도 보고서를 작성하도록 요구한다.

사베인-옥슬리법은 강력하기는 하지만 상장 회사에만 적용되고, 특히 회계와 재무 보고에 중점을 두고 있다는 사실에도 불구하고 경제계 전반에 영향을 미치고 있다. 이 법의 기업 거버넌스와 내부통제 조항들은 공공, 민간, 비영리 조직을 망라한 많은 기관의 거버넌스와 관리의 표준을 수립했다. 전 SEC 의장 윌리엄 도널드슨_{William H. Dolaldson}은 2003년

9월에 행한 연설에서 이 법의 내부통제 조항의 중요성에 대해 다음과 같이 언급했다.

많은 기업들에게 있어서 내부통제 보고에 관한 새로운 규칙은 사베인-옥슬리법과 관련된 가장 중요한 요구일 것입니다… 재무 보고 내부통제에 대한 경영진의 책임과 그러한 통제의 효과성에 관한 경영진의 평가를 진술하는 보고서를 요구함으로써, 투자자들은 경영진의 청지기직stewardship 책임과 회사의 공시의 신뢰성을 보다 잘 평가할 수 있게 될 것입니다.

Box 10.1에서 내부통제의 실패와 그 영향에 관한 고전적인 사례를 볼 수 있다.

Box 10.1 부적정한 내부통제로 조장된 횡령

2005년에 연방 예금보험공사의 「감독상의 통찰력Supervisory Insight」은 조직의 내부통제 시스템이 제 기능을 발휘하지 못할 때의 황당한 사기 사례를 보여줬다. 이 사례를 통해 주목할 가치가 있는 교훈을 배워야 한다.

어느 작은 도시 소재 소매 금융 회사는 자산이 5억 달러도 안 되었다. 이 은행은 계속 이익을 냈다. 2년 동안 어느 고위 임원이 대출 기능뿐 아니라 오퍼레이션에도 중대한 영향력을 행사했다. 권위주의적인 경영 스타일을 지닌 그는 절반이 넘는 은행 대출 자산의 관리 책임을 맡고 있었다. 은행의 이사회는 그에게 매우 큰 금액의 대출 한도를 부여했다. 더구나 이사회는 대개 대출이 실행된 뒤에야 이를 검토 및 승인했으며, 이사회에 제출된 연체 대출 보고서는 은행 직원이 수작업으로 작성하였고, 이 임원에 의해 조작되었다. 직원에 대한 이 임원의 위협과, 직원 수가 상당한 자산 성장에 보조를 맞추지 못했던 점도 이 은행의 부적정한 내부통제와 비효과적인 내부 감사 프로그램의 영향을 악화시켰다. 더욱이 고위 경영진은 이 임원의 행동에서 특이 사항을 알아챘지만 이를 이사회나 규제기관 또는 법집행당국에 적시에 알리지 않음으로써 비리가 계속되도록 허용했다.

이 비리를 통해 이 임원은 개인적으로 1백만 달러가 넘는 혜택을 보았다. 그러나 이 임원의 비리가 자신의 행동을 감추려는 노력과 결합되어 은행에는 거의 5백만 달러의 손실이 초래되었다. 또한 그의 퇴직으로 경영진에 중대한 공백이 생겼고, 결국 이 은행은 다른 은행에 흡수되었다.

연방 기업 양형 가이드라인 사베인-옥슬리법은 재무 보고에 중점을 두었지만 연방 기업 양형 가이드라인은 컴플라이언스 리스크를 다루는 내부통제의 필요를 다뤄왔다. FSGO의 섹션 8B2.1은 효과적인 컴플라이언스 윤리 프로그램을 갖기 위해서는 "조직들이 범죄 행위를 예방하고 탐지하기 위한 표준과 절차를 수립해야 한다"고 규정한다. 이 가이드라인의 주석서에는 "표준과 절차는 범죄 행위 발생 가능성을 합리적으로 감소시킬 수 있는 행동 표준과 내부통제를 의미한다"는 적용상의 주석이 나와 있다. 조직들이 광범위한 내부통제 프로그램을 만들 필요가 있다고 인용하는 것은 바로 이 주석 조항이다.

내부통제 규정과 공공 부문

내부통제의 중요성 인식에 미국 정부가 미친 영향은 민간 부문과 비영리 부문에만 국한되지 않는다. 정부 자체의 운영에 내부통제를 사용해 온 것은 정부 기관이 책임을 지고 있는 기금, 부동산, 기타 자산에 대한 내부통제를 수립한 1950년 회계 및 감사법의 통과로 거슬러 올라간다. 이 법은 뒤에 각각의 관리 기관의 내부 회계와 관리 통제 시스템의 적정성에 관한 지속적인 평가와 보고를 요구한 1992년 연방 관리자 재무 고결성법과 연방 재무 관리 시스템이 정부 관리들에게 정확하고 신뢰할 만하며, 적시의 재무 관리 정보를 제공하도록 한 1996년 연방 재무 관리 개선법에 의해 개정되었다.

자율 규제 기관: 뉴욕증권거래소

내부통제에 대한 정부의 요구 강화를 반영해서 자율 규제 기관들도 조직의 내부통제 강화 필요성을 표명했다. 예를 들어 뉴욕증권거래소 규칙 342.23은 회원사들에게 그들의 비즈니스 활동에 대한 적정한 내부통제를 유지하고, 이러한 내부통제에 대해 독립적인 확인과 테스트 절차를 포함하도록 요구한다. NYSE에 따르면 '독립적인 확인과 테스트'는 감독상의 단점, 괴리, 비효율성을 파악하기 위해 표본을 테스트하는 것을 의미한다. 또한 NYSE에 상장된 회사들은 2006년부터 연례 컴플라이언스 보고서에 내부통제 테스트 결과와 파악된 예외 사항의 요약 내용을 포함시켜야 한다.

표준 수립 기관: 트레드웨이 위원회 후원 기관 위원회

지난 몇 십 년 동안 산업 표준과 관행 발표 분야에서 미국과 국제 민간 조직의 중요성이 커져왔다. 많은 기관들이 컴플라이언스 관리 기능에서 점차 핵심 역할을 하고 있는 표준들을 활발하게 개발하고 있다. 이들 가운데 트레드웨이 위원회 후원 기관 위원회coso가 내부통제 분야에서 가장 중요한 기관이다.

1992년에 COSO는 벤치마크 「내부통제-통합 프레임워크」를 공표했다. 마크 시몬스Mark Simmons는 「내부 감사인」1997년 12월호에 대한 기고문에서 COSO에 대해 이렇게 말했다. "1992년의 COSO의 문서 「내부통제-통합 프레임워크」는 내부통제에 대한 시각을 변화시켰다… 주로 재무통제를 다루었던 전통적인 이론들이 현저하게 확장되었다. COSO 프레임워크는 직무 분리와 같은 공식 통제뿐만 아니라 직원들의 역량 및 프로 정신과 같은 비공식 통제에 대한 평가도 고려한다."

COSO 프레임워크의 중요성은 이 프레임워크가 조직들이 자신의 내부통제에 대한 시각을 변화시키는 촉매제였다는 사실뿐 아니라 증권거래위원회의 인정에서도 알 수 있다. SEC는 사베인-옥슬리법 시행 규정에서 특별히 COSO 프레임워크를 인정된 내부통제 프레임워크로 언급한다. SEC는 COSO 프레임워크가 "기준을 충족시키며, 경영진의 내부통제 평가용 평가 프레임워크로 사용될 수 있다"고 언급했다. COSO 프레임워크가 유일한 내부통제 프레임워크는 아니지만예를 들어 캐나다, 영국, 호주에서 개발된 다른 내부통제 프레임워크들도 있다 SEC의 인정은 내부통제 분석에 대한 표준 프레임워크로서의 COSO 프레임워크의 중요성을 더 공고히 했다.

COSO 프레임워크는 내부통제를 정의하고, 그 구성 요소들을 기술하며, 통제 시스템을 평가할 수 있는 기준을 제공한다. 이 프레임워크는 내부통제 공시 지침을 제시하고 경영진, 감사인 등이 내부통제 시스템 평가에 사용할 수 있는 자료들을 제공한다. 이 프레임워크의 두 가지 주요 목표는 (1) 다양한 당사자들에게 도움이 되는 공통적인 내부통제의 정의를 확립하고 (2) 조직들이 자신의 내부통제 시스템을 평가하고 이를 어떻게 개선할 수 있을지 결정할 수 있는 기준을 제공하는 것이다.

COSO는 내부통제를 아래의 범주에서 목표 달성에 관한 합리적인 확신을 제공하기 위해 조직의 이사회, 경영진 등에 의해 취해지는 프로세스로 정의한다.

- 오퍼레이션의 효과성과 효율성
- 재무 보고의 신뢰성
- 관련 법규 준수

COSO 프레임워크의 다섯 가지 핵심 요소

내부통제 시스템에 관한 COSO 프레임워크는 다음과 같은 다섯 개의 요소로 구성되어 있다. (1) 통제 환경 (2) 리스크 평가 (3) 통제 활동 (4) 정보와 소통 (5) 모니터링.

COSO는 소규모 조직들이 내부통제 요건을 충족시키는 데 도움을 주기 위해 부가 지침을 발표했다Box 10.2를 보라.

중소 규모의 조직들도 대규모 조직들이 직면하는 것과 유사한 법률, 규제, 그리고 윤리 도전 과제들에 직면한다. 그러나 그들에게는 컴플라이언스 필요를 충족할 자원이 없는 경우가 많다. 이러한 상황을 인정하여, COSO 는 2006년 6월에 이들 조직이 직면하는 내부통제 도전 과제들을 다루는 소규모 상장 기업용 3권짜리 가이드 '재무 보고에 대한 내부통제 – 소규모 상장 기업에 대한 지침' 을 발표했다.

통제 환경   조직의 통제 환경은 내부통제 프로그램의 토대다. 이는 조직의 경영진과 직원들에 의해 유지되고 보여지는 올곧음과 윤리적 가치다. 이는 이사회와 고위 경영진이 조직의 모든 사람들에게 적용되는 윤리 표준과 가치, 그리고 윤리 강령에 대한 지지를 통해 설정하는 '상부에서의 기조tone at the top' 다. 연방 준비 위원회의 수장 쉬미트 비에스Susan Schmidt Bies 위원은 내부통제 시스템에서 이사회의 역할의 중요성에 대해 이렇게 말했다.

이사들이 모든 비즈니스 라인의 세세한 부분까지 이해하거나 모든 거래를 감독하도록 기대하는 것은 아니지만 회사의 리스크 부담risk-taking 에 관한 기조tone를 설정하고, 자신의 지시가 수행되고 있음을 합리적으로 기대할 수 있는 효과적인 모니터링 프로그램을 구축할 책임이 있습니다.

아마도 통제 환경의 역할은 캘리포니아 대학교의 '내부통제 이해하기'에 가장 잘 설명되어 있을 것이다. 이 글은 효과적인 내부통제 프로그램에서는 이사회와 고위 경영진에서 조직의 말단에 이르기까지 모든 사람들이 자신의 역할과 책임을 이해할 필요가 있다고 말한다. 이 대학교는 이렇게 말했다. "통제 환경은 통제에 대한 조직의 의식consciousness이다… 효과적인 통제 환경은 유능한 사람들이 자신의 책임, 권한의 한계를 이해하고 지식을 갖추고 있고, 주의를 기울이고 있으며, 올바른 일을 올바른 방식으로 하는 데 전력을 기울이는 환경이다. 그들은 조직의 정책 및 절차와 윤리 및 행동 기준을 따를 책무가 있다."

리스크 평가 조직의 목표 및 이 목표와 관련된 리스크를 파악하는 것이 내부통제 이해의 기본이다. 이 프로세스의 일환으로서 조직은 몇 가지 핵심 질문을 다뤄야 한다.

- 조직의 이사회와 고위 경영진이 조직의 목표들을 결정하기 위한 프로세스를 거쳤는가?
- 이 목표들이 조직의 사명 선언문이나 전략적 조치들과 어떻게 관련되는가?
- 조직이 포괄적이고 지속적인 리스크 평가 프로세스를 거쳤는가?
- 조직이 잠재적인 리스크의 영향과 비용을 양적, 질적으로 평가했는가?
- 조직이 파악한 잠재 리스크를 어떻게 관리할지 결정했는가?

통제 활동 통제 활동들은 리스크를 관리하거나 감소시키기 위한 정책, 절차, 기법과 메커니즘이다. 이러한 활동들은 조직의 모든 직급과 부서에서 발생한다. 이에는 승인, 권한 부여, 확인, 직무 분리, 대사reconciliation, 성과 검토, 보안 유지, 활동 실행의 증거를 제공하는 관련 기록 작성 및 유지 등이 있다. 통제 활동들은 수작업 프로세스를 통하거나, 컴퓨터화된 정보 시스템 환경에서 실행될 수 있다.

통제 활동의 범위는 조직의 사명, 목표, 리스크 상황만큼이나 광범위하다. 이 활동들은 성과 관리에 대한 최상층부의 감독에서부터 창고의 재고에 이르기까지 조직 관리의 전 범위에 걸쳐 있다. 통제는 일반적으로 예방 또는 탐지 또는 때로는 양자의 결합 통제로 분류된다. 궁극적으로 각각의 통제는 특정 조직의 특수한 필요나 리스크 상황에 맞춰 형성되어야 한다.

- **예방 통제** 예방 통제는 오류나 예외가 발생하지 않도록 방지하기 위해 고안된다. 이들은 조직이 리스크와 오류를 경감하기 위해 취할 수 있는 선제 조치들이다. 몇 가지 예를 들면 다음과 같다.
  - **시스템 에디트 체크**edit check 이는 데이터 입력이 타당하고 정보를 입력하는 사람의 권한 내에 있도록 만전을 기하기 위해 정보 시스템 안에 내장된 컴퓨터화된 적합성 검증이다.
  - **직무 분리** 오류 또는 사기 리스크를 감소시키기 위해 의무나 책임이 서로 다른 사람들에게 나누어진다. 예를 들어 급여 지급 업무에서 한 사람이 거래를 승인하고 다른 사람이 정보를 입력한다. 누구도 어느 한 사람이 거래의 모든 측면을 통제하지 않는다.

- **접근을 제한하기 위한 암호 사용** 정보 시스템에 접근할 수 있는 암호들은 공유할 수 없는 비밀 정보로 취급되어야 한다. 암호는 정기적으로 변경되어야 한다.
- **권한 부여 프로세스** 권한 부여는 권한 위임과 관련이 있다. 이는 부서나 개인에게 적용될 수 있다. 예를 들어 승인권자에게 구체적인 허가, 서명, 또는 승인을 받지 않으면 비품 구입과 같은 거래를 수행할 수 없다.

• **탐지 통제** 탐지 통제는 오류 또는 예외가 발생한 후에 이를 탐지하기 위해 고안된다. 캘리포니아 대학교는 탐지 통제에 대해 이렇게 말한다. "탐지 통제는 예방 통제가 효과를 발휘하고 있으며 손실을 방지하고 있다는 증거를 제공하는 중요한 역할을 한다."
- **재고 조사** 조직은 핵심 자산들에 대한 재고 통제 프로세스를 수립해야 한다. 구매나 승인 프로세스와 독립된 사람이 모든 자산을 정기적으로 세어 보고, 이를 기록상의 숫자와 비교해야 한다.
- **행위자/점검자** 직무 분리 통제와 유사한 행위자/점검자maker/ checker 통제는 거래가 진행되기 전에 모든 거래를 검토 또는 점검하여 오류 여부가 미리 정해진 범위 이내인지 확인할 사람을 필요로 한다.

정보와 소통 조직이 오퍼레이션을 효과적으로 통제하기 위해서는 신뢰할 수 있고 시의적절한 관련 정보를 보유해야 한다. 관리자들은 자신이 조직의 목표와 컴플라이언스 리스크를 효과적으로 다루고 있는지 판단하기 위해 오퍼레이션, 재무, 컴플라이언스 관련 데이터를 필요로 한다. 정보가 조직 전체에 유연하게 흘러갈 때 효과적으로 소통되고 있다고 할 수 있다. 예를 들어 어느 한 부문의 프로세스, 상품, 정책 또는 시스템 변화는 조직 전체에 소통되어서 다른 중요한 분야의 내부통제가 이에 맞춰 적절히 변화될 수 있게 해야 한다. 내부 소통 외에도 관리자들은 조직의 목표 달성에 중대한 영향을 줄 수 있는 규제 기관이나 비정부 기구NGO 등과 같은 외부 이해 관계자들로부터도 정보를 얻을 수 있어야 한다.

캘리포니아 대학교는 '내부통제 이해 가이드'에서 조직이 자신의 정보와 소통 프로세스의 효과성을 평가할 때 고려해야 할 몇 가지 중요한 질문을 제시한다.

- 조직이 내부 및 외부의 원천으로부터 필요한 정보를 유용한 형태로 적시에 입수하는가?
- 조직이 내부 및 외부의 리스크에 대해 알려 주는 정보예를 들어 법률 또는 감독 규정 변경 및 진행 상황를 제대로 입수하고 있는가?
- 조직이 자신의 성과를 측정하는 정보, 즉 자신의 오퍼레이션, 재무 보고와 컴플라이언스상의 목표들을 달성하고 있는지 말해 주는 정보들을 입수하고 있는가?
- 조직이 다른 사람들이 필요로 하는 정보예를 들어 고객 또는 다른 부서에서 사용되는 정보를 유용한 형태로 적시에 파악, 입수, 가공, 소통하는가?
- 조직이 다른 사람들에게 내부 또는 외부 리스크를 알려 주는 정보를 제공하는가?

모니터링 효과적인 내부통제 프로그램은 통제에 대한 일상적인 테스트와 모니터링을 제공한다. 통제에 대한 테스트와 모니터링은 조직의 내부통제, 특히 조직의 최고 등급 리스크로 파악된 컴플라이언스 리스크를 경감하기 위해 고안된 통제가 적절히 관리되고 있는지에 대한 핵심 결정 요인이다. 통제에 대한 테스트와 모니터링은 자체 평가, 내부 감사, 컴플라이언스 또는 통제 부서의 검토, 또는 동료의 검토 등 다양한 방법으로 수행될 수 있다. 별도 평가의 범위와 빈도는 주로 리스크에 대한 평가와 일상 모니터링 절차의 효과성에 좌우될 것이다.

내부통제 프로그램

효과적인 내부통제 프로그램은 조직이 자신의 컴플라이언스 리스크, 약점, 취약성을 파악하도록 도와주는 중요한 관리 도구다. COSO 프레임워크는 기관들이 이를 통해 그러한 프로그램을 개발할 수 있는 귀중한 지침을 제공한다. 성공적인 내부통제 프레임워크 실행은 거버넌스, 리스크 평가, 통제 파악과 평가, 테스트와 모니터링이라는 네 가지 핵심 구성 요소를 포함한다.

컴플라이언스와 내부 감사

조직의 컴플라이언스 부서와 내부 감사 부서는 공생 관계에 있다. 법률, 규제 조항, 조직의 내부 표준 준수에 중점을 두는 컴플라이언스 부서는 내부 감사 부서와 조직을 보호한다는 공동의 목표를 공유한다. 레이몬드 오코너Raymond O' Connor는 「내부 감사인」 1989년 2월호에서 이 관계를 이렇게 묘사했다.

컴플라이언스 부서와 내부 감사 부서는 회사의 부적절한 행동에 기인하는 책임으로부터 회사의 임원들을 보호할 책임이 있는 보좌 기능을 수행한다. 두 부서 모두 컴플라이언스 분야에 대한 감독 기능을 제공한다. 두 부서 모두 정부 기관과 자율 규제 기관의 관련 규칙과 규정 준수 여부에 대한 감사 계획 수립 및 실행 책임이 있다.

오코너의 견해에 의하면 두 부서의 핵심적인 차이는 권한과 책임에 놓여 있다. 컴플라이언스 책임자들은 독자적으로 또는 조직의 내부통제 전문가들과 함께 적절한 내부통제가 갖춰지고, 조직에 대한 컴플라이언스 리스크를 효과적으로 경감하도록 작동되게 할 권한과 책임이 있다. 그들은 '통제 구조의 일부' 다. 내부 감사인들은 '내부통제, 회사의 절차와 이러한 절차 준수상의 취약점으로 인한 잠재 리스크' 가 있는 분야를 파악할 책임이 있다. 독립 기구로서의 감사 부서의 역할은 조직의 컴플라이언스 구조에 대해 평가하여 보고하는 것이다.

컴플라이언스와 비즈니스 라인

내부통제는 궁극적으로 경영진의 책임이다. 국제 최고 감사 기관 협회International Organization of Supreme Audit Institutions; INTOSAI는 2001년에 '내부통제: 정부에서의 책임성에 대한 기초 제공하기' 에서 이렇게 선언했다. "관리자들은 강력한 내부통제 구조가 조직과 조직의 목적, 오퍼레이션, 자원 관리에 있어서 기본 토대라는 것을 깨달아야 한다. 적정하고 효과적인 내부통제 구조를 제공할 책임은 조직의 경영진에게 있다." 조직의 최고 경영진은 아래의 사항을 수행해야 한다.

- 조직의 독특한 컴플라이언스 리스크를 파악한다.
- 리스크를 관리하는 적절한 정책과 절차를 갖춘다.
- 정기적으로 자체 평가를 수행하여 이러한 통제가 적절히 작동하게 한다.

컴플라이언스 또는 내부통제 부서는 경영진이 아래와 같은 책임을 수행하도록 보좌할 책임이 있다.

- 컴플라이언스 리스크를 인식한다.
- 컴플라이언스 리스크를 적절히 관리한다.
- 조직의 프로세스나 정책에 대한 테스트와 검토를 통해 효과적인 내부통제 프로세스를 갖춘다.

식별과 평가

내부통제 식별과 평가는 조직의 컴플라이언스 리스크에 대한 아래와 같은 상세하고 포괄적인 평가에 기초한다.

- 조직의 컴플라이언스 리스크 목록 축적
- 리스크 수준 평가높음, 중간, 낮음
- 각각의 컴플라이언스 리스크와 통제 활동 연계
- 통제의 효과성을 확보하기 위해 통제가 어떻게 모니터되고 테스트되는지 기술記述

내부통제의 목표는 식별된 컴플라이언스 리스크를 효율적으로 관리하는 것이다. 시간과 자원상의 한계에 비추어 많은 조직들은 먼저 컴플라이언스 리스크가 가장 높은 곳에 주의를 집중하고, 그 다음에 순차적으로 낮은 등급의 리스크를 검토한다. 조직들은 탐지, 예방 통제 활동들을 이용하여 파악된 각각의 리스크를 현행 컴플라이언스 정책과 절차에 비추어 평가해야 한다.

9장에서 예시했던 채용 사례를 통해 이 프로세스를 보여주고자 한다. 어느 조직은 미국에서 일할 권한이 없는 사람의 채용은 높은 등급의 리스크로 파악했다. 이러한 결정은 고용 정책과 관행, 정부의 의견, 채용에 대한 고위 경영진의 태도, 채용된 사람의 수와 유형, 경영진 교육 프로그램 현황, 정부의 감사 관행 등 조직의 컴플라이언스 리스크 목록에 대한 검토에 기초했다.

이 조직은 이 분석을 이용해서 자신의 고용 정책과 절차를 재검토하여 컴플라이언스 리스크를 어떻게 효과적으로 통제할 수 있는지 결정하고 그 발견사항을 문서화한다. 예를 들어 조직은 정부에서 요구하는 기록 유지에 관한 통제를 도입하거나, 모든 필요 정보의 작성 및 수령을 추적 관리하는 대장臺帳을 만들 수도 있다. 궁극적으로 이와 같은 통제들이 조직의 통제 테스트 프로세스의 근거가 될 것이다.

조직의 모든 컴플라이언스 리스크에 대해 유사한 통제 분석이 완료되어야 한다. 이의 목적은 조직의 모든 통제 활동에 대한 목록을 작성하는 것이다. 이 목록이 완성되면 조직은 테스트를 통해 자신의 내부통제 프로그램에서의 장점 또는 약점을 평가할 수 있다.

- 현행 통제 활동의 허점

- 현행 법률과 규정에 합치하지 않는 뒤떨어진 통제 정책과 절차

- 부서간 통제 활동 중복

내부통제에 있어서 이러한 허점 또는 약점을 파악하여 평가하고 나면 조직은 통제상의 취약점을 교정하고 컴플라이언스 리스크가 적절하게 다루어지도록 시정 조치 전략을 취할 수 있다.

테스트와 모니터링

기존 통제 절차의 약점이나 미흡한 사항을 찾아내기 위한 테스트는 내부통제 프로그램의 중요한 구성 요소 중 하나이다. 이는 조직의 보호 장치에 잠재적인 문제가 있을 수도 있음을 알리는 조기 경보 장치다. 규제 기관들은 조직의 내부통제 테스트에 상당한 중요성을 부여한다. 미국 연방 준비 시스템의 위원회 위원인 마크 W. 올슨Mark W. Olsen은 2006년에 은행 컴플라이언스 책임자 컨퍼런스 연설에서 이렇게 말했다.

내부통제 프레임워크의 본질적인 부분 중 하나는 이 프레임워크가 얼마나 잘 작동하고 있는지 결정하여 필요한 시정 조치가 취해질 수 있도록 정기적으로 테스트하는 것입니다. 테스트의 빈도는 리스크에 기반해야 하며, 거래의 표본을 추출하여 테스트하되, 표본의 크기는 해당 활동의 양과 리스크 정도에 의해 결정되어야 합니다.

조직의 내부통제 테스트에 관한 핵심 질문들 조직의 내부통제 프로그램에 대한 효과적인 통제를 위해서는 많은 결정이 필요하다. 결정의 많은 부분은 리스크의 성격, 조직의 자원, 조직의 규모, 그리고 조직의 규제 기관과 그들의 검사 프로그램 및 검사 철학에 의해 영향을 받을 것이다.

- 테스트가 어떻게 수행될 것인가예를 들어 수작업으로 진행될 것인가, 자동화된 시스템이 이용될 것인가?
- '효과적임' 또는 '실패'의 기준은 무엇인가?
- 통제가 COSO와 같은 프레임워크에 비추어 평가될 예정인가?
- 누가 테스트 프로세스를 수행하는가예를 들어 컴플라이언스 부서, 제3자, 내부 감사, 라인 관리자, 또는 통제 부서?
- 어떤 유형의 테스트가 채택될 것인가예를 들어 거래에 대한 테스트, 정기 테스트, 또는 범죄 수사 테스트?
- 통제가 얼마나 자주 평가될 것인가매일, 분기, 월별, 또는 다른 주기?
- 테스트 결과는 어떻게 평가 및 보고될 것인가합격/불합격 또는 수치 등급?
- 취약점이나 미흡 사항이 교정될 필요가 있을 경우, 누가 시정 조치 계획을 수립할 것인가?
- 누가 시정 조치 계획이 시행되도록 할 것인가?

테스트 프로세스 개요 내부통제 테스트 프로그램은 검토될 거래의 범위와 성격에 따라 다르지만 대부분의 내부통제 검토 프로그램에 일반적인 몇 가지 특성이 있다.

- 테스트될 컴플라이언스 리스크와 핵심 통제 식별

- **통제와 거래가 테스트될 기준 또는 표준 결정** 조직의 리스크 감내도가 있을 경우 이 감내도는 어느 수준인가? 앞에서 제시된 채용 사례를 이용하자면, 조직은 이 통제에 대한 기준은 "미국에서 일할 권한이 없는 사람은 아무도 고용하지 않는다"라고 결정할 수 있을 것이다. 만일 통제 테스트 결과 이 기준을 충족시키지 못하는 사람들이 고용되고 있음이 발견될 경우 조직의 컴플라이언스 정책과 절차에 심각한 취약성이 드러난 것이며, 이는 즉시 시정되어야 한다.

- **이용될 테스트 방법 결정** 이에는 데이터와 거래 표본 검사, 직원들과의 인터뷰, 해당될 경우 프로세스 관찰이 포함될 수 있다. 여기서 열쇠는 통제 프로세스의 효과성에 관한 합리적인 판단 근거가 될 충분한 양의 정보를 입수하는 것이다.

- **테스트 수행자 결정** 조직은 자체 평가, 내부 감사, 컴플라이언스 부서나 통제 부서의 검토 또는 동료의 검토 등 많은 대안들을 선택할 수 있다. 조직의 컴플라이언스 프로그램은 특정 부서의 통제에 대한 테스트를 직접 수행할 수도 있고, 비즈니스 부문의 통제 기능이나 다른 리스크 관리 기능에 위임할 수도 있다. 은행이나 증권회사와 같은 대형 기관에서는 흔히 특정 비즈니스 부문을 담당하는 통제 책임자를 지정하기도 한다.통제 책임자는 재무통제 또는 리스크 관리 부서장에게 보고할 수도 있다. 통제 책임자들은 비즈니스 전반을 이해하는 사람으로서, 법률과 규제 준수 리스크 등 넓은 범위의 리스크 이슈들을 다룬다. 통제 책임자는 비즈니스 통제에 대한 자체 평가와 테스트를 수행하거나 이를 조정한다.

- 조직의 컴플라이언스 프로그램이 통제에 대한 테스트를 비즈니스 통제 책임자 또는 기타 리스크 관리 기능에 위임하기로 결정한 경우에도, 컴플라이언스 부서는 여전히 통제와 테스트가 핵심적인 컴플라이언스 리스크 이슈들에 중점을 두도록 할 책임이 있다. 이에 대한 대안으로 컴플라이언스 부서가 직접 테스트를 수행하거나 업무의 중복과 비즈니스 부문의 부담을 덜어 주기 위해 두 방법을 결합하여 사용할 수도 있다. 마지막으로 조직이 비즈니스 부문의 자체 평가가 다소 덜 독립적이라는 점을 충분히 이해하는 한, 컴플라이언스 부서는 어느 정도 자체 평가를 이용할 수도 있다.

- 어떤 대안을 선택하든 조직은 통제 테스트의 궁극적인 결함에 대해 인식해야 한다. 통제에 대한 테스트는 결코 검토 대상 업무를 정규적으로 수행하는 사람에 의해 수행되어서는 안 된다.

- **내부통제 테스트 문서화** 테스트 절차, 관여자, 분석된 핵심 통제, 테스트 검토의 결과를 상술하는 기록이 작성되어야 한다.

- **검토 결과 분석** 조직의 내부통제에 취약하거나 미흡한 사항이 식별되었는가? 그럴 경우 이러한 사항들이 중대한가, 아니면 경미한가? 통제 취약점의 원인이 일회성 사건인가 또는 계속적인 프로세스인가? 사람의 잘못이 원인이었는가? 취약점이 정보, 교육, 기량 또는 경험 부족의 결과였는가? 이 취약점이 발견되지 않고 신속하게 시정되지 않을 경우 조직에 중대한 피해를 가져올 뻔 했는가? 테스트 결과를 고위 경영진이나 규제 기관에 보고할 필요가 있는가?

- **사후 관리 또는 시정 조치 계획 수립** 검토의 발견 사항과 권고 사항을 다

루는 신속한 조치를 취하는 것이 매우 중요하다. 이에는 시정 시한 설정과 적절한 사후 관리, 검토, 시정 조치의 승인 등이 포함된다.

요약

효과적인 컴플라이언스 프로그램은 잘 수립된 내부통제 프로그램을 포함한다. 캐로린 시그Carolyn Sigg와 폴 피오렐리Paul Fiorelli는 「내부 감사인」 2002년 2월호에서 내부통제 및 컴플라이언스의 가치에 대해 아주 잘 요약했다.

내부통제는 프로세스다. 통제는 목적을 위한 수단이지 통제 자체가 목적은 아니다. 강력한 내부통제 시스템은 책임있는 기업의 행동에 대한 회사의 의지를 직원들과 외부 계약자들에게 보여주는 강력한 선언이 될 수 있다. 통제는 비윤리적이거나 불법적인 행동의 예방과 발견에 도움이 된다.

⑪

컴플라이언스 프로그램 평가

　현대의 컴플라이언스 프로그램은 조직 운영의 핵심적인 측면에 영향을 주는 복잡한 활동이다. 컴플라이언스에 대한 평가는 조직이 컴플라이언스 프로그램의 임무, 서비스, 성과 또는 오퍼레이션에 구멍이 있을 경우 이를 찾아내도록 도와준다. 컴플라이언스 프로그램은 조직에 대한 보호 장치이기 때문에 설계나 실행이 취약하거나 불완전할 경우 이를 신속히 식별, 평가, 시정해야 한다. 조직은 약점들이 체계적인지 아니면 우연의 결과인지, 또는 약점들이 특정 프로세스, 개인, 기능 또는 지역과 관련 있는지 결정해야 한다. 파악된 약점이 지속적으로 발생하고 있는가, 아니면 일회성 사건인가? 규제 기관들은 조직이 자신의 컴플라이언스 프로그램의 결함을 찾아내서 적극적인 조치를 취할 것으로 기대한다.

　그러나 조직의 컴플라이언스 프로그램 평가는 곤란한 과제일 수도 있다. 컴플라이언스 프로그램의 효과성을 평가하는 기준이 별로 없기 때문이다. 형체가 없는 목표들을 기준으로 삼는 경우도 흔하다. 강화된, 또는 효과적인 '컴플라이언스 제도'를 어떻게 정의하는가? '고결성', '문화', '윤리'를 유의미하게 또는 생산적으로 측정하기 위해 어떤 기준과 방법을 사용해야 하는가? 여러 곳에서 컴플라이언스 프로그램의 효과성 측정 시의 문제들을 언급했다.

- 연방 감독 기관 중 하나인 회계 감사원은 「컴플라이언스 프로그램의 효과성에 관한 초기 증거는 아직 결론을 낼 수 없다」는 제목의 1999년 보고서에서 광범위한 기초 데이터 결여와 측정 결과에 영향을 줄 수도 있는 다른 요인들로 인해 컴플라이언스 프로그램의 효과성을 측정하기 어렵다고 했다.

- 2005년에 PWC가 수행한 전 세계의 컴플라이언스 프로그램에 대한 연구 '브랜드 보호하기'는 73개 조사 대상 회사들 중 78퍼센트는 컴플라이언스가 조직에 기여한다고 생각한다는 것을 발견했다. 그러나 이 연구는 다음과 같이 보고했다. "아직 어느 회사도 체계적인 측정 방법을 개발하지 않았다··· 응답자들은··· 컴플라이언스의 가치는 역의 논리, 즉 아직 일어나지 않은 법규 미준수 사건에 의존하기 때문에 이를 측정하기 어렵다고 했다. 유럽 지역의 어느 응답자가 보험은 뭔가가 잘못되었을 때에야 그 가치가 인정된다고 한 것처럼 말이다."

- 이러한 한계에 대해서는 의료업 컴플라이언스 협회HCCA에서도 언급했다. HCCA는 「컴플라이언스 프로그램의 평가와 개선」 서문에서

이렇게 말했다.

의료 관련 규제 조항의 복잡성과 방대한 분량 및 의료 기관에서의 컴플라이언스 프로그램이 상대적으로 초창기 수준에 있다는 점으로 인해 경영진과 이사회들은 컴플라이언스 프로그램에 관해 많은 의문을 품고 있다. 이 프로그램이 올바른 이슈들을 다루고 있는가? 이 프로그램이 우리의 주요 리스크들을 다루고 있는가? 이 프로그램에 얼마나 지출해야 하는가? 우리의 노력으로부터 최대의 가치를 끌어내고 있는가? 프로그램의 질과 효과성을 어떻게 평가하는가?… 간단히 말하자면 이 문서는 조직이 컴플라이언스에 투입하는 자원들이 효과적이고 효율적이며, 적절하게 이용되고 있는지 결정하도록 도와주는 도구로서 HCCA에 의해 제공된다.

컴플라이언스의 효과성에 대한 기준

많은 정부 기관들이 컴플라이언스의 효과성에 대한 표준 수립을 도모해 왔다. 이들 중 연방 기업 양형 가이드라인FSGO과 미국 법무부의 「연방 기업체 기소 원칙」은 일반적으로 적용될 수 있는 반면, 특정 규제 분야를 겨냥한 기준들도 있다. 예를 들어 미국 보건후생성은 컴플라이언스의 효과성 계량화를 시도했다. 보건후생성은 효과적인 컴플라이언스 기준을 채택하기 위한 프로젝트에 착수했다. 보건후생성은 2004년에 컴플라이언스 효과성 파일럿을 개시했다.

이러한 발전에도 불구하고 컴플라이언스 프로그램의 효과성 평가는 만만치 않다. 무엇이 효과적인 컴플라이언스 프로그램인지 명확하게 경계를 지어 주는 '뚜렷한 선'이 없다. 효과적인 컴플라이언스 프로그램은 컴플라이언스 이슈들을 기꺼이 다루려는 조직의 의지를 보여주는 행동들의 총합이다. 미국 보건후생성은 「효과적인 컴플라이언스를 위한 파트너십 구축」이라는 1999년 보고서에서 이렇게 말했다. "감찰관실OIG은 공급자의 컴플라이언스 프로그램 각각의 요소들의 속성을 고려해서 이 프로그램의 전체적인 '효과성'을 평가한다."

연방 기업 양형 가이드라인

1991년의 FSGO에 대한 변경안을 제안하기 위해 2003년에 소집된 미국 양형위원회의 자문 그룹은 조직들이 자신의 컴플라이언스 프로그램의 효과성을 평가하라고 명시적으로 권고했다. 이 자문 그룹은 가이드라인 개정안 섹션 8B2.1에 다음과 같은 문구가 포함되도록 권고했다.

다음과 같은 하위 조항의 의미 내에서 적절한 주의due diligence와 법규 준수에 진력하도록 장려하는 조직 문화 증진 (a) 최소한 아래의 조치들을 요구한다… (b) 법률 위반을 예방하고 탐지하기 위한 조직의 프로그램 효과성에 대해 정기적으로 평가한다.

이 자문 그룹은 주석집에서, 조직은 "법규 위반을 성공적으로 예방 및 탐지할 수 있는 합리적 가능성을 확보하기 위한 컴플라이언스 프로그램을 구성하는 경영진의 충분한 조치를 검토해야 한다"고 설명했다. 이 자문 그룹은 이 자체 평가에 대해 특정 형태나 양식을 밝히지 않고 다음과 같이 말했다. "다른 정기적인 평가 방법들도 사용될 수 있지만 조직의 컴플라이언스 프로그램의 효과성 평가에서는 다른 평가들과는 초점을 달리하는 모니터링과 감사 관행들이 사용될 수도 있다." 그러나 이 자문 그룹은 규모가 큰 기관에서는 일반적으로 별도의 컴플라이언스 성과 평가가 요구되며, 컴플라이언스 기능과 독립된 사람에 의해 평가가 수행되어야 한다고 언급했다. 소규모 조직에서는 일상 운영 과정 중의 정기적인 컴플라이언스 평가로 족할 것이다.

미국 보건후생성 감찰관실 1999년 3월의 감찰관실과 의료업 컴플라이언스 협회와의 회의에서 정부 측 참석자들은 조직의 컴플라이언스 노력의 효과성 평가에 사용되는 여러 요소들을 밝혔다.

- 컴플라이언스 책임자로 임명된 사람의 배경과 컴플라이언스 부서에 제공되는 자금과 적정한 지원
- 교육과 정책 · 절차에 대한 지침에 의해 조직의 직원과 계약자들에게 컴플라이언스 프로그램을 '수용하도록buy-in' 영향을 주고 있는지 여부
- 직원들의 우려와 질문을 다루기 위한 개방된 소통 라인과 적절한 정보 라인이 사용되고 있음에 대한 증거
- 과도한 지급에 대한 반환과 컴플라이언스 프로그램 요건 위반 사건 자진 신고에 대한 성문 관행

평가의 필요

미국 법무부의 「연방 기업체 기소 원칙」의 표현을 사용하자면 조직은 다음과 같은 근본적인 질문을 자문自問해 보아야 한다. "우리의 컴플라이언스 프로그램이 효과를 발휘하고 있는가?" 다른 말로 하자면 "우리의 컴플라이언스 프로그램은 가치를 창출하는가?" 이러한 질문에 답하기 위해 조직들은 질적, 양적 정보를 수집해서 자체 평가 외부 컨설팅 등 다양한 방법을 통해 컴플라이언스 프로그램 핵심 영역의 '효과성'을 평가하고 있다. 이러한 분석은 이를 두 개의 관점에서 바라본다.

- 컴플라이언스 프로그램의 효과성을 측정하기 위해 조직들이 사용하는 기법
- 컴플라이언스 프로그램의 효과성에 대한 척도 또는 핵심 성과 지표로 채택된 기준

컴플라이언스의 효과성 평가 기법

컴플라이언스의 광범위함과 컴플라이언스가 아직 초창기에 있음을 감안할 때 조직들이 자신의 컴플라이언스 프로그램의 효과성 측정 및 평가를 위해 다양한 기법과 전략을 추구해 왔음은 놀랄 일이 아니다. 이러한 평가 방법은 아직도 발전하고 있으며, 질적이나 양적 척도의 조합에 크게 의존하고 있다. 컴플라이언스 프로그램 권위자인 크리스틴 파커 Christine Parker는 '믿을 만한 컴플라이언스 프로그램 평가 방법이 있는가?'라는 2002년 논문에서 "회사의 컴플라이언스 관리 평가 방법론은 현재

로서는 제대로 발달하지 못했다"라고 논평했다.

컴플라이언스 프로그램의 효과성 평가 기법에는 직원에 대한 설문 조사, 전자우편과 핫라인을 통해 접수한 컴플라이언스 관련 보고서 평가 등 다양한 방법들이 있다Box11.1은 컴플라이언스 평가 수행에 대한 몇 가지 기본 규칙을 제공해 준다. 브라이언 샤피Brian Sharpe는「에씨코스Ethikos」2003년 5/6월호에서 호주에서 사용되는 컴플라이언스 프로그램의 효과성 측정 시 성과를 평가하기 위한 '엄격한 핵심 성과 지표' 들과 효과성을 측정하기 위한 스코어카드 사용과 관련된 2단계 프로세스를 설명했다.「요양원Nursing Homes」2004년 8월에 기고한 글에서 로렌스 포겔Lawrence Fogel과 조셉 와트 Joseph Watt는 '컴플라이언스 프로그램 평가Compliance Program Assessment' 라 부르는 3단계 프로세스를 설명했는데, 이 프로세스에서는 독립적인 컨설턴트가 직원들과 함께 해당 조직의 컴플라이언스 프로그램의 효과성을 평가한다.

Box 11.1   컴플라이언스 평가 수행하기

컴플라이언스의 효과성 평가에 여러 기법들이 사용되고 있지만 조직은 최소한 컴플라이언스의 효과성 평가를 수행할 때 몇 가지 기본 규칙들을 따라야 한다.

• 계획 수립, 문서화, 인터뷰, 데이터 분석, 발견 사항, 권고안 작성 등 컴플라이언스 리스크 평가 및 감사 수행에 사용된 것과 동일한 원칙들9장에 설명됨이 컴플라이언스 프로그램의 효과성 평가에도 적용된다.

- 조직은 최소 2년에 1회는감독 규정에서 요구할 경우 보다 빈번하게 컴플라이언스 평가를 수행하는 것을 고려해 봐야 한다.
- 검토자의 독립성과 전문성이 컴플라이언스 평가와 그 발견 사항 및 권고 사항의 무결성integrity에 매우 중요하다.

컴플라이언스의 효과성 평가하기

어떤 방법을 사용하든 컴플라이언스 프로그램의 효과성 평가는 본질적으로 동일한 범위의 정보를 추구한다. 이들 정보는 일반 척도, 조직에 관한 정보, 그리고 프로그램에 특수한 정보로 구분할 수 있다. 컴플라이언스 평가 수행시 주의해야 할 점이 있다Box 11.2를 보라.

Box 11.2 주의 사항

컴플라이언스 평가 과정에서 조직이 잠재적으로 해로울 수 있는 정보를 발견할 수 있다. 의문이 있을 경우 즉시 사내 또는 외부 변호사에게 연락해서 가장 적절한 조치를 취해야 한다.

일반 척도

이 범주에서는 조직들이 전략적 성과와 컴플라이언스 프로그램의 효과성을 평가한다.

- 법률, 규정, 윤리 위반에 관한 우려사항들이 효과적으로 다루어지고

있는가?

- 조직이 컴플라이언스 프로그램의 결과로 '보다 안전' 해졌는가?
- 조직이 연방 기업 양형 가이드라인과 기타 규제 기관의 지침을 준수하고 있는가?
- 직원들이 컴플라이언스 프로그램의 영향으로 불법적 또는 비윤리적 행동에 덜 관여하게 될 것 같은가?
- 조직의 컴플라이언스 프로그램 실패나 제기된 이슈들에 효과적으로 대응하고 있는가? 그렇지 않을 경우 그 이유는 무엇이며, 이를 어떻게 시정할 수 있는가?
- 직원들이 불법적 또는 비윤리적 행동을 더 많이 보고할 것 같은가?
- 컴플라이언스 프로그램이 조직의 권력 구조와 통제 기능에서 '중요한 위상'을 차지하고 있는 것으로 여겨지는가?
- 컴플라이언스 프로그램이 조직에 중대한 결과를 가져올 수도 있는 신상품, 시스템, 또는 조직 변경을 자신이 제기하는 이슈들이 해결될 때까지 미루거나 중지시킬 권한을 갖고 있는가?
- 컴플라이언스 프로그램이 가치를 창출했는가? 이 프로그램에 비용을 지출할 가치가 있는가? 다른 대안이 있는가?

벤치마크 설정

조직들은 컴플라이언스 프로그램의 효과성을 평가하기 위한 핵심 기준을 정의하기 위해 접수한 민원 수, 직원 유지율, 또는 규제 기관의 문의 수 등과 같은, 컴플라이언스 관련 핵심 성과 지표key performance indicator; KPI로 일컬어지는 벤치마크를 설정해 왔다. KPI가 컴플라이언스의 효과성에 대한 간단한 척도의 하나로서 매력적이기는 하지만 몇 가지 이슈가 있다. 어려움 중 하나는 부정적인 영향을 측정하는 일이다_{예를 들어 벌금 또는 벌} _{칙의 결여}. 이코노미스트 인텔리전스 유닛Economist Intelligence Unit의 컴플라이언 스 벤치마킹에 관한 2006년 보고서는 참여자들에게 다음과 같이 질문했 다. "귀사는 무엇을 귀사의 컴플라이언스의 효과성 측정을 위한 벤치마 크로 정했습니까?" 이에 대해 다양한 대답이 나왔는데, 이 또한 컴플라 이언스 평가 표준 수립이 정확하지 않음을 반영한 결과다. 56퍼센트는 '규제 기관과의 정보 회의' 라 응답했고, 40퍼센트는 '업계 조사 결과를 벤치마킹' 한다고 하였으며, 38퍼센트는 '컴플라이언스 목표의 계획 대 비 달성도' 라고 응답했다. 37퍼센트는 '특정 금융기관을 벤치마킹' 한다 고 했고, 35퍼센트는 '업계 동료들과의 비공식 회의' 를 꼽았다.

조직과 프로그램에 대한 척도

조직들은 이 범주의 정보에서 컴플라이언스 리스크를 효과적으로 관리하고 윤리적 행동을 증진하기 위해 윤리적·문화적 행동, 고위 경 영진, 이사회와 전반적인 컴플라이언스 프로그램을 식별 및 평가하고 자 한다.

거버넌스와 고위 리더십 이전 장들에서 설명한 바와 같이 조직에서 컴 플라이언스와 윤리의 중심점은 이사회와 고위 경영진이다. 그들은 가 치, 윤리, 우선순위와 조직의 컴플라이언스 프로그램을 관리하는 자원 을 정한다.

컴플라이언스 프로세스에서 이사회와 고위 경영진의 역할을 평가하는 데에는 규제 기관의 견해가 중요한 출발선 중 하나다. 앞에서 언급한 바와 같이 미국 법무부의 「연방 기업체 기소 원칙」은 컴플라이언스 프로그램이 비리 탐지와 예방에 효과적인지 여부를 판단할 때 연방 검사들이 사용할 수 있는 다양한 기준을 설명한다. 이 원칙은 조직의 이사회와 고위 경영진에게 다음과 같은 질문을 던진다.

- 이사들이 회사 책임자의 제안을 무조건적으로 재가하기보다 독립적인 검토를 수행하는가?
- 이사들에게 독립적인 판단을 내리기에 충분한 정보가 제공되고 있으며, 내부 감사 기능은 독립성과 정확성을 확보하기에 충분한 수준으로 수행되고 있는가?
- 이사들은 이사회가 조직의 법규준수에 관해 정보를 제공받은 상태에서 결정에 이르도록 하기에 충분할 정도로 정확한 정보를 적시에 제공받도록 합리적으로 설계된 정보 시스템과 보고 시스템을 구축했는가?
- 컴플라이언스 노력의 결과를 감사하고, 문서화하며, 분석하고, 활용하기에 충분한 직원을 제공했는가?
- 직원들은 컴플라이언스 프로그램에 대해 적절한 정보를 제공받고 있으며 이에 대한 회사의 의지를 확신하고 있는가?

2004년의 한 강연에서 미국 증권거래위원회SEC의 컴플라이언스 조사 및 검사실 매리 앤 가지알라Mary Ann Gadziala 이사보는 증권회사에 대한 SEC의 광범위한 컴플라이언스 검사에 대해서 및 SEC가 무엇을 효과적인 컴플라이언스 프로그램으로 보는지에 대해 설명했다. 가지알라가 설명한 바와 같이 SEC의 컴플라이언스 검사는 전통적인 검사와는 다르다.

이러한 검사에서 우리는 무엇을 검토하며, 무엇을 찾아낼까요? SEC의 컴플라이언스 검사는 특정 기업 내부의 모든 브로커-딜러 활동을 다루는 전사적 검사입니다. 이는 모든 비즈니스 부분의 컴플라이언스에 대한 하향식 검토입니다. 따라서 이 검사는 특정 규칙과 회사의 자체 절차 준수에 보다 중점을 두는 상향식 검토인 전형적인 검사와 다릅니다. 종합적인 컴플라이언스 검토에서 우리는 기업 차원의 컴플라이언스 '문화' 즉, 회사에서 컴플라이언스 이슈가 다루어지는 전반적인 환경을 평가합니다.

컴플라이언스 조직

조직의 컴플라이언스 기능에 대한 평가는 몇 가지 중요한 이슈들을 다뤄야 한다.

- 컴플라이언스에 어떠한 자원예산, 직원, 시스템 및 테크놀로지, 그리고 교육비이 제공되었는가? 제공된 자원은 컴플라이언스 프로그램에 적정한가? 그렇지 않을 경우 어느 영역이 부족한가?
- 최고 컴플라이언스 책임자가 조직에서 가시적인 존재감을 보이고 있는가?
- 최고 컴플라이언스 책임자가 조직의 고위 경영진과 이사회에 보고하는가?

- 컴플라이언스의 구조와 보고 관계는 조직의 필요와 요건에 부합하는가? 다음과 같은 사항들이 이슈가 될 수 있다. 컴플라이언스 담당 직원은 컴플라이언스 업무를 전담해야 하는가? 컴플라이언스 직원은 신설 부서 또는 다른 비즈니스 부서들 또는 조직의 여러 계층에 위치해야 하는가? 예를 들어 보건후생성의 감찰관실은 다른 업무를 겸하는 컴플라이언스 직원에게 다음과 같이 질문한다. "조직 안에서 다른 의무를 수행함으로써 컴플라이언스 프로그램의 목적을 훼손하는가?"

효과적인 컴플라이언스 구조에 관한 가지알라의 논평에서 컴플라이언스 구조 평가에 관한 추가적인 통찰력을 얻을 수 있다. 그녀는 이렇게 설명했다. "검사역들은 명확한 권한, 책임과 할당된 업무에 대한 전문성을 볼 것입니다. 문서화와 완전하고 정확한 기록이 매우 중요합니다." 컴플라이언스 구조에 관한 구체적인 질문에는 다음과 같은 사항들이 있다.

- 조직의 컴플라이언스 프로그램은 어떠한가? 이 프로그램은 모든 비즈니스 부문을 커버하는가?
- 컴플라이언스 부서는 보고와 보상이라는 양면에서 비즈니스 부서와 독립적인가? 컴플라이언스 프로그램이 고위 경영진과 이사회에 접근할 수 있는가?
- 컴플라이언스 부서가 적정한 자원, 시스템, 보고를 갖추고 있는가?
- 컴플라이언스 인력이 적절한 전문성과 경험을 보유하고 있는가? 그들은 어떻게 훈련되고 있는가? 그들은 적정한 보상을 받고 있는가?

- 컴플라이언스 부서가 모든 관련 규제 기관들에게 대응하고 조정할 능력을 갖추고 있는가?

카렌 스텐스가드Karen Stensgaard는 「내부 감사인」 2002년 4월호에서 컴플라이언스 프로그램의 효과성 평가에 관해 감사인들에게 조언했다. 그녀는 컴플라이언스 구조에 대한 검사에 대해 다음과 같이 제안했다. "현행 구조의 효과성을 평가할 때 감사인들은 이 구조가 조직의 특정 컴플라이언스 필요를 충족시키는지 고려해야 한다… 컴플라이언스 구조는 조직의 규모, 컴플라이언스 요건, 그리고 규제 관련 이슈의 역사에 부합해야 한다."

컴플라이언스 위원회

컴플라이언스 위원회는 많은 조직들에서 컴플라이언스 프로그램의 중요한 구성 요소 중 하나가 되었다. 컴플라이언스 위원회에 대한 평가는 아래와 같은 이슈들을 다뤄야 한다.

- 위원회에 조직의 컴플라이언스 사명 선언문에 정의된 바대로 충분한 인원이 배정되었는가? 이 위원회에 조직의 적정한 구성원이 포함되었는가? 그렇지 않을 경우 어떤 변화가 필요한가?
- 위원회는 정기적으로 모이는가?
- 회의에 의제가 있는가? 위원회는 어떤 수준의 이슈와 우려들을 검토하는가?
- 위원회는 어떤 힘과 권한을 가지고 있는가?

- 위원회가 자신을 위한 목표를 수립하는가, 그리고 최근에 이 목표를 달성했는가? 그렇지 않을 경우 방해 요인은 무엇이었으며, 이를 어떻게 극복할 수 있는가?

컴플라이언스 오퍼레이션

조직의 컴플라이언스 기능에 의해 제공되는 컴플라이언스 관련 프로그램과 서비스의 효과성은 핵심 이슈 중 하나이다. 정책 개발, 소통, 교육, 감사, 자체 평가, 조사, 내부 고발 프로그램, 그리고 모니터링은 현대 컴플라이언스 프로그램의 불가결한 구성요소이다. 심각한 문제를 피하기 위해서는 오퍼레이션상의 결함과 약점을 찾아내 이를 신속히 해결해야 한다.

정책과 절차 잘 개발되고, 잘 시행되는 컴플라이언스 정책과 절차는 컴플라이언스 프로그램의 핵심 기능이다.

- 조직이 윤리 강령을 제정했는가?
- 중요한 모든 컴플라이언스 리스크 영역을 다루는 성문 정책과 절차가 확립되었는가?
- 조직의 중요한 리스크를 효과적으로 다루기 위해 조직의 정책과 절차가 정규적으로 업데이트되는가? 이 프로세스가 어떻게 작동하는가? 누가 이를 관리하는가?
- 조직이 종이 서류를 인트라넷이나 인터넷상의 게시물과 조화를 이루게 함으로써 자료들의 일관성을 확보하고 있는가?

보건후생성 감찰관실은「요양 시설에 대한 프로그램 가이드라인」2000에서 이렇게 질문한다. "이슈들이 적정하게 다뤄지지 않기 때문에 직원들이 반복되는 함정을 경험하고 있는가? 직원들이 정책을 이해하는 데 어려움이 있는가?"

교육 훈련 핵심 컴플라이언스 리스크를 효과적으로 다루는 교육 훈련은 조직의 컴플라이언스 프로그램에 매우 중요하다. 교육 프로그램에 대한 평가는 다음과 같은 질문들을 다뤄야 한다.

- 조직이 고위 경영진과 이사회를 포함하여 모든 부문과 기능, 모든 직급에 대한 교육 필요와 요건들컴플라이언스 이슈들 및 규제상의 요건을 정규적으로 평가하는가?
- 조직이 잘 짜여진 교육 프로그램을 갖추고 교육 필요를 파악하며 시행 담당자를 보유하고 있는가?
- 조직이 컴플라이언스 관련 교육의 효과성을 정규적으로 평가하는가?
- 리스크가 높은 부문의 직원들이 컴플라이언스 교육을 받았는가?
- 조직이 모든 직원에 대해 오리엔테이션 교육과 보수 교육을 실시하는가?
- 조직이 직원과 자원자들에 대한 교육에서 중대한 허점을 발견했는가일정, 교육 범위, 교육 방법?
- 조직이 모든 교육 기록을 유지하는가오리엔테이션, 보수 교육, 교육 시간?
- 의무 교육에 불참하는 직원들이 징계를 받는가?

- 강사는 효과적인 교육을 시행하기에 충분한 자질과 경험을 갖추고 있는가?

소통 효과적인 소통 프로그램은 현대의 모든 소통 기법과 테크놀로지를 사용해서 직원 등에게 컴플라이언스 및 윤리 관련 사안을 알려 준다. 이는 현대 컴플라이언스 프로그램의 핵심 구성 요소 중 하나다. 소통 프로그램에 대한 평가는 아래의 사항을 포함해야 한다.

- 조직의 정책, 기준, 가이드라인과 관행들이 얼마나 효과적으로 소통되고 있는가?
- 규제 관련 변경 사항과 관련 판례들이 컴플라이언스 부서와 기타 조직의 통제 부서에 일상적으로 소통되고 있는가?
- 컴플라이언스 프로그램은 조직에 중대한 영향을 줄 수도 있는 신상품, 시스템, 조직 변경에 관해 비즈니스 관리자들과 정규적으로 소통 및 조정하는가?

모니터링과 감사 조직의 컴플라이언스 프로그램이 핵심 컴플라이언스 리스크를 선제적이고 효과적으로 식별하고 모니터하는 것이 중요하다. 컴플라이언스 프로그램의 모니터링 및 감사 프로그램에 대한 평가는 다음과 같은 질문들을 다뤄야 한다.

- 조직이 핵심적인 컴플라이언스 리스크 분야에 대한 컴플라이언스 일상 감사를 수행하는가?

- 조직이 구체적인 컴플라이언스 리스크와 취약성 기준에 입각한 감사 일정을 수립했는가?
- 이전의 컴플라이언스 감사 결과 지적 사항 또는 결함이 검토되고 시정되었는가?
- 컴플라이언스 검토는 모든 부문과 부서를 대상으로 하는가? 검토 결과를 적시에 고위 경영진과 이사회에 보고하는가?
- 컴플라이언스 감사를 수행하는 직원들은 객관적이며, 조직에서 그들이 검토하고 있는 분야로부터 독립적인가?
- 조직이 모니터링 및 감사 과정에서 제기된 이슈들에 어떻게 대응하는가? 성문 시정 계획이 요구되는가? 시정 계획을 누가 사후 관리하는가?

윤리 올곧음, 윤리 관련 이슈들을 다루기 위한 조직의 자원이 효과적이고 효율적으로 사용되고 있는지 평가하는 것이 중요하다. 조직의 윤리·문화 프레임워크에 대한 평가는 아래와 같은 질문들을 다룬다.

- 조직이 지속적인 문화 이슈 또는 올곧음상의 이슈를 파악하기 위해 직원의 기풍氣風 조사를 수행했는가?
- 직원들의 법규 미준수 사건의 숫자와 유형이 감소했는가?
- 법규 미준수 사건에 대해 조직은 어떻게 대응해 왔는가?
- 조직은 비행이 발생하였거나 발생할 가능성이 있는 리스크 상황을 얼마나 효과적으로 식별해내는가?

조사 및 내부 고발 프로그램　조사 및 내부 고발 프로그램은 직원들의 우려 사항과 법률 및 윤리적 행동에 대한 조직의 의지를 상징적으로 보여준다. 이 프로그램에 대한 평가는 아래와 같은 질문들을 다룬다.

- 조직이 법규 위반을 보고하는 핫라인 또는 기타 효과적인 장치를 설치했는가?
- 핫라인 전화의 추세와 유형예를 들어 보고되는 사건의 유형, 위치, 빈도와 이슈의 해결 등을 정규적으로 검토하는가?
- 정보가 어떻게 다뤄지는가? 핫라인 전화를 누가 사후 관리하는가?
- 이슈들이 얼마나 신속하게 처리되며, 누가 대응을 사후 관리하는가?
- 직원들이 보복을 두려워하는가?
- 조직이 정책, 관행, 행동 기준을 위반한 직원, 자원자, 계약자 등에게 적절한 조치를 취했는가?
- 조직이 모든 징계 조치들을 문서화하여 관리하는가위반 유형, 취해진 징계 조치, 빈도, 소속 비즈니스 부문과 위치?
  - 비리에 대해 적절한 제재가 가해졌는가?
  - 제재는 직급 여하에 관계없이 일관성 있게 적용되는가?
  - 이중 기준이 직원들 사이에 냉소주의를 낳고 있지는 않은가?

비즈니스 관리자의 역할　컴플라이언스 프로그램 평가에서 비즈니스 관리자의 역할이 흔히 간과되고 있다. 이사회, 고위 경영진, 컴플라이언스 담당 직원, 그리고 관련 기능들이 주된 평가 대상이기는 하지만 상급 관리자나 중간 관리자들이 간과되는 경우가 빈번하다. 비즈니스 관리자들이 자신의 오퍼레이션과 상품에 영향을 주는 핵심적인 법률과 규정을 알아야 할 뿐만 아니라, 언제 조직의 컴플라이언스 프로그램으로부터 조언과 지침을 구해야 하는지 알아야 한다.

비용 컴플라이언스 프로그램의 효과성에 대한 계량화 및 측정 시도는 아직 미성숙 단계에 머무르고 있다. 컴플라이언스의 비용–효율성 평가도 마찬가지다. 75명의 주요 기관들의 법률 고문을 대상으로 조사를 수행한 2004년 「연례 법률 고문 라운드 테이블」에 의하면 56퍼센트의 회사가 컴플라이언스 프로그램 비용을 측정하지 않았으며, 컴플라이언스 프로그램의 수익률이나 가치를 측정한 회사는 하나도 없었다.

증권업 및 금융시장 협회SIFMA의 2006년 2월 보고서 「컴플라이언스의 비용」은 컴플라이언스 비용 측정의 어려움을 토로했다. SIFMA는 조사 수행 시에 조직의 컴플라이언스 부서의 활동에 대한 비용 측정에 한정하지 않고 리스크 관리, 내부 감사, 법무부서와 같이 컴플라이언스와 관련된 기능을 수행하는 광범위한 기능들을 조사했다. 이 조사 보고서는 이렇게 언급했다. "컴플라이언스의 정수는 '감독supervision'이라는 개념에 체화되어 있는데, 이는 회사의 모든 요소들이 규제 조항과 법률상의 모든 의무를 준수하게 할 궁극적인 책임은 컴플라이언스 부서가 아니라 비즈니스 부문에 있음을 의미한다."

아마도 PWC가 이를 가장 잘 요약한 듯하다. PWC는 자신들의 2004년 보고서 「컴플라이언스의 미래, 효율적이고 효과적인 기업 운영」에서 비용 측정의 어려움을 이렇게 설명했다. "컴플라이언스 비용은 조사하기 어려운 영역인데, 이는 컴플라이언스 비용이 많은 조직에서 서로 다른 방식으로 정의되고, 다양한 맥락에서 사용되고 있기 때문이다."

평가 후 조치

평가 후 조치가 컴플라이언스의 효과성 평가의 가장 중요한 구성 요소다. 관련 정보가 수집, 분석되어 보고서로 만들어지면, 조직은 파악된 약점이나 결함이 있을 경우, 이를 다루기 위한 적절한 조치를 취해야 한다. 최소한 고위 경영진과 이사회또는 이사회의 하위 위원회에 발견 내용을 보고하고 조치를 상의해야 한다.

조직은 컴플라이언스 평가 과정에서 제기된 이슈들을 다룰 때 몇 가지 대안을 고려할 수 있다.

정책과 절차 개정

체계적인 오류를 시정하기 위해서는 정책과 절차를 적절히 바꿔야 한다. 여기에는 적절히 관리되지 않았던 특정 컴플라이언스 관련 기능에 대한 새로운 모니터링 시스템 또는 테크놀로지 도입과 외주또는 심지어 조직 내 다른 부서에의 위임까지도가 포함될 수 있다.

교육

지식 또는 기술에 있어서 괴리가 있는 것으로 파악된 특정 분야에 대한 추가 교육이 제공될 수 있다.

소통

중요한 컴플라이언스 관련 정보들의 배포 방법이 변경되거나 확대될 수 있다. 이에는 새로운 컴플라이언스 테크놀로지나 전략 사용 또는 직원들이 컴플라이언스 리스크나 비행 사건에 관해 조직의 이사회, 고위 경영진 및 내부 고발 프로그램과 소통할 수 있도록 하는 것이 포함될 수 있다.

컴플라이언스 조직과 직원

평가 결과 조직이 컴플라이언스 조직을 변경하거나 컴플라이언스 직원을 재배치해서 보다 효과적으로 조직에 도움이 되도록 할 필요가 있음이 드러날 수도 있다. 컴플라이언스 직원이 새로운 기술과 지식을 필요로 하거나 컴플라이언스 부서와 다른 통제부서 사이의 보다 효과적인 조정이 필요할 수도 있다.

징계 조치

행동의 심각성과 유형에 입각하여 특정 직원들에게는 정책이나 절차 위반 또는 윤리 판단의 해이에 대해 징계 조치를 취할 필요가 있을 수 있다. 해직이나 급여 또는 혜택 축소의 경우 인사부서와 상의해야 한다.

검토 대상 변경

컴플라이언스 검토 결과 다음번 컴플라이언스 평가의 목표, 범위, 방법을 바꿀 필요가 있을 수 있다.

요약

조직이 자신의 컴플라이언스 기능과 프로그램의 효과성을 모니터 및 평가할 필요와 이유는 자명하다. 컴플라이언스의 본질적인 성격으로 인해 조직과 그들의 컴플라이언스 프로그램에 대한 도전 과제가 제기된다. 구체적이고 정의할 수 있는 용어로 된 답을 요구하는 조직 세계에서, 컴플라이언스는 쉽게 측정되고 계량화되지 않는 개념이다. 이는 향후 10년 동안 컴플라이언스 업계에 제기된 도전 과제가 될 것이다.

Part 4

———

컴플라이언스의 미래
The Future of Compliance

컴플라이언스의 향배

"예측, 특히 미래에 관한 예측은 어렵다"라는 말이 있다. 지난 20년간 컴플라이언스에 대한 조직의 인식과 프로그램은 컴플라이언스의 미래가 어떤 모습일지 아무도 예측하지 못했을 정도로 이례적인 성장을 거듭했다. 20년 전만 해도 거의 존재하지 않았던 업무가 오늘날에는 금융업, 방위산업, 의료업, 대학교 등 점점 더 많은 공공기관, 민간 기관, 비영리 기관에서 중요한 역할을 하고 있다. 지난 20년 동안 만연한 조직 비리뿐 아니라 입법, 사법, 행정부의 조치들이 미국 및 세계 경제에서 어느 특정 부문에서보다 컴플라이언스의 성장에 박차를 가했으며 조직들이 윤리와 올곧음에 초점을 맞추게 했다. 그러나 이러한 성장이 투쟁과 조직 내의 갈등없이 이뤄진 것은 아니다. 이번 장에서는 컴플라이언스의 미래가 어떤 방향으로 향할지에 대해 논의한다.

간략한 회고

지금껏 살펴본 것과 같이 컴플라이언스라는 개념은 부패, 사법부 및 입법부의 조치, 국경을 뛰어 넘어 조직의 오퍼레이션에 혁명적 변화를 일으킨 테크놀로지 및 통신기술 발달, 시민 단체 활동 증가, 윤리 및 조직의 행동에 대한 강조라는 다양한 요소들이 합류하여 탄생했다. 연방 기업 양형 가이드라인FSGO 제정, 자율 규제 성장, 사베인-옥슬리법 통과 그리고 연방 기관들이 취한 선제적 컴플라이언스 조치들은 전국적으로 법규 준수에 초점을 맞추게 한 몇 가지 조치들이었다. 내부 고발과 핫라인 프로그램들은 공공, 민간, 비영리 부문 등 모든 조직들의 규범norm이 되었다.

컴플라이언스의 과제

이러한 컴플라이언스에 대한 강조로 자신의 역할과 정체성을 명확히 하기 위해 애쓰고 있는 컴플라이언스라는 신생 직무 및 관련 산업의 중요성이 부각되었다. 어느 고위 컴플라이언스 책임자는 현재 조직 내에서 컴플라이언스의 지위는 20년 전의 환경상의 건강이나 안전, 또는 품질 관리 프로그램의 지위와 같다고 말했다. 컴플라이언스는 조직에서 상대적으로 새로운 기능으로서 신뢰와 수용을 위해 애쓰고 있다.

또한 컴플라이언스는 다양한 문제도 안고 있다.

- 조직의 컴플라이언스 달성에 가치 기반 접근법이 나은지, 규칙 기반 접근법이 나은지에 대해 끝없는 논쟁을 벌이고 있다.

- 컴플라이언스는 현실적으로 중소 규모의 조직에게 비즈니스를 수행하는 하나의 방식이지 조직의 부서가 아니다. 미국에 있는 대부분의 조직들이 공식 컴플라이언스 프로그램을 갖춘다는 것은 현실적이지 않다. 그들에게는 이를 수행할 자원자금, 시간, 직원, 전문성이 없다. 그들은 활용 가능한 외부 자원에 의존하거나, 불행한 일이 발생하지 않기를 바라면서 할 수 있는 최선을 다하고 있다.

- 이 직무의 경계를 정하기 위해 분투하고 있다. '컴플라이언스'란 무엇인가? 이 책의 곳곳에서 언급한 바와 같이 조직에서 컴플라이언스 프로그램의 역할에 관해서는 아직도 상당한 혼선이 빚어지고 있다. 많은 업종에서 컴플라이언스 프로그램의 경계가 명확하게 정의되지 않는 경우가 흔하다. 컴플라이언스, 감사, 내부통제, 법무, 리스크 관리부서 사이의 영역 다툼이 흔하다.

- 컴플라이언스가 조직 내에서 어디에 보고해야 하는지에 대해 논쟁 중이다. 이 부서가 법률 고문에게 보고해야 하는가, 아니면 최고 경영자에게 직접 보고해야 하는가? 컴플라이언스는 리스크 관리 부서에 속해야 하는가?

- '거버넌스, 리스크, 컴플라이언스'라는 개념이 조직의 컴플라이언스 프로그램의 주요 전략적 방향의 하나로서의 계기momentum를 얻게 될 것인가?

- 널리 유행하고 있는 주제 중 하나는 계속 '컴플라이언스를 넘어서기go beyond compliance'를 추구하는 것이다. 컴플라이언스는 종종 '체크박스에 표시'하고 특정 법률과 규정을 준수하는 평범한 과제를 뛰어넘어 조직의 가치, 문화, 윤리의 정수를 변화시키는 데 초점을

맞출 필요가 있는 것으로 여겨진다. 그렇다고 체크박스에 표시하고 특정 법규를 준수할 필요가 사라진 것도 아니다. 이처럼 서로 다른 견해와 목표가 어떻게 조화를 이룰 수 있을 것인가?

- 조직의 책임성을 요구하는 세상에서 컴플라이언스는 어떻게 자신의 가치를 증명할 것인가? 조직들과 조직의 컴플라이언스 프로그램은 컴플라이언스의 비용을 어떻게 측정하고 이를 정당화할 것인가?

기로岐路에 선 컴플라이언스

많은 조직들은 규제 기관의 변화 요구와 조직에 대해 상당한 거버넌스 의무를 부과한 사베인-옥슬리법과 같은 입법 개혁으로 인해 컴플라이언스 프로그램을 두게 되었다. 다른 신생 직무들의 경우와 마찬가지로 컴플라이언스의 미래에 관해 많은 의문들이 있다. 사베인-옥슬리법과 FSGO가 통과된 이후 수년 동안 개혁과 변화의 동력이 서서히 약화된 것은 아닌가? 어느 주요 기업의 컴플라이언스 책임자는 이렇게 탄식했다. "엔론 사태 이후의 컴플라이언스 정신에 대한 얘기가 사라져 가고 있다." 컴플라이언스는 가까운 장래에 정점에 이를 것인가? 그렇다면 이 것이 컴플라이언스 프로그램에 주는 시사점은 무엇인가?

현대 컴플라이언스 프로그램의 기초인 연방 기업 양형 가이드라인조차 그 미래에 의문이 제기되고 있다. 「부커Booker」와 「판판Fanfan」 사건의 법원 결정에 의해 제기된 이슈들은 차치하더라도, 피터 헤닝Peter Henning은 「예일 법률 저널 포켓 파트」2007에서 FSGO가 조직 문화가 변하고 있는 지금도 여전히 유효한지에 관해 의문을 제기한다. 헤닝은 이렇게 말한다.

"이제 FSGO가 가치 있는 시대는 지나갔으니, 이를 쉽게 할 때가 왔다."

컴플라이언스 책임자들과 컴플라이언스 직무와 관련된 사람들을 인터뷰한 결과 그들은 일반적으로 컴플라이언스 기능은 '자리가 잡혔다'고 믿고 있었다. 그들은 또한 윤리나 투명성에 대한 강조와 아울러, 기업의 사회적 책임 관련 활동은 조직 생활의 기정 사실이 되었다는 현실을 지적했다. 예를 들어 미국의 주요 기업들은 일상적으로 기업시민 활동에 관한 연례 보고서를 발간하는데 이는 10년 전에는 없었던 현상이다. 그러나 그림 2가 보여주고 있는 바와 같이 많은 사람들이 초점을 맞추고 있는 질문은 컴플라이언스 프로그램의 궁극적인 진화 방향이다.

'원칙 기반' 규제 성장

컴플라이언스 기능의 미래에 영향을 줄 수도 있는 핵심 사항 중 하나는 미국에서의 '원칙 기반' 규제의 출현이다. 2장에서 언급한 바와 같이 규칙 기반 대 원칙 기반 입법을 둘러싼 논쟁은 컴플라이언스 프로그램이 원칙 기반 제도하에서 채택되는, 보다 '완화된' 접근법을 취하지 않고, 수도 없이 많은 규칙과 규정을 관리할 필요가 있는지에 대한 논쟁을 점화시켰다. 2007년에 고위 정부 관리가 한 언급은 정부 규제가 변할 수 있다는 신호를 보냈다. 헨리 폴슨Henry Paulson Jr. 재무 장관은 자본 시장의 경쟁력에 관한 컨퍼런스 강연에서 미국의 규제 구조를 재고할 필요가 있다고 언급했다. "우리는 다른 나라들처럼 보다 원칙에 기반한 규제 시스템을 향해 나아가는 것이 실제로 가능한지, 그리고 유익한지에 대해서도 고려해야 합니다."

규칙 기반 접근법은 종종 모니터링, 정책, 감사 및 교육 프로그램에 중

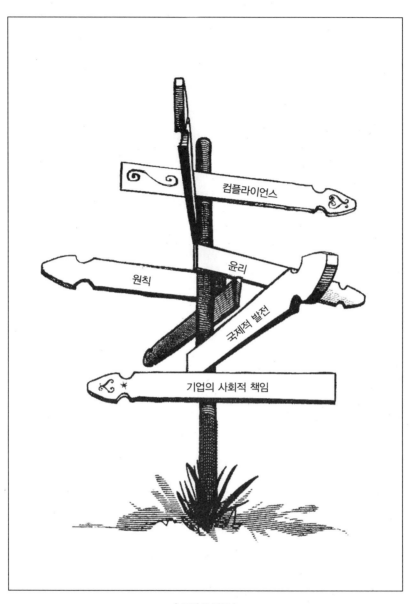

[그림 2 기로]

점을 두는 전통적인 컴플라이언스 프로그램에 대한 비유로 여겨진다. 원칙 기반 접근법으로의 발전은 '가치 기반' 풍토에 보다 적절한 것으로 여겨지는데, 여기에서는 특정 규칙이나 규정 준수가 아니라 윤리, 올곧음, 문화, 소통에 중점을 둔다. 규칙이나 규정 준수에 대한 책임은 재무, 인사, 감사 부서와 같은 특정 기능의 영역이다. 알트리아 그룹Altria Group Inc.의 고위 컴플라이언스 책임자 존 렌지John Lenzi는 이렇게 말한다. "모든 부류의 직원들이 조직 내의 공유 가치를 찾고 있다. 또한 자신이 신뢰할 수 있는 가치 위에 세워진 환경을 제공하는 회사를 찾고 있다. 윤리적이고, 조직문화 관리에 '총체적 접근법'을 취하는 회사는 필연적으로 가장 우수한 인재를 유치하고 또 이들을 유지할 것이다."

규제는 변하지 않는다

일부 컴플라이언스 책임자들은 규제상의 지형이 변하고 있다고 생각하지만, 견해를 달리하는 사람들도 있다. 기업 컴플라이언스 및 윤리 협회의 로이 스넬Roy Snell은 "미국 법무부는 조사를 멈추지 않을 것이고, 사베인-옥슬리법은 조직의 행동을 규율하는 많은 법률들 중 하나에 불과하며, 법률의 집행은 미래에도 사라지지 않을 것"이라고 지적했다.

컴플라이언스 책임자의 역할 변화

컴플라이언스 책임자의 역할에 대한 견해 또한 이 주제 또는 컴플라이언스 자체에 대한 것만큼이나 다양하며 뚜렷한 형태가 없다. 컴플라이언스 책임자 지위가 궁극적으로 기업의 사회적 책임, 거버넌스, 윤리, 그리고 컴플라이언스 이슈를 서로 관련짓게 하는 '최고 기업의 사회적 책임' 책임자 지위로 변화할 것인가? 아니면 윤리, 올곧음, 그리고 법규 준수 행동을 강화하는 기업 문화 조성 이슈들에 중점을 두는 '기업 윤리 및 책임' 지위로 변할 것인가? 후자의 경우 현재 컴플라이언스 프로그램에서 관리되고 있는 많은 기능들예를 들어 감사, 교육 및 정책은 재무통제, 보안, 또는 법무부서 등 조직의 다른 통제 부서들의 책임이 될 것이다.

전문가와 자격증

회계나 법률과 같은 전문 영역에서 발견되는 것과 유사한 점이 전문적인 컴플라이언스 책임자에게도 생길 가능성이 있다. 그러나 5장에서 언급한 바와 같이 은행이나 의료업과 같은 특정 산업에서의 컴플라이언스 책임자들은 자격증을 가지고 있지만, 컴플라이언스 업계는 전문적인 컴플라이언스 책임자 역할의 범위나 경계에 대한 정의에 대해 다투고 있는 실정이다.

컴플라이언스의 국제화

세계화된 세상에서 규제 이슈는 국가 또는 지역의 경계를 초월한다. 자금세탁방지, 독점금지, 환경상의 건강 및 안전, 오퍼레이션 리스크, 데이터 비밀 보호, 정보 배포 등은 베이징, 뉴델리, 부에노스아이레스 또는 부르셀에서도 뉴욕이나 샌프란시스코에서와 마찬가지로 문제가 되고 있는 이슈들이다. 유럽에서의 기업 스캔들및 컴플라이언스 규제의 급증과 아시아, 특히 중국, 인도, 신흥시장에서의 기업 거버넌스 요건의 성장으로 컴플라이언스 프로그램에 대한 기회가 가속화되고 있다. 예를 들어 2007년 1월에 발효한 MidFIDMarkets in Financial Instruments Directive는 유럽의 많은 금융기관에게 중대한 컴플라이언스상의 영향을 줄 것이다.

아시아 개발은행 법률 고문 아서 미첼Arthur Mitchell은 2006년에 아시아 변호사 회의의 강연에서 아시아 기업에 대한 규제 컴플라이언스 프로그램의 가치를 다음과 같이 설명했다.

컴플라이언스는 그 자체로도 보상이 될 수 있습니다. 자체 규율에 대해 일관되게 높은 기준을 보여줄 수 있는 회사들은 일종의 '규제상의 보상'으로서 규제 기관의 조사를 덜 받을 것으로 기대할 수도 있을 것입니다. 컴플라이언스는 글로벌 기업의 생존 자체를 담보하기 위해서도 필요합니다.

2006년 1월 26일자 「파이낸셜 데일리」에 실린 아시아와 호주에서 수행된 조사 결과는 컴플라이언스 인식이 점차 증대되고 있음을 보여준다. 이 보도에 의하면 기업들은 향후 수년간 규제상의 컴플라이언스에 대한 비용을 상당히 증가시킬 것으로 예상된다. 한 응답자는 이렇게 말했다. "아시아는 사베인-옥슬리법과 바젤 II와 같은 국제적 컴플라이언스 요건들이 이 지역에도 해당된다는 점을 인식하고 있다… 국제 고객과 파트너에게 그들과 같은 수준의 규제 조항을 준수한다는 확신을 줄 필요가 있다."

컴플라이언스의 미래

컴플라이언스 프로그램과 직원들의 미래는 세 가지 핵심 요인에 달려 있다. 그 중 일부는 그들이 통제할 수 있지만 그들의 관리 능력 밖에 있는 것도 있다.

- 윤리, 투명성, 가치에 대한 조직의 의지에 대한 이사회와 고위 경영진의 가시적 지지와 입증에 대한 지속적인 강조. 이와 동등하게 중요한 요소로서 조직의 리더십이 컴플라이언스 수장曹長을 조직의 다른 통제 기능들에 필적할 정도의 고위 임원으로 격상시키고 컴플라이언스 프로그램에 지속적인 재정 지원을 제공함으로써 컴플라이언스 프로그램의 중요성을 공개적으로 인식할 필요가 있다.
- 컴플라이언스 프로그램에 대한 정부와 민간 규제 기관의 끊임없는 지원과 격려. 조직의 컴플라이언스 윤리 프로그램의 증진에 그들이 미치는 영향은 매우 큰 가치가 있다.
- 컴플라이언스 업계가 핵심적인 구성원과 성공적으로 협력함으로써 자신의 리더십, 비전, 역량을 끊임없이 입증할 필요가 있다. 컴플라이언스는 큰 잠재력을 지닌, 성장하고 진화하는 직종이다. 그러나 전략이나 전술에 관한 파괴적인 갈등은 이 직종의 전망을 어둡게 할 수 있다.

관련 기관

_____

이 섹션에서는 공공, 민간, 비영리 부문의 컴플라이언스나 윤리와 관련된 주요 기관들에 관한 정보를 제공한다. 컴플라이언스 관련 이슈들의 방대함에 비추어 볼 때, 이 섹션에서는 특정 산업에 대한 컴플라이언스 기관을 적시할 수는 없고, 다양한 부문의 기업이나 조직에 걸친 기관에 중점을 둔다.

❖ 일반 기관

윤리 자원 센터 Ethics Resource Center; ERC

www.ethics.org

이 기관은 독립적인 연구, 공공 및 민간 조직에 있어서 높은 윤리 기준 증진에 전념하는 워싱턴 DC 기반 기관이다. ERC는 윤리, 윤리 관련 행동, 윤리 이슈들에 관한 연구를 후원한다. ERC는 전국 비즈니스 윤리 조사National Business Ethics Survey를 후원하고 조직의 고위 임원들을 위한 ERC 펠로우 프로그램ERC Fellows Program을 주최한다.

기업 윤리에 관한 비즈니스 라운드테이블 협회The Business Roundtable Institute for Corporate Ethics

www.corporate-ethics.org

이 기관은 비즈니스 라운드테이블과 공동으로 설립된 독립적인 센터로서 윤리적 행동과 비즈니스 관행 이슈에 중점을 둔다. 이 기관은 세미나를 주최하고, 임원 교육 프로그램을 제공하며, 리서치를 수행한다.

윤리 컴플라이언스 책임자 협회The Ethics & Compliance Officers Association; ECOA

www.etheecoa.org

이 기관은 윤리 컴플라이언스 책임자들에게만 초점을 맞추는 전문 기관이다. 이 기관은 윤리 컴플라이언스 업계에서 관심이 있는 이슈들에 대한 세미나, 리서치, 설문 조사를 수행한다.

컴플라이언스 및 윤리 오픈 그룹Open Compliance and Ethics Group; OCEG

www.oceg.org

OCEG는 회사들이 거버넌스, 리스크, 컴플라이언스 활동을 정렬시키도록 도와주는 비영리 기관이다. 이 기관은 이 주제에 관한 다양한 자료들을 출간하며, 이 주제에 관한 정기 세미나를 주최한다.

기업 컴플라이언스 윤리 협회 The Society of Corporate Compliance and Ethics; SCCE

www.corporatecomliance.org

SCCE는 기업의 컴플라이언스 및 윤리 담당자들의 주요 교육 및 글로벌 네트워킹 행사인 연례 강좌를 개최한다. 이 협회는 또한 컴플라이언스 전문가를 위한 자격증 프로그램을 제공한다.

❖ 비영리 기관 및 자선 단체

BBB 현명한 기부연합BBB Wise Giving Alliance

http://www.give.org

이 기관은 자선 단체 평가에 사용되는 거버넌스, 감독, 효과성, 재무 및 자금 조달과 정보를 다루는 기준을 수립한다.

인디펜던트 섹터 Independent Sector

http://www.independentsector.org

인디펜던트 섹터는 자선 단체, 재단, 기업의 기부 프로그램을 위한 리더십 포럼으로서 다른 책임을 수행하는 외에도 비영리 기관에게 거버넌스, 윤리 컴플라이언스에 관한 이슈에 대해 지침을 제공한다.

보드소스BoardSource

http://www.boardsource.org

보드소스는 비영리 기관의 이사회와 협력하여 조직의 거버넌스와 오퍼레이션 역량을 강화하고자 한다. 이 단체는 컨설팅 서비스와 교육 프로그램을 제공한다.

❖ 공공 부문

정부 규제Government Regulations

www.Business.gov

Business.gov는 미국 정부에 대한 공식 비즈니스 링크다. 이 사이트는 미국 중소기업청이 21개의 다른 연방 기관들과 협력하여 관리한다. 이 사이트는 연방 정부와의 비즈니스에 관한 컴플라이언스 정보의 귀중한 원천이다.

정부의 탁월성 위원회The Council for Excellence in Government

http://www.excelgov.org

정부의 탁월성 위원회는 보다 강력한 공공 부문 리더십과 관리를 통해 모든 수준에서 정부의 성과를 개선하기 위해 일하는 비영리 기관이다.

국제 시/군 관리자 협회International City/County Management Association; ICMA

www.icma.org

ICMA는 전 세계의 시, 군, 읍, 그리고 지방 단체의 최고 임명직 관리, 집행관, 보조자들을 위한 전문가 단체이자 교육 기관이다. 이 단체는 회원들과 지방 정부 사회에 기술적, 관리상의 지원, 교육, 그리고 정보 출처를 제공한다.

❖ 감사 및 내부통제

내부 감사 협회 The Institute of Internal Auditors

http://www.theiia.org

이 단체는 감사 수행과 리스크 평가, 기업 거버넌스와 관리에 관한 광범위한 지침, 기준, 자격증, 교육을 제공하는 전문 기관이다.

미국 공인 회계사 협회 American Institute of Certified Public Accountants

http://www.aicpa.org

공인 회계사 협회는 감사 관리 기준 등 조직 관리와 컴플라이언스에 관한 광범위한 주제에 대한 방대한 정보를 제공한다.

감사의 글

이 책을 쓰는 동안 귀한 시간을 할애해 주고 생각에 도움을 준 모든 분들께 감사드리고 싶습니다. 스티브 미켈슨Steve Michaelson, 프레드 디츠 Fred Dietz, 한스 데커Hans Decker, 조안 헬펀Joan Helpern, 로리 젤리그손Laurie Zeligson, 칼리사 바랏Kalisa Barrat, 사디 코가-카디쉬Sadie Koga-Kadish, 존 렌지 John Lenzi, 아비가일 고렌 매튜스Abigail Goren Mattews에게 특히 감사드립니다. 삽화를 그려 준 프레디 트레조Freddy Trejo와 리차드 고렌Richar Goren에게도 특별히 감사드립니다.

이 책을 완성할 수 있도록 했던 아이디어와 진솔함, 다양한 의견과 통찰을 '뒤에서' 말씀해 주셨던 많은 분들께도 감사드리고 싶습니다.

역자후기

우리나라는 1990년대 후반, IMF의 구제 금융을 받는 조건 중 하나로 금융기관을 중심으로 컴플라이언스 제도가 도입된 지 20년이 되어 가고 있다. 하지만 일정 부분의 제도상 정비 외에는 이 분야에서 큰 발전은 없었다고 해도 과언이 아니다. 특히 금융기관이 아닌 일반 기업 또는 조직에서는 상법상 준법지원인제도 도입, ISO의 컴플라이언스 관리표준 발표, 부정청탁 및 금품 등 수수의 금지에 관한 법률('김영란법') 시행 등으로 컴플라이언스에 대한 관심과 필요가 높아지고 있음에도 구체적으로 무엇을 어떻게 해야 하는지에 관한 지침은 여전히 부족한 실정이다.

이 책이 번역되어 소개된 지 8년이 지난 지금도 사정은 마찬가지다. 그래서 컴플라이언스 리스크를 관리할 수 있는 기본 개념과 원칙에 초점을 맞추고 있는 이 책은 지금도 여전히 우리에게 필요한 책이다.

이 책에서 소개하는 사베인-옥슬리법, 해외부패방지법, 연방 기업 양형 기준 등과 같은 미국의 법률과 제도는 미국의 이야기일 뿐 우리와는 관련이 없지 않느냐고 생각할 수도 있다. 그러나 나는 최소한 다음과 같은 사유로 미국의 제도를 알 필요가 있다고 생각한다.

1. 우리나라의 컴플라이언스 제도는 IMF의 요구로 미국식 제도를 들여왔기 때문에 미국의 컴플라이언스 제도의 역사와 정신, 원칙을 살펴볼 필요가 있다.
2. 우리나라에서도 미국의 주요 제도와 유사한 제도가 많이 있고_{사베인옥슬리법-내부회계관리제도; 해외부패방지법-김영란법}, ISO 표준 등을 채택하는 기업이 늘어나고 있으므로 미국의 제도를 알 필요가 있다.
3. 미국 증권시장에 상장하거나 미국에 수출을 하거나 미국 기업과 협력 관계를 맺을 경우 미국의 제도를 준수하도록 요구받기 때문에 미국의 제도를 알 필요가 있다.
4. 세계화의 진전으로 윤리 준법 분야의 많은 요구들은 국제적으로 수렴하는 경향이 있으므로 해외 사례를 알 필요가 있다.
5. 아직 우리나라에서는 이 분야의 연구 성과가 부족하므로 앞서 연구한 외국의 성과를 참고할 필요가 있다.

그러니 이 책은 여전히 필요하다. 하지만 이 책만으로는 부족하다는 점은 말할 나위도 없다. ISO 표준, COSO 내부통제 프레임워크, IIA 내부 감사 표준, 기타 선진 사례 등에 대한 연구와 아울러 우리나라의 연구 성과와 사례 등도 더 개발해 나가야 한다. 그동안 이 책이 디딤돌 역할을 할 수 있다면 역자로서는 더 바랄 것이 없다.

개정판 발행을 위해 작은 것 하나까지 꼼꼼히 챙기며 함께 수고한 연암사 가족들에게 깊은 감사를 전하고 싶다. 이 작업으로 가독성이 훨씬 좋아졌을 뿐 아니라, 곳곳에서 원서의 의미를 보다 더 잘 살릴 수 있는 방향으로 표현되고 다듬어져서 초판과는 완전히 다른 책이라고 생각될 정도로 개선되었다.

늘 피로에 지친 나를 챙겨주며 지지해 주는 아내와 아들들은 한결같은 지원군이다. 이들에게도 사랑과 감사를 전한다.

노동래